現代広告全書

CONTEMPORARY ISSUES IN ADVERTISING: PRINCIPLES AND PRACTICE

田中　洋
岸志津江
嶋村和恵
編

デジタル時代への理論と実践

丸岡吉人
大岩直人
佐藤達郎
石崎　徹
広瀬盛一
河島伸子
竹内淑恵
荻原　猛
北川共史
浅見　剛

YUHIKAKU

はしがき――『現代広告全書』刊行に寄せて

本書『現代広告全書』が企画された背景には，次のような事情があった。2000年に初版が出て以来20年以上にわたって，広告論の大学用テキストとしては採用数で最大級を誇っている有斐閣刊行の『現代広告論』（岸志津江・田中洋・嶋村和恵著，現在第3版）に，より専門的見地と実践的知識を兼ね備えた副読本が必要ではないか，と考えたことである。『現代広告論』は幸いなことに，時代とともに読者層も広がり，当初，想定していた学部学生への講義用テキストとしてだけでなく，社会人が学ぶ専門職大学院のテキストとしても使われるようになった。またアカデミズムを標榜する大学院生も少なからず本書を参照している。さらに，広告に関心をもつ実務家の読者も多い。

こうした事情から，より高度な内容を求める大学院生や実務家にとって，いっそう深い内容をもつと同時に，現代のビジネスの要請にも即した実践的内容をも盛り込んだサブテキストができないだろうか，と考えたのである。

結果は，単なるサブテキスト以上のものができあがった。つまり，広告を理解するうえで必要な理論について体系的に理解ができ，同時に，広告の実践に示唆に富む論考を集めることができたのである。現代広告を考えるうえで欠かせない書物に仕上がったと，われわれは自負している。

本書を編むにあたって，『現代広告論（第3版）』の著者の3名が構成を考え，執筆者に依頼することにした。本書に原稿を寄せてくださった執筆者の皆さんは多くが大学での教育にも関わり，さらに何らかの論文や原稿を執筆の経験のある，定評のある書き手である。

本書の特徴は，第1に過去から現代に至る広告研究をレビューしたその包括性にある。われわれが現代の広告を理解するために必要な知識や情報をコンパクトにまとめることができた。第2の特徴はインターネット広告に関する手厚い記述にある。現代広告を理解するうえで欠かせないインターネット広告について，その始まりといわれる1994年以降蓄積されてきたクリエイティブの歴史，その理論や効果について，類書にはない記述がなされている。本書の第3の特徴は，扱っているトピックの幅広さにある。広告の理論的枠組み，メディアの発展，社会倫理，新しい広告形態，広告会社の歴史，モバイル・SNS広告，デジタル広告戦略など，広告を理解するうえで欠かせないトピックについて，この1冊で把握ができるのも本書の強みである。

さて，ここでは広告の現在のありようについて一瞥しておきたい。21世紀に入ってからの広告は伝統的なマスメディア中心のあり方から大きく変貌した。その変化の根底にあるのは，いうまでもなくインターネットであり，インターネットに関連したさまざまなデジタル通信技術である。図1は，1984年から2020年に至る36年間のインターネットの普及とそのサービスの変化を展望したものである。

この図から得られる知見とは何だろうか。それは，消費者個人が情報を獲得・消費し，加工し，他者へ伝達・発信し，さらには情報発信したその影響や効果についてフィードバックを得ることができる，その自由度やスピードがはるかに高まったことにある。かつての消費者はブランド側からの情報を受動的に受け取ることが多かったが，現在では消費者は自ら多くの情報を獲得し，商品情報を自ら発信し拡散している。消費者同士の商品の売り買いもかつてない規模で行われるようになった。また実際の商品を入手するために，リアルな流通の利用だけでなく，オンラインでの購買はごく普通の購買活動となった。

インターネットとデジタル技術がもたらしたものは，それだけではない。消費や所有という，これまでの消費者の基本的なありようそれ自体を変化させるようになった。「リキッド消費」という用語はこうした消費のあり方を反映している。たとえば，サブスクリプションやレンタルによる商品の「保有」や，ネットフリックスにみられるようなオンライン上でのエンターテイメント消費，モノやサービスのシェアリング＝共有化などである。

このようなインターネットの発達は，広告という存在を根本的に「再定義化」した。たとえば，かつての広告の定義では広告としてはみなされなかった企業のブランド・サイトのようなオウンド・メディアは，広告活動における欠かせないパーツとして機能するようになった。SNSのようなシェアド・メディア，SEO対策，街角のデジタル・サイネージュ，デジタル・シネアド，種々のライブ・イベントなども広告活動の重要な一部とみなされている。

さらに第三者配信のような運用型ウェブ広告の仕組みが活用されるようになり，よりユーザーの嗜好や行動に沿った広告発信が可能になった。その結果，

図1　インターネットの普及の推移と主要なコミュニケーション・サービスの開始時期

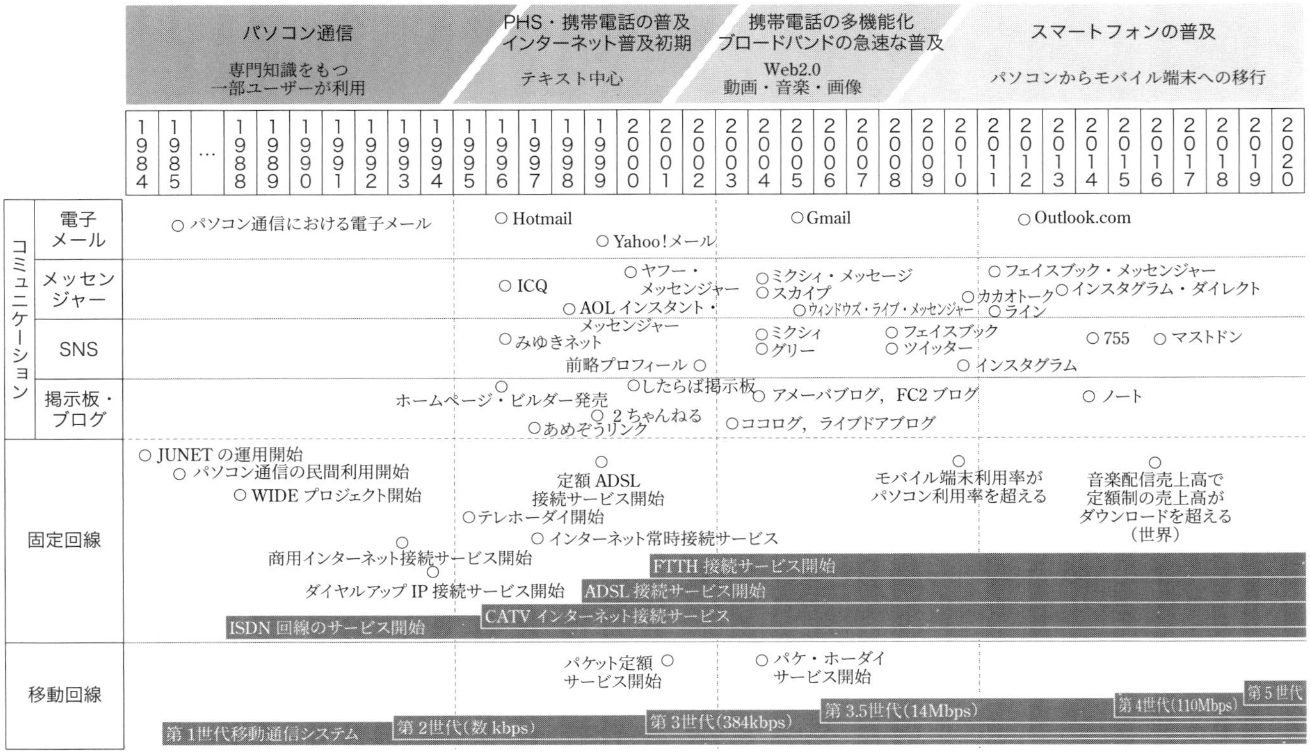

時期	パソコン通信	PHS・携帯電話の普及 インターネット普及初期	携帯電話の多機能化 ブロードバンドの急速な普及	スマートフォンの普及
特徴	専門知識をもつ一部ユーザーが利用	テキスト中心	Web2.0 動画・音楽・画像	パソコンからモバイル端末への移行

1984　1985　…　1988　1989　1990　1991　1992　1993　1994　1995　1996　1997　1998　1999　2000　2001　2002　2003　2004　2005　2006　2007　2008　2009　2010　2011　2012　2013　2014　2015　2016　2017　2018　2019　2020

コミュニケーション

電子メール
○ パソコン通信における電子メール
○ Hotmail
○ Yahoo!メール
○ Gmail
○ Outlook.com

メッセンジャー
○ ICQ
○ ヤフー・メッセンジャー
○ AOL インスタント・メッセンジャー
○ ミクシィ・メッセージ
○ スカイプ
○ ウィンドウズ・ライブ・メッセンジャー
○ カカオトーク
○ フェイスブック・メッセンジャー
○ インスタグラム・ダイレクト
○ ライン

SNS
○ みゆきネット
前略プロフィール ○
○ ミクシィ
○ グリー
○ フェイスブック
○ ツイッター
○ インスタグラム
○ 755
○ マストドン

掲示板・ブログ
○ ホームページ・ビルダー発売
○ あめぞうリンク
○ 2ちゃんねる
○ したらば掲示板
○ アメーバブログ，FC2ブログ
○ ココログ，ライブドアブログ
○ ノート

固定回線
○ JUNET の運用開始
○ パソコン通信の民間利用開始
○ WIDE プロジェクト開始
○ 商用インターネット接続サービス開始
○ ダイヤルアップ IP 接続サービス開始
○ テレホーダイ開始
○ 定額 ADSL 接続サービス開始
○ インターネット常時接続サービス
○ モバイル端末利用率がパソコン利用率を超える
○ 音楽配信売上高で定額制の売上高がダウンロードを超える（世界）
ISDN 回線のサービス開始
CATV インターネット接続サービス
ADSL 接続サービス開始
FTTH 接続サービス開始

移動回線
パケット定額サービス開始 ○
○ パケ・ホーダイサービス開始
第1世代移動通信システム
第2世代（数 kbps）
第3世代（384kbps）
第3.5世代（14Mbps）
第4世代（110Mbps）
第5世代

（出所）　総務省［2019］『情報通信白書令和元年版』より作成。

単に広告を発信するだけでは十分でなく，マーケティング全体の活動における広告の位置づけが重要となり，どのようなコア・アイディアをベースとしてキャンペーンを展開するかが従来にも増して重要となった。

こうした結果，広告の何が変わったのだろうか。広告情報は，GPS のような地図情報そのほかのウェブ情報とも連動するようになり，SNS 経由で発信される情報とあいまって，広告は数多く提供されるブランド情報の一部となった。この結果，アドバタイザーがターゲット消費者を「狙う」のではなく，消費者から「見つけてもらう」コミュニケーション活動が重要になった。ウェブが提供するコンテンツの重要性はこうした理由でいっそう高まっているし，スマートフォンのような先進的デバイスに対応したコミュニケーション活動の重要性もいうまでもない。

アドバタイザーは，広告活動を実践するために，もはや媒体広告の打ち方を操作するだけでなく，コミュニケーション全体のマネジメントを戦略的に統括する必要性に迫られている。広告はデータ・サイエンスに変化すると同時に，いっそう「アート」に近くなった。つまりサイエンスだけでは解決できない想像力を駆使してマーケティングの課題解決に取り組む思考が欠かせなくなったのである。そして，こうした変化を背景として，個人情報保護や法令遵守など，アドバタイザー，メディア，広告代理店にはいっそうの社会倫理が求められている。

私たちの周りにはこのような大きな変化が次から次へと訪れている。本書を手に取る読者の方々には，本書が近未来世界の広告に踏み出すために欠かせない手引きになることを期待している。

2021 年 10 月

田中　洋

執筆者紹介（執筆順）

田中 洋（たなか・ひろし）　はしがき，第 3・4 章

京都大学博士（経済学）。南イリノイ大学カーボンデール校大学院ジャーナリズム研究科修了（M.A., Journalism）。慶應義塾大学大学院商学研究科博士課程単位取得。日本マーケティング学会会長（2018〜19 年度），日本消費者行動研究学会会長（2021 年度）。株式会社電通でマーケティングディレクターとして 21 年間勤務。城西大学経済学部助教授，法政大学経営学部教授，コロンビア大学客員研究員を経て，現職。ソウルドアウト株式会社（東証一部上場）社外役員。日本マーケティング学会マーケティング本大賞／ベストペーパー賞，日本広告学会賞（4 回），中央大学学術研究奨励賞（2 回），白川忍賞受賞。

現　在：　中央大学大学院戦略経営研究科教授

主　著：　『ブランド戦略全書』（編著，2014 年，有斐閣），『ブランド戦略論』（2017 年，有斐閣），『現代広告論』［第 3 版］（共著，2017 年，有斐閣）ほか，22 冊の著書および 93 本の学術論文。

岸 志津江（きし・しずえ）　第 1・2 章

国際基督教大学教養学部卒業。イリノイ大学コミュニケーションズ・リサーチ研究所博士課程修了（Ph. D. in Communications）。名古屋商科大学商学部専任講師，名古屋市立大学経済学部助教授・教授を経て，現職。日本消費者行動研究学会会長（1996 年度），日本広告学会会長（2010〜15 年度）。第 7 回全広連日本宣伝賞特別賞受賞（2019 年）。

現　在：　東京経済大学経営学部教授

主　著：　“Exposure Distribution Models in Advertising Media”（1983 年，博士学位論文），『ブランド構築と広告戦略』（共編著, 2000 年，日経広告研究所），『現代広告論』［第 3 版］（共著, 2017 年，有斐閣），『広告コミュニケーション成功の法則』（監訳，2022 年刊行予定，東急エージェンシー出版部）。

嶋村 和恵（しまむら・かずえ）　第 5 章，あとがき

早稲田大学商学部卒業。早稲田大学大学院商学研究科博士後期課程単位取得。埼玉女子短期大学専任講師，助教授，早稲田大学商学部専任講師，助教授を経て，現職。日本広告学会会長（2016〜21 年度）。

現　在：　早稲田大学商学学術院教授

主　著：　『日本の広告研究の歴史』（共著，1997 年，電通），『新しい広告』（監修，2006 年，電通），『現代広告論』［第 3 版］（共著，2017，有斐閣）。

丸岡 吉人（まるおか・よしと）　第 6 章

東京大学大学院社会学研究科（社会心理学）修士課程修了。株式会社電通デジタルマーケティングセンター長，電通総研所長，株式会社電通デジタル代表取締役社長（兼）チーフオペレーティングオフィサーを経て，現職。

現　在：　跡見学園女子大学マネジメント学部教授

主　著：　『新広告心理』（共著，1991 年，電通，日本広告学会賞受賞），『広告心理』（共著，2007 年，電通，日本広告学会賞受賞）。

大岩 直人（おおいわ・なおと）　第7章

一橋大学社会学部卒業。株式会社電通シニア・クリエイティブ・ディレクターを経て，現職。2005年NYワンショー金賞，2007年カンヌ国際広告祭銀賞，2015年カンヌライオンズ銅賞ほか，国内外の広告賞の受賞多数。

現　在：　東京経済大学コミュニケーション学部教授，クリエイティブ・ディレクター

主　著：　『おとなのための創造力開発ドリル――「まだないもの」を思いつく24のトレーニング』（共著，2017年，インプレス），「メディア・アートの向かう先とこれからの広告コミュニケーション」（2019年，『コミュニケーション科学』第49号），「現代の広告クリエイティブにおける新・実在論的傾向に関する一考察――自律生成・増殖型クリエイティブとメディアの時代」（2021年，『コミュニケーション科学』第53号）。

佐藤 達郎（さとう・たつろう）　第8章

一橋大学社会学部卒業。青山学院大学大学院国際マネジメント研究科修士（MBA）修了。ADKおよび博報堂DYメディアパートナーズを経て，現職。古河電池株式会社（東証一部上場）社外取締役。

現　在：　多摩美術大学教授

主　著：　『教えて！カンヌ国際広告祭――広告というカタチを辞めた広告たち』（2010年，アスキー・メディアワークス），『自分を広告する技術』（2011年，講談社），『「これからの広告」の教科書』（2015年，かんき出版）。

公式サイト：　https://satotatsuro.com/

石崎 徹（いしざき・とおる）　第9章

早稲田大学商学部卒業。早稲田大学大学院商学研究科修士課程修了，博士後期課程単位取得。専修大学経営学部専任講師，助教授を経て，現職。日本広告学会副会長（2016～21年度）。

現　在：　専修大学経営学部教授

主　著：　『わかりやすい マーケティング・コミュニケーションと広告（第2版）』（編著，2019年，八千代出版）。

広瀬 盛一（ひろせ・もりかず）　第10章

早稲田大学商学部卒業。早稲田大学大学院商学研究科博士後期課程単位取得。早稲田大学産業経営研究所助手，東京富士大学専任講師，助教授・准教授を経て，現職。

現　在：　東京富士大学経営学部教授

主　著：　「モバイルクーポンにおけるプライバシーとユビキタス性の影響――時間的制限の影響を考慮したアプローチ」（共著，2015年，『日経広告研究所報』第49巻第1号），「O2Oにおける広告コミュニケーションの機能と役割」（共著，2015年，『広告科学』第61巻）。

河島 伸子（かわしま・のぶこ）　第11章

東京大学教養学部卒業。ウォーリック大学Ph. D.（Cultural Policy）。株式会社電通総研研究員，ウォーリック大学文化政策研究センター リサーチフェローを経て，現職。

現　在：　同志社大学経済学部教授

主　著：　“The Structure of the Advertising Industry in Japan: The Future of the Mega-

Agencies" (2009 年，Media International Australia, vol. 133)，「コンテンツ産業として見た広告表現制作」(2015 年，水野由多加・妹尾俊之・伊吹勇亮編『広告コミュニケーション研究ハンドブック』有斐閣)，『コンテンツ産業論――文化創造の経済・法・マネジメント』［第 2 版］(2020 年，ミネルヴァ書房)。

竹内 淑恵（たけうち・としえ）　第 12 章

お茶の水女子大学家政学部食物学科卒業。筑波大学大学院経営・政策科学研究科企業科学専攻博士後期課程修了，博士（経営学）。ライオン（旧・ライオン油脂）株式会社家庭科学研究所，広告制作部等を経て，現職。アルフレッサホールディングス株式会社社外取締役。

現　在：　法政大学経営学部教授

主　著：　『広告コミュニケーション効果――ホリスティック・アプローチによる実証分析』(2010 年，千倉書房)，『リレーションシップのマネジメント』(編著，2014 年，文眞堂)。

荻原 猛（おぎわら・たけし）　第 13 章

中央大学専門職大学院戦略経営研究科修了（経営修士，マーケティング専攻）。2006 年より株式会社オプト執行役員。2009 年ソウルドアウト設立，代表取締役社長に就任。2019 年 3 月より現職。

現　在：　ソウルドアウト株式会社代表取締役会長 CGO（Chief Growth Officer；最高事業成長責任者）

主　著：　『ネットビジネス・ケースブック』(共著，2017 年，同文舘出版)。

Twitter：　@ogiwara6553

北川 共史（きたがわ・ともふみ）　第 13 章

獨協大学経済学部卒業。2007 年に株式会社オプトへ入社。東日本・西日本営業本部長を歴任し，2018 年よりソウルドアウト株式会社営業執行役員に就任。2019 年 4 月より上席執行役員 CRO（Chief Revenue Officer；最高売上責任者）に就任。2021 年 3 月より現職。

現　在：　ソウルドアウト株式会社 グループ執行役員 マーケティングカンパニー カンパニー長

Twitter：　@NorthRiver20

浅見 剛（あさみ・ごう）　第 13 章

國學院大學法学部卒業。アパレル・メーカーを経て，2008 年に株式会社オプトへ入社。営業，メディア，新規事業部門の本部長を歴任し，2021 年 4 月より現職。

現　在：　ソウルドアウト株式会社 マーケティングカンパニー 執行役員 COO，株式会社 JOETSU デジタルコミュニケーションズ 取締役

Twitter：　@goasami

目　次

第1部　広告の理論

本書に掲載している URL は，特に記述がない限り，2021 年 10 月時点でアクセスできることを確認しています。

本書のサポートページ（下記）で各種補足資料を紹介しております。ぜひご覧ください。

http://www.yuhikaku.co.jp/books/detail/9784641165885

第1部

広告の理論

第1章　広告効果の理論

心理学の発展を中心に

岸 志津江

はじめに

広告にはさまざまな定義があるが，多くの定義に共通する要素として「有料媒体」「識別可能な送り手」「大量伝達可能な媒体（マスメディア）」および「説得意図」の4要素が含まれる（Thorson & Rodgers［2012］）。マスメディアを扱う広告業務とパブリシティ等を扱うPR業務が異なるビジネスモデルと見なされてきたアメリカでは，1990年代以降に統合型マーケティング・コミュニケーション（integrated marketing communications：IMC）概念が普及するまで，「有料媒体」は広告定義の重要な要素であった。しかし，デジタル化の進展により消費者が広告のようなもの（user generated advertisement）を発信したり，企業が消費者との相互作用を含めて個別に異なるメッセージを送付することも可能になり，「広告」概念の再検討が提唱されるようになった（Dahlen & Rosengren［2016］, Richards & Curran［2002］）。同時に，消費者のメディア利用行動やメディア接触態度の相違を考慮した広告効果理論の必要性も高まっている。

このように「広告」定義の再考が求められているが，19世紀末から120余年にわたり広告研究および実務がめざしてきたものは，「有料媒体」という制約下で，つまり限られたタイム・スペースのなかで，オーディエンスの注意を引き，効果的なコミュニケーションを行う方法を開発することであった。たとえば，Scott［1903］が20世紀初期に提唱した広告の「注意価値」（attention value）は，Starch［1923］，Rossiter et al.［2018］へと継承され，国内の新聞広告注目率調査も1950年代から継続的に行われている。また，1970年代から現在に至るまで重視されている「有効フリクエンシー」も，スタンフォード大学のRay et al.［1973］による一連の実験研究により，広告への反復接触による反応関数の形と傾きの相違としてとして認識されるようになった。

本書の第2章以降ではデジタル広告が主要な対象となるが，クチコミを含む多様な媒体を介した現代のマーケティング・コミュニケーションの効果を理解するうえでも，これまでに蓄積された研究成果が依拠するパラダイムと理論，および主要な構成概念を理解することは重要であろう。そのうえで，新たな研究テーマや理論が生まれることを期待する。なお，本章では広告が個人の心理に与える効果を主要な対象とし，集計された売上に対する影響や，全体社会に対する影響は除外する。個人間の相互作用についても，考察は限定的である。

第1節では，広告研究および実務で利用されてきたさまざまな「効果」概念を整理する。背景となる時代に優勢であったメディアの特性や心理学理論，および広告に関わるステークホルダーの期待を反映しながら，諸概念が創出されてきたといえる。第2節は19世紀末にアメリカで誕生したとされる広告心理学から，1960年代の効果階層モデル，21世紀の制御焦点理論と解釈レベル理論の応用までを概観する。最後に，今後の課題を展望する。

1. 広告効果の概念

効果と影響の相違について，北村［1968］は「効果」とは送り手の意図または目標志向性からみた広告の効き目であるとし，「影響」は受け手にとって意味のある変化や関連性であると定義し，「機能」は効果と影響の両方を含むとしている。説得コミュニケーションの1つである広告は，送り手の意図，つまり広告目標の達成度により効果を評価されることが多い。

効果の発生する順序や階層性については諸説あるものの，表1には個人の媒体接触から購買などの行動，集計された売上等に関連した効果概念が列挙されている。1段目の「媒体接触」は，読者数や視聴率といった指標に集計されることにより媒体取引の通貨と見なされることがあるが，量的指標だけでなく，番組満足度やエンゲージメントなどの質的指標も存在する。1950年代にアメリカのポーリッツ社は *Life* や *Saturday Evening Post* などの雑誌を対象に累積オーディエンスや広告ページ接触日数といったオーディエンス概念を考案し測定した。同様に，インターネットに関してもユニーク・ユーザーやクリック・スルーなど，多様な概念が創出されている。

表1にある初めの4段は個人レベルの効果であり，2段目の広告情報処理（広

表１　広告効果の段階と主な基準

段階	効 果 基 準（criteria）
媒体接触[a] （個人レベル）	・ビークル接触（閲読・視聴・聴取の有無，接触時間，接触回数） ・ながら行動，計画視聴，番組満足度，エンゲージメント ・インターネット（ユーザー数，ユニーク・ユーザー，流入・流出先，クリック・スルー率，直帰率，サイト滞留時間，サイトへの態度）
広告情報処理 （広告への反応）	・注意（初期注意，二次的注意）　・広告認知（存在および内容の認知） ・学習（理解）　・感情　・広告への態度（メッセージへの好意，エクセキューションへの好意）　・支持，反論　・受容（学習および肯定的感情） ・キャンペーン認知　・キャンペーンへの態度[b]
コミュニケーション効果 （ブランドについて記憶に残る効果）	・カテゴリー・ニーズ　・ブランド認知（再生，再認）　・ブランド連想（属性信念，ベネフィット信念，象徴的連想）　・ブランド態度（全体的評価，選好） ・ブランド行動傾向（購買意図，情報探索意図等）　・購買促進
行動効果	・購買前（来店・サイト訪問，問い合わせ，試乗・サンプル使用） ・購買（カテゴリーおよびブランドの購買・トライアル，再トライアル，リピート購買，購買量増減，購買タイミングの調節） ・購買後（人前での商品提示，他者への推奨，使用量増減・使用機会拡張等を含む消費）
市場反応 （集計レベル）	・売上　・回転率　・流通取扱い率　・市場浸透率　・市場シェア ・価格プレミアム　・価格弾力性　・利益　・キャッシュフロー　・ROI
長期的効果[c] （1 年以上）	・個人（消費者知識としてのブランド・エクイティ，ブランド・リレーションシップ，顧客生涯価値） ・市場（財務的・経済的ブランド・エクイティーブランド評価額，上方・下方価格弾力性等）

（出所）　Franzen et al.［1999］, Rossiter & Belman［2005］, 第 2, 5, 6 章などより作成。岸［2011b］を一部修正。

（注）　a. 媒体接触から行動効果までは個人内の心理的・行動的変化を指す。媒体接触 2 段目以降には番組満足度やエンゲージメントのように，物理的接触以上の効果も含まれている。

b.「キャンペーン」への反応は 1 つの広告でなく，継続的広告活動への反応を意味する。

c. ブランド・エクイティ等が 1 年以内に生じ，短期的に変動する可能性もあるが，数カ月間のキャンペーン期間を超えて効果が持続したり累積することが期待されることを意味している。

告への反応）と 3 段目のコミュニケーション効果（ブランドについて記憶に残る効果）については第 2 節で考察する。4 段目の行動効果は購買だけでなく，購買前と購買後の行動も含まれる。5 段目には個人の反応を集計した市場反応があり，6 段目には個人および市場における長期的効果（1 年以上継続するような効果）がある。

4段目の行動効果以降にある効果概念を総称すると，「収益モデルの広告効果」と呼ぶことができる。古くはアメリカの広告調査財団（ARF）が1961年に提唱した「6段階のオーディエンス概念」や，近年ではシュルツ（D. E. Schultz）に代表される財務的成果を重視するIMCの枠組み（Kitchen & Schultz［2001］など）をみると，企業収益の前提として個人の心理的・行動的反応が捉えられている。また，有料媒体に限定せずに多様な顧客接点を活用したり，デジタル化された大量データを駆使してメディア・プランニングを実施する企業のなかには，個人の心理的反応を詳細に把握するよりも行動反応を重視したプランニングを行う傾向がある（岸［2017a］17-19頁）。これはアカデミズムと実務の乖離ともいえるが，アカデミックな研究にも消費者理解に重点を置くアプローチもあれば，予測と統制を重視するアプローチもあり，一概に優劣を決めることはできない。

ここで「収益モデル」という分類をした理由は，公共広告をはじめ，公共福祉団体や政府，自治体などの非営利組織が行う広告もあることによる。この場合，「収益」は経済的利得ではなく，環境保全や人権保護，食品ロスの削減といった社会的価値の増大になる。期待される行動も，資源リサイクルやフードバンクへの協力のように向社会的な（prosocial）行動となる。また，広告オーディエンスの立場からは，マス・コミュニケーションの利用と満足研究と同様に，広告自体を楽しんだり，広告商品の消費を空想するようなコンサマトリーな（プロセス志向の）経験も存在する（池田・村田［1991］第4章）。さらに，インターネットを介した広告に関するクチコミや広告の拡散といった，広告との能動的な関わり方も存在する。つまり，1つの広告が異なる動機を満足させることができるため，送り手の意図の達成とは異なる反応も生じることになる。

2. 広告効果理論の変遷

2.1. 心理学の発展とヨーロッパ研究者の貢献

広告研究や消費者行動研究は既存の学問領域の成果を応用する学際的領域として発展してきた。なかでも，「広告心理学」と呼ばれる領域は，各時代に優

表 2　広告効果研究における主要理論とモデルおよび構成概念

19 世紀末から 20 世紀初頭	構成主義心理学（Titchener）── 感覚，心像，感情など ゲシュタルト心理学（Wertheimer）── 知覚，学習，記憶，思考，情意 Scott（ノースウェスタン大学）による広告心理学
1920～50 年代	Starch（ハーバード大学）による広告管理論 行動主義心理学（Watson ホプキンス大学から J. W. トンプソン社へ） イエール大学（Hovland ら）による説得コミュニケーション研究
1960 年代	効果階層モデル（Colley による DAGMAR，Lavidge & Steiner による一般化など）
1970 年代	低関与の発見（Krugman），3 種類の効果階層モデル（Ray ら） 高関与モデルの精緻化（Wright の認知的反応モデル，Fishbein らの多属性型態度モデルなど）
1980 年代	合理的行動理論，計画的行動理論（Fishbein & Ajzen） 情報処理パラダイムの導入と二重過程モデルの応用（精緻化見込モデル，ヒューリスティック・システマティックモデル） 広告への態度（Aad），広告への感情的反応 関与と動機に基づくプランニング・モデル（Rossiter & Percy Grid，FCB グリッド）
1990 年代	ブランド・エクイティ（知識構造） 統合型マーケティング・コミュニケーション（IMC） 広告情報処理から購買意思決定過程までの拡張，インテグレーションモデル（仁科ら）
2000 年代	インターネット広告，デジタル・コミュニケーションの効果 制御焦点理論，解釈レベル理論，感覚マーケティング，AI・ビッグデータの活用

勢な心理学理論を同時に，あるいは若干遅れて取り入れることにより，さまざまなモデルや理論を生み出してきた。以下にその基となる心理学の創成期およびヨーロッパ研究者の貢献について概要を述べる。表 2 には，19 世紀末から 2020 年頃までの広告研究における主要な理論とモデル，および構成概念が要約されている。

心理学が科学的な学問として市民権を得たのは，ドイツの生理学者ブント（W. Wundt）が 1879 年にライプチヒ大学に大規模な実験室を備えた心理学教室を開設して以降とされる（藤永［2013］）。ブントは感覚，知覚，注意などを主な研究対象とし，意識を構成する要素を再構成して精神を理解しようとする「構成主義心理学」を生み出し，アメリカでは弟子のティチェナー（E. B. Titchener）に継承された。広告心理学の祖とされるスコット（W. D. Scott）はブントとティチェナーの下で学び，ノースウェスタン大学の学長も務めた人物である。

しかし，アメリカでは構成主義よりも進化論を背景とした，意識を研究対象とする「機能主義心理学」が発展したとされる。20世紀初期には意識の環境への適応と見なされる行動を研究対象とする「行動主義」がワトソン（J. B. Watson）により提唱され，物理的刺激（S）と生活体の反応（R）の間の法則を見出そうとした。その後，生活体（O）の特性を介在させたS－O－R図式による「新行動主義」へと発展し，20世紀前半のアメリカでは「学習心理学」が主要な位置を占めるようになった。S－O－Rパラダイムは1950年代以降の態度変容研究やマス・コミュニケーションの効果研究の主要なパラダイムとなり，現在でも各種調査に利用されることがある。

学習心理学のほかにも，1950年代以降にはフロイト（S. Freud）の精神分析学やフェスティンガー（L. Festinger）の認知的不協和の理論，マズロー（A. H. Maslow）の人間性心理学など，広告およびマーケティング研究に大きな影響を及ぼした研究が登場した。なかでも，現在に至るまで影響を及ぼしているのが「認知心理学」であり，ナイサー（U. Neisser）が1967年に出版した *Cognitive Psychology* により，この分野が認知されるようになった[1]。

20世紀前半のアメリカにおける広告・マーケティング研究の発展の背後には，ドイツやオーストリアから移住した研究者による貢献がある（Kassarjian［1994］, Schumann et al.［2008］）。たとえば，日本の広告業界にも大きな影響を及ぼした動機調査の理論的基盤となった精神分析学は，オーストリアのフロイトが提唱し，ウィーン大学のディヒター（E. Dichter）やヘルツォーク（H. Herzog）らを介してアメリカに渡った。ディヒターらの指導教官であったラザースフェルド（P. Lazarsfeld）はウィーン大学で数学の博士号を取得し，世界初の大規模なラジオ・オーディエンス調査を実施し，カッツ（E. Katz）とともに，オピニオン・リーダーからフォロワーへと伝播する「コミュニケーションの2段階の流れ」仮説を提唱した。また，雑誌読者調査を実施したポーリッツ（A. Politz）も，ドイツのフンボルト大学で物理学の学位を取得後にアメリカに渡り，調査会社を設立した（J. Maloney［1994］）。

2.2. 広告心理学の誕生

スコット以前にも，アメリカではスクリプチャー（E. W. Scripture）やゲイル（H. Gale）などが心理学を広告研究に応用していた。彼らはブントの知覚心理学やタキストコープ手法を応用して，消費者の広告への反応に関する「法則」を打ち立てた。スコットもブントの構成主義心理学の流れを汲むが，当時は社会的地位の低かった広告ビジネスに市民権を与えるうえでも貢献したことで知られている（小林［2000］）。彼は当時の日本の広告業界でも翻訳が紹介されるほど著名であった。スコットは広告業界誌の *Mahin's Magazine* や *Printer's Ink* などに寄稿し，それらは後に *The Theory of Advertising*（1903 年）として出版された。1908 年に出版された *The Psychology of Advertising* では，広告への注意と知覚に加え，記憶，感情と情動，本能，暗示，思考－感情－意志の 3 要素から成る心理過程などが解説されている。

行動主義心理学を提唱したワトソンは，実験手法により観察可能な行動の予測と統制を試みた。彼はジョンズ・ホプキンス大学の心理学科長や米国心理学会会長を歴任したが，学界に留まることができなくなり，1920 年に広告業界大手の J. W. トンプソン社に迎え入れられた。当時の社長レーサー（S. B. Resor）は，科学，効率，進歩，統制，プロフェッショナリズムを重視する経営哲学の持ち主であり，ワトソンは同社の企業文化の変革と対外的評価の向上に貢献した（Kreshel［1990］）。

2.3. S－O－R パラダイムと効果階層モデル

1950 年代の広告効果研究には，ホブランド（C. I. Hovland）らイエール大学グループによる態度変容研究の影響がみられる。ホブランドらは第二次世界大戦中に兵士教育におけるマスメディアの効果を実験により検証した。その理論的枠組みは，刺激（メッセージ特性，情報源の信憑性，チャネル特性など）と反応（意見および態度変容）の関係を，受け手特性（年齢，性別，学歴，先有傾向など）を媒介変数として説明する，刺激（S）－生活体（O）－反応（R）パラダイムである。このアプローチはメッセージにおける一面提示と両面提示，結論の有無など，多様な要因の効果測定に利用可能な一方で，多数の要因の組み合わせから成る交互作用が存在するため，一般化が困難という難点がある[2]。

1960 年代に提唱されたさまざまな「効果階層モデル」は，S－O－R の第 3

の要素である反応の特性と生起する順序を定式化したものである[3]。研究者により各段階の数や名称は異なるものの，Lavidge & Steiner［1961］は，それらを認知的反応（ブランド認知，ブランド理解など），情緒的反応（ブランド態度，感情など），行動的反応（購買意図，購買など）の3段階から成ると一般化を行った。Colley［1961］による「目標による広告管理」（通称DAGMAR）は，効果階層モデルを広告目標設定と効果測定に応用したものである。理論としては単純であるが，広告管理の基本を示した点で意義のある著作である。なお，日本の広告業界では現在でもAIDMA（attention, interest, desire, memory, action）の頭文字を広告効果モデルの代表と見なす向きがある。しかし，これについてはDeVoe［1956］が当時の主流と見なされていたAIDCAモデルのC（conviction）の代わりにmemoryを使用できると示唆した数行の記述以外に参考文献が見当たらず，英語の教科書類でも参照されていない。また，効果階層モデルでは広告情報処理とコミュニケーション効果が明確に区別されず，購買行動についてもトライアルとリピートの相違や購買前後の行動まで明示されていない（表1および第1節参照）。

1960年代の効果階層モデルが認知－情緒－行動という一直線の反応パターンを想定していたのに対して，70年代になると「オーディエンスの関与度の高低により反応パターンが異なる」という見解が有力になった。これは，活字媒体からテレビへと主要メディアが変わり，消費者の製品知識が増大したことなどが背景にあると考えられる。なかでも，Krugman［1972］による低関与状態におけるテレビの効果，およびRay et al.［1973］による「3種類の効果階層モデル」は，その後の研究と実務に大きな影響を与えた。Ray et al.［1973］は①製品・購買等への関与度，②情報源（マスメディア，その他），および③選択肢の差異化の程度により，広告への反応を次の3種類に分類した――高関与の学習型階層（認知－情緒－行動），低関与型階層（認知－行動－情緒），不協和帰属型階層（行動－情緒－認知）。3種類の効果階層は「効果の起きる順序」というよりは，3つの要因の特性により「広告により変化しやすい段階に相違があり，とくに各階層のはじめにある段階が反復接触による影響を受けやすい」とされる（pp. 153–155）。

1970年代には，効果階層とは異なる観点から高関与状態に顕著と思われる反応を精緻に説明する研究も行われた。Wright［1973］の「認知的反応モデル」

は，オーディエンスは広告に対し，①反論，②支持，③情報源の毀損といった認知的反応を生じ，プラス・マイナス両面の反応の総計からメッセージの受容が決まると仮定した。反論と支持の方向は異なるが，いずれもオーディエンスがすでにもっている知識や先有傾向に基づいて生じることから，受け手はメッセージに受動的に反応する存在でないと仮定されていることがわかる。広告に接しているときに思い浮かんだことを想起させる認知的反応の測定方法は，その後の広告情報処理研究でも利用されている。

2.4. 態度と行動の一貫性に関する議論

Allport［1935］は，態度は社会心理学における最も重要な概念であると指摘し，さまざまな定義をレビューしたうえで，態度とは「個人の反応に影響を及ぼす心的・神経的準備状態」であると定義した。広告や消費者行動研究においても態度は重視され，購買などの行動予測の手がかりとされてきたが，態度から必ずしも行動を正確に予測できないことが指摘されていた。1970 年から 80 年代にかけていくつかの改善が試みられ，なかでもファツィオ（R. H. Fazio）の MODE モデルとフィッシュバイン（M. Fishbein）らの多属性型態度モデル（期待値モデル）は，広告等の応用分野でも有名である。

MODE モデル

ファツィオらは態度を「記憶内の態度の対象と，それに対する評価の連合」であると見なし，その結びつきの強さが「態度の接近可能性（attitude accessibility）」を規定するとしている。両者の結びつきが強ければ（例：きわめて優れた，あるいは大好きなブランド）記憶から自動的に態度が想起される。MODE モデルとは，態度から行動に移る過程が自動的または熟慮によるものであるかは，動機（motivation）と機会（opportunity）により規定される（determinants）という仮定を表現したものである（Fazio［1995］p. 257）。自動的に接近可能な態度は，その対象に対する情報処理が行われる際にフィルターとして機能し，偏りを生じさせることになる。

さらに，Pratkanis［1989］pp. 81-82 は次の 6 つの要因があると態度に基づくヒューリスティックス（方略）が採用されると指摘した――①態度が記憶内に保持されている，②態度に依拠することが最善（または唯一）の方略である，③接近可能である，④時間の制約や情報過多の状況，⑤解決すべき課題がある

（答えが明確でない），⑥態度の偏りに気づいていたり，それを補正しようとする場合。

多属性型態度モデルから計画的行動理論へ

態度は認知・情緒・意欲（行動）の3次元から構成されるという伝統的な見解に対して，Fishbein and Ajzen［1975］は態度を対象に対する「全体的評価」であると規定し，認知要素である「信念」は態度に対する影響要因と見なした。フィッシュバインらの「多属性型態度モデル」はマーケティングへの応用を意図したものではなかったが，1970年代には高関与下の広告効果を説明する代表的なモデルとして実証研究で利用されるようになった。このモデルでは，ブランドなどの対象に対する態度の構造を，属性評価（e_i）で重みづけされた属性信念の強さ（b_i）の総和（$\Sigma b_i x e_i$）として定式化している。このモデルは，広告により消費者の重視する属性の評価や信念の強さを変えることにより，態度変容がもたらされることを示している。

フィッシュバインらも，ファツィオと同様に「記憶内要素の接近可能性」を重視した。彼らは態度を測定する際には調査者が任意の項目を定めるのではなく，「対象者にとって顕在的な信念」を測定しなければならないと主張した[4]。それにもかかわらず態度から行動を十分に予測しえない問題を解決するために，対象物への態度ではなく，行動意図と行動への態度を測定するべきであるとし，「合理的行動理論」が提唱された（Ajzen & Fishbein［1980］）。さらに，弟子のエイジェン（I. Ajzen）は「計画的行動理論」を提唱し，顕在的信念→態度→行動意図→行動という因果連鎖を明確にした（Ajzen［1989, 2008, 2012］）。

図1はエイジェンによる計画的行動理論を図示したものである。合理的行動理論は個人の意志により統制可能な行動に対象を限定したが，計画的行動理論は意志による統制という基準を緩和することにより，対象とする行動の範囲を緩和した（Ajzen［2012］p. 445）。行動の前にある行動意図は動機的要素であり，行動意図は行動に対する態度，行動するか否かという主観的規範，および知覚された行動統制（自己効力感）という3つの要因の影響を受ける。さらに，それらは各々に関連した顕在化した信念（例：行動のもたらす結果）の影響を受ける。エイジェンらのモデルはダイエットやヘルスケア関連の消費者行動研究で応用されている。コロナ禍や持続可能な開発といった状況で期待される「行動変容」を予測あるいは統制する手段としても，利用可能であろう。

図１　計画的行動理論

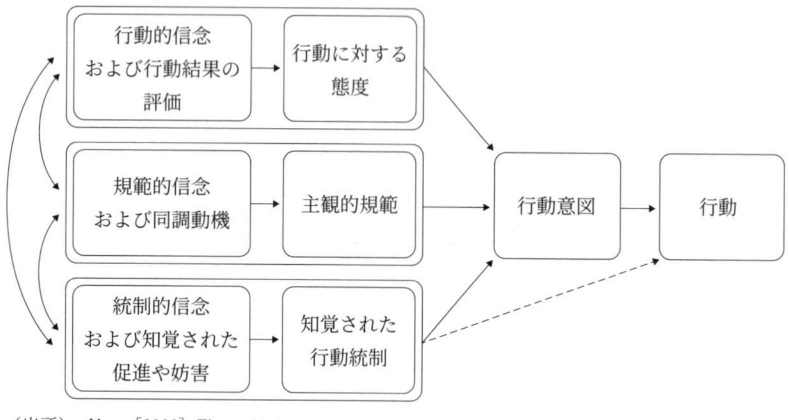

（出所）　Ajzen［2008］Figure20.1

彼らのモデルはさまざまな分野で何百もの研究で利用された実績をもつが，誤解も生じた。エイジェンは計画的行動理論は理性的で偏りのない，熟慮された情報処理を前提とするものではなく，また習慣化され，自動的に生じる行動もあると指摘している（Ajzen［2012］p. 451）。

2.5. 情報処理パラダイムと二重過程モデル

心理学分野では 1950 年代から 60 年代にかけて，行動主義から認知心理学へと転換したとされる（今田［2013］）。広告および消費者行動研究では，少し遅れて 1980 年代以降に認知科学や認知心理学の知見を応用して消費者の情報処理過程を詳細に説明する研究が発展した（Bettman［1979］など）。情報処理アプローチの１つの特徴は，ブランドに対する態度形成（変容）過程だけでなく，情報取得過程（感覚的分析，意味分析など）や情報処理方略，記憶構造などについても理論的な説明を試みたことである。1960 年代の効果階層モデルでは広告に対する情報処理過程とブランドについて記憶に残るコミュニケーション効果が弁別されていなかったことを考慮すると，理論面での発展が顕著である。

Harris［1983］による *Information Processing Research in Advertising* は，そのような研究から成る論文集である。そのなかの Mitchell［1983］は，認知を中心に広告に関わる情報処理過程を幅広く説明したものである。一方，同書に収録されている Rossiter & Percy［1983］は，視覚的情報処理に焦点を当てて広告接触から記憶，購買意思決定までの流れを説明している。広告表現には言語化しにくい視聴覚に訴える要素があり，消費者の反応にも言語化しにくいイメージ（心像）や感情などがある。これらを言語化以前の低関与下の反応と見なすか否かは，現在でも見解が分かれる。いずれにしても，「記憶」を研究対象に加えることにより，1990 年代以降に発展した購買意思決定過程における広告効果の研究や，ブランド資産としての消費者知識構造の研究の基盤が形成されたといえるだろう。

二重過程モデル

「二重過程モデル」と総称されるアプローチは，購買意思決定過程までの拡張よりも，態度形成過程の特徴に焦点を当てた研究であり，社会心理学およびそれに依拠する説得コミュニケーションの研究において，大きな潮流となっている。なかでも Petty & Cacioppo［1981, 1986］による精緻化見込みモデル（elaboration likelihood model：ELM；図 2）は，過去の態度変容研究を「2 つの経路」として一般化を試みたものであり，現在でも広告効果過程を説明する代表的なモデルと見なされている。ELM ではオーディエンスの情報処理動機と情報処理能力がともに高いと（高関与），中心的経路により態度が形成され，どちらも低くても説得手がかりがある場合には周辺的経路により態度が形成されると想定している。加えて，メッセージの強さやオーディエンスの認知欲求といった媒介変数による影響も検証されている。中心的経路のほうが周辺的経路よりも深い情報処理がされるため，態度の持続性が高く，行動予測の手がかりに

図 2　単純化した精緻化見込みモデル

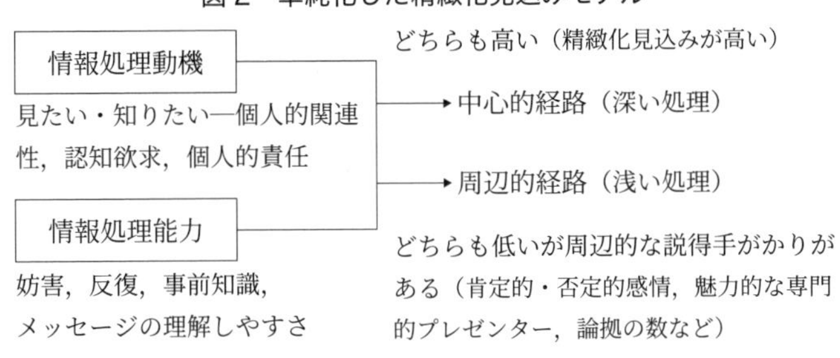

（注）精緻化見込みが高いか低いかという二者択一な理解ではなく，連続的に変化する精緻化の程度と理解することが適切である。

（出所）Petty & Cacioppo［1986］，岸［2017b］に基づき作成。

なりうるとされる。

態度変容および対人知覚の領域では，チャイケン（S. Chaiken）らのヒューリスティック・システマティック・モデル（HSM；Chaiken et al.［1989］）も代表的であるが，広告研究への応用は少ない。どちらも2つの処理様式を想定する点では類似しているが，HSMではヒューリスティックな処理と熟慮型の処理が同時に起こり，相互に影響すると想定している点がELMと異なる（Chen & Chaiken［1999］）。

広告研究者によっても消費者関与と情報処理の関係を定式化した研究が行われた。Beattie & Mitchell［1985］の「広告関与モデル」では，情報処理水準が高いとメッセージの意味を解釈する「ブランド情報処理」が行われ，処理水準が低いとメッセージの表層形態が処理される「非ブランド情報処理」が行われるとされる。これらの情報処理方略の規定要因として，情報処理動機に加えて，製品に関するメッセージを理解し評価するためのスキーマ（知識の枠組み）が存在し活性化することが想定されている。Greenwald & Leavitt［1984］は，オーディエンスの反応を2つの経路に大別せず，関与を注意以前，部分的注意，理解，精緻化の4段階に分類し，高水準の関与下では低水準の処理も行われるが，高水準の処理結果が有意性をもつというモデルを提示した。

神山［2002］は，精緻化見込み（精査可能性）モデルに関する2つの誤解を指摘している。その1つは，精査可能性が2つの区分（中心的か，周辺的か）として捉えられていることである。図2にはそのような単純化した図を示したが，正確には認知的活性化が連続的に変化する「精査連続体」と見なすべきである。もう1つの誤解は，中心的経路ではメッセージ内容が影響し，周辺的経路ではメッセージ以外の要素（情報源の専門性など）が影響するという見解である。メッセージに付随する要素は処理経路により異なる役割をもち，高い精査者はあらゆる情報を利用してメッセージを評価すると見なされる。

2.6. 広告への態度，感情的反応の研究

1980年代におけるもう1つの発展は，「広告への態度」（attitude toward advertising：Aad）という構成概念の発見と，広告への感情的反応に関する研究の隆盛である（岸［1989］）。両者とも低関与下の反応と見なされることもあるが，感情への関心は認知中心の情報処理パラダイムへのアンチテーゼとして，ホル

ブルック（M. B. Holbrook）やハーシュマン（E. C. Hirshman）などの消費者行動研究者からも支持された（Holbrook［1995］）。情報処理パラダイムは消費者の意思決定過程を詳細に説明するものであり，多くの広告効果研究は送り手の意図の達成度を説明するための構成概念を創出し，態度変容過程を説明することを目的としてきた。しかし，ホルブルックらは送り手の意図の達成とは異なる消費経験の意味を解明することが，消費者研究の目的であるとし，そのような文脈における感情の役割に注目した。

「広告への態度」はこのような背景から発生したものではなく，「2つの経路」によるブランド態度形成過程における1つの中間項として位置づけられる。Aadの扱いは，低関与下における反応と見なされることもあれば，高関与下でも重要な反応と見なす立場もあり，一定しない。前者の立場は精緻化見込みモデルやミッチェル（Mitchell）の広告関与モデルが代表的であり，メッセージに対する深い処理がされなくても，広告自体への好意的態度（Aad）が生じれば，それはブランド態度にも転移するという古典的条件づけに依拠した見解である。一方，高関与下でもAadがブランド態度形成に寄与するとする立場は，認知と感情を二者択一的に捉えず，両者の相互作用を想定する（Cohen & Areni［1991］，Maclnnis & Jaworski［1989］など）。この主張は広告に接しているときの思考（メッセージ理解）が喜びやなつかしさといった感情を生起させ，時には広告ストーリーへの共感や自己との関連性を感じさせる場合を想定している。長尺のテレビCMやウェブ動画に対する反応としては可能であるが，関心のない広告は数秒以内にスキップされることもあるため，オーディエンスのメディア利用実態を踏まえて，適用条件を特定化する必要があるだろう。

1970年代以降の研究成果を踏まえて，1980年代になると広告管理の分野でも消費者の関与度と動機（または情報処理様式）の相違を踏まえた戦略プランニング・モデルが登場した。Rossiter et al.［1991］による「ロシター&パーシー・グリッド」，および広告会社のフット・コーン&ベルディングによる「FCBグリッド」（Vaughn［1986］）が代表的である。Rossiter et al.［1991］は，次回の購買への関与の高低と製品の購買・使用動機（情報型か変換型か）により，ブランド態度形成過程を4種類に分類し，表現戦略と媒体戦略のガイドラインを提示している。また，1960年代の効果階層モデルでは「購買」の質的相違が考慮されていなかったが，彼らは新規購買とリピート購買，およびブランド・ロイヤルティの程度による行動の類型化を行っている。

2.7. 1990年代以降の研究

1990年代における研究は，1つの広告への反応を子細に説明するよりも，購買意思決定過程への拡張や，クロスメディアないしは統合型マーケティング・コミュニケーション（IMC）の効果，ブランド・エクイティ研究における消費者知識構造の研究（Keller［1998］など）といった，より現実的で実務への示唆を念頭に置いた研究が増えたことが1つの特徴である。

購買意思決定過程への拡張を試みた初期の研究には，Nedungadi et al.［1993］などがある。ここでは，情報処理パラダイムを踏まえて，記憶された内部情報と店頭などの外部情報から考慮集合が形成され，ブランド選択に至る過程が想定されている。IMCは，広告以外のさまざまな顧客接点を活用するコミュニケーション手法であるが，その効果を把握することは容易でない[5]。アサール（Assael［2011］）は過去50年間のクロスメディア研究を振り返り，近年は行動反応や売上，ROI（投資収益率）等の効果基準に対する関心が高まる一方で，シナジー効果を構成するメディアへの逐次的接触と同時接触の相違といったことも十分に解明されていないと警告している。これは理論を踏まえた研究の重要性を指摘するものである。一方，実務におけるIMCの実践は「カスタマー・ジャーニー」と呼ばれる意思決定過程を把握し，各段階で意思決定に影響力をもつ接点（コンタクト・ポイント）を抽出して，メディア・プランニングに活かすという形で行われている。

制御焦点理論と解釈レベル理論

2000年代になると，新たな心理学理論を応用した研究がみられるようになった。制御焦点理論（Higgins［1997］）に依拠した研究では，Aaker & Lee［2001, 2006］やKees et al.［2010］などがある。制御焦点理論によると，人は何かを達成したいと思うときには促進に焦点を当て（promotion focus），安全を志向すると予防に焦点を当てる（prevention focus）とされる。

図3は自己イメージまたはプライミングにより創出される状況要因により，異なる制御焦点が活性化し，目標に適した方略が採用される，という理論の枠組みを示している。上段の促進焦点では，理想の自己イメージに反映される期待や願望を実現したいという目標を最大化するために接近方略が採用され，期

図3　制御焦点理論：促進焦点および予防焦点と関連する心理的変数

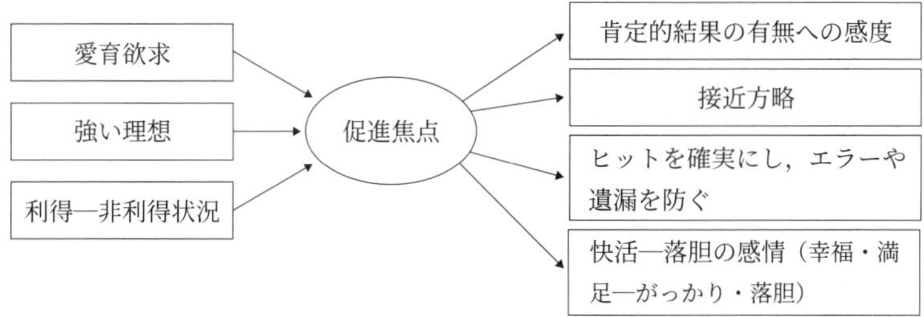

理想の自己像に反映される期待や願望 ⇒ 最大限の目標 ⇒ 肯定的結果と快活な感情

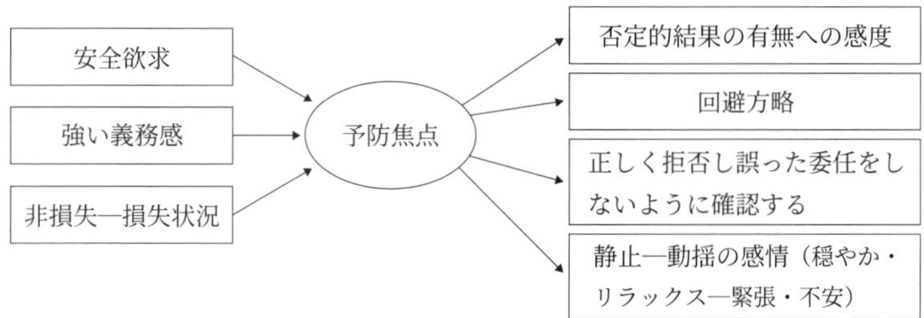

義務的自己像に反映される義務感や責任感 ⇒ 最小限の目標 ⇒ 否定的結果と緊張感

（出所）　Higgins［1999］Figure25.1 に注釈を追加。

待した結果が得られると幸福感や満足感が得られることを示している。下段の予防焦点では，義務や責任を果たす自己イメージ（または状況）から，失敗を回避する方略がとられ，否定的結果に付随する緊張感や不安が経験される。制御焦点理論はその後，個人の目標志向性と意思決定方略の適合性がもたらす価値を説明する制御適合理論へと発展した。Aaker & Lee［2001］は自立型自己イメージには促進焦点のメッセージを，他者依存型自己イメージには予防焦点型メッセージを提示することにより，中心的経路による情報処理が為されると仮定した。Sung & Choi［2011］も同様の仮定の下に，Aad，ブランド態度，購買意図へのメッセージ効果を検証した。

消費者行動分野での応用が多い「解釈レベル理論」（Trope et al.［2007］）に依拠した効果研究も発表されている（Kees et al.［2010］, Martin et al.［2009］など）。解釈レベル理論は，空間・時間・社会的距離や，現実性といった心理的距離が解釈レベルの高低（具体的か抽象的か）に影響を及ぼし，その後の予測や評価，行動にも影響すると想定している。これまでの広告効果研究では見落とされがちであった消費者の目標や時間軸などを導入することにより，効果の異なる側面を理解できる。たとえば，送り手の意図の達成とは異なるが，コンサマトリーな消費経験としての広告接触の意味を理解することも可能だろう。

おわりに

広告効果の理論は，構成主義心理学から行動主義，認知心理学，感情心理学，二重過程モデルなどの影響を受けて発展してきた。また，本章では取り上げる余地がなかったが，情報過多の状況下で生じる感覚的な情報処理についても，情報適合性や流暢性といった概念により解明が進んでいる（石井［2020］）。

広告効果を説明するうえで無視できないもう1つの要因として，メディアの変容がある。仁科［2009］は各時代の主流メディアの特性と広告効果モデルの変遷を次のように説明している―― 19世紀末までの人的販売中心の時代のAIDA（attention-interest-desire-action）モデル，印刷媒体の時代の「認知型モデル」（「高関与学習型モデル」），テレビの時代の「低関与型モデル」および「情緒型Aadモデル」，メディア・ミックスの時代の「複合型モデル」（ロシター＆パーシー・グリッド，FCBグリッドなど），「社会的規範型モデル」（世評観の影響），インターネット時代の「情報探索型モデル」である。なお，仁科は“search”や“share”を含む「情報探索型モデル」は消費者反応を記述するというよりは，送り手が受け手に期待する反応を表現した「戦略モデル」であると指摘している。

今後の課題として，多様な理論やモデルの関係を整理する必要があるだろう。たとえば，Higgins［1999］が指摘するように，促進または予防焦点は二重過程モデルにおける情報処理様式の動機づけ要因と見なすことができる（Higgins［1999］p. 522）。また，メディアについては「ながら視聴」のようなマルチタスキング・マルチスクリーニング状況での効果やクロスメディアの効果について，さらなる研究が必要だろう。

＊　本章は岸［2020］の第Ⅰ・Ⅱ節に基づき，大幅に加筆・修正したものである。なお，同著は東京経済大学個人研究助成17-07により実施した研究の報告である。

注

1　この項の心理学説に関する記述は今田［2013］に基づく。

2　深田［2002］は，このように複雑な過程を整理したものとしてMcGuire［1985］の説得マトリクスを考察している。

3　効果階層モデルについては，岸［2017b］を参照されたい。

4　筆者がイリノイ大学で受講したフィッシュバインの授業やフィッシュバインらの著作で強調されている。

5　IMC研究に関するレビューは岸［2017a］を参照されたい。

引用・参考文献

Aaker, J. L. and A. Y. Lee [2001] "'I' Seek Pleasures and 'We' Avoid Pains: The Role of Self-Regulatory Goals in Information Processing and Persuasion," Journal of Consumer Research, vol. 28.

Aaker, J. L. and A. Y. Lee [2006] "Understanding Regulatory Fit," Journal of Marketing Research, vol. 43.

阿部周造編著［2001］『消費者行動研究のニューディレクションズ』関西学院大学出版会

Ajzen, I. [1989] "Attitude Structure and Behavior," in A. R. Pratkanis, S. J. Breckler and A. G. Greenwald eds., Attitude Structure and Function, Lawrence Erlbaum Associates.

Ajzen, I. [2008] "Consumer Attitudes and Behavior," in C. P. Haugtvedt, P. M. Herr and F. R. Kardes eds., Handbook of Consumer Psychology, Psychology Press.

Ajzen, I. [2012] "The Theory of Planned Behavior," in P. A. M. Van Lange, A. W. Kruglanski and E. T. Higgins eds., Handbook of Theories of Social Psychology, vol. 1, Sage Publications.

Ajzen, I. and M. Fishbein [1980] Understanding Attitudes and Predicting Social Behavior, Prentice-Hall.

Allport [1935] "Attitudes," in C. Murchison ed., Handbook of Social Psychology, Clark University Press.

Alwitt. L. F. and A. A. Mitchell eds. [1985] Psychological Processes and Advertising Effects: Theory, Research, and Application, Lawrence Erlbaum Associates.

Assael, H. [2011] "From Silos to Synergy: A Fifty-Year Review of Cross-Media Research Shows Synergy Has Yet to Achieve Its Full Potential," Journal of Advertising Research, vol. 51, Supplement.

Avent, T. and E. T. Higgins [2006] "How Regulatory Fit Affects Value in Consumer Choices and Opinions," Journal of Marketing Research, vol. 43.

Beattie, A. E. and A. A. Mitchell [1985] "The Relation between Advertising Recall and Persuasion," in L. F. Alwitt and A. A. Mitchell eds., Psychological Processes and Advertising Effects: Theory, Research, and Application, Lawrence Erlbaum Associates.

Bettman, J. R. [1979] An Information Processing Theory of Consumer Choice, Addison-Wesley Publishing Company.

Cafferata, P. and A. M. Tybout eds. [1989] Cognitive and Affective Responses to Advertising, Lexington Books.

Chaiken, S., A. Liberman and A. H. Eagly [1989] "Heuristic and Systematic Information Processing within and beyond the Persuasion Context," in J. S. Uleman and J. A. Bargh eds., Unintended Thought, The Guilfod Press.

Chen, S. and S. Chaiken [1999] "The Heuristic-Systematic Model in Its Broader Context," in S. Chaiken

and Y. Trope eds., Dual-Process Theories in Social Psychology, The Guilfod Press.
Cohen, J. B. and C. S. Areni [1991] "Affect and Consumer Behavior," in T. S. Robertson and H. H. Kassarjian eds., Handbook of Consumer Behavior, Prentice-Hall.
Colley, R. H. [1961] Defining Advertising Goals for Measured Advertising Results, Association of National Advertisers.（八巻俊雄訳［1966］『目標による広告管理』ダイヤモンド社）
Dahlen, M. and S. Rosengren [2016] "If Advertising Won't Die, What Will It Be? Toward a Working Definition of Advertising," Journal of Advertising, vol. 45.
DeVoe, M. [1956] Effective Advertising Copy, The Macmillan Company.
Fazio, R. H. [1995] "Attitudes as Object-Evaluation Associations: Determinants, Consequences, and Correlates of Attitude Accessibility," in R. E. Petty and J. A. Krosnik eds., Attitude Strength: Antecedents and Consequences, Lawrence Erlbaum Associates.
Fishbein, M. and I. Ajzen [1975] Belief, Attitude, Intention and Behavior: An Introduction to Theory and Research, Addison-Wesley.
Franzen, G., C. Kappert, R. J. Schuring, C. Goessens, M. Hoogerbrugge and M. Vogel [1999] Brands & Advertising: How Advertising Influences Brand Equity, Admap.
藤永保［2013］「心理学」藤永保監修『心理学事典』平凡社
深田博己編著［2002］『説得心理学ハンドブック――説得コミュニケーション研究の最前線』北大路書房
Greenwald, A. G. and C. Leavitt [1984] "Audience Involvement in Advertising: Four Levels," Journal of Consumer Research, vol. 11.
Harris, R. J. ed. [1983] Information Processing Research in Advertising, Lawrence Erlbaum Associates.
Higgins, E. T. [1997] "Beyond Pleasure and Pain," American Psychologist, vol. 52.
Higgins, E. T. [1999] "Promotion and Prevention as a Motivational Duality: Implications for Evaluative Processes," in S. Chaiken and Y. Trope eds., Dual-Process Theories in Social Psychology, The Guilford Press.
Higgins, E. T. [2012] "Regulatory Focus Theory," in P. A. M. Van Lange, A. W. Kruglanski and E. T. Higgins eds., Handbook of Theories of Social Psychology, Sage Publications.
Holbrook, M. B. [1995] Consumer Research: Introspective Essays on the Study of Consumption, Sage Publications.
池田謙一・村田光二［1991］『こころと社会――認知心理学への招待』東京大学出版
今田寛［2013］「心理学史」藤永保監修『心理学事典』平凡社
石井裕明［2020］『消費者行動における感覚と評価メカニズム――購買意思決定を促す「何となく」の研究』千倉書房
Kahneman, D. [1973] Attention and Effort, Prentice-Hall.
Kahneman, D. [2011] Thinking, Fast and Slow, Farrar, Straus and Giroux.（村井章子訳［2014］『ファスト＆スロー――あなたの意見はどのように決まるか（上・下）』早川書房）
神山貴弥［2002］「情報処理と説得：精査可能性モデル」深田博己編著『説得心理学ハンドブック――説得コミュニケーション研究の最前線』北大路書房
Kassarjian, H. H. [1994] "Scholarly Traditions and European Roots of American Consumer Research," in G. Laurent, G. L. Lilien and B. Pras eds., Research Traditions in Marketing, Kluwer Academic Publishers.

Kees, J., S. Burton, and A. H. Tangari [2010] "The Impact of Regulatory Focus, Temporal Orientation, and Fit on Consumer Responses to Health-related Advertising," Journal of Advertising, vol. 39.

Keller, K. L. [1998] Strategic Brand Management, Pearson Education.（恩蔵直人・亀井昭宏訳［2000］『戦略的ブランド・マネジメント』東急エージェンシー出版部）

岸志津江［1989］「広告への態度（Aad），感情的反応概念の有効性と問題点」『日経広告研究所報』125 号

岸志津江［2011a］「アメリカにおける広告研究の発展――心理学，マーケティング，コミュニケーション研究の交流域」『青山経営論集』第 46 巻第 3 号

岸志津江［2011b］「広告効果研究をふり返る――研究の生成・発展過程と広告コミュニケーション界の課題」『アド・スタディーズ』第 38 巻

岸志津江［2017a］「IMC 概念を再考する――進化と課題」『マーケティングジャーナル』vol. 36.

岸志津江［2017b］「広告コミュニケーション過程と効果」岸志津江・田中洋・嶋村和恵『現代広告論』［第 3 版］有斐閣

岸志津江［2020］「広告効果の理論――心理学およびメディアの発展を中心に」『東京経大学会誌』経営学，第 306 号

北村日出夫［1968］「広告の効果と影響」『新聞学評論』第 17 巻

Kitchen, P. J. and D. E. Schultz eds. [2001] Raising the Corporate Umbrella: Corporate Communication in the 21st Century, Palgrave Macmillan.

小林保彦［2000］『アメリカ広告科学運動』日経広告研究所

Kreshel, P. J. [1990] "John B. Watson at J. Walter Thompson: The Legitimation of 'Science' in Advertising," Journal of Advertising, vol. 19.

Krugman, H. E. [1972] "Why Three Exposures May Be Enough?" Journal of Advertising Research, vol. 12.

Lavidge, R. J. and G. A. Steiner [1961] "A Model for Predictive Measurements of Advertising Effectiveness," Journal of Marketing, vol. 25.

Leckenby, J. and H. Li [2000] "From the Editors: Why We Need the Journal of Interactive Advertising?" Journal of Interactive Advertising, vol. 1.

Maloney, J. C. [1994] "The First 90 Years of Advertising Research," in E. M. Clark, T. C. Brock and D. W. Stewart eds., Attention, Attitude, and Affect in Response to Advertising, Lawrence Erlbaum.

Martin, B. A. S., J. Gnoth and C. Strong [2009] "The Moderating Role of Temporal Orientation and Attribute Importance in Consumer Evaluation," Journal of Advertising, vol. 38.

McGuire, W. J. [1985] "Attitudes and Attitude Change," in G. Lindzy and E. Aronson eds., The Handbook of Social Psychology (3rd ed.), vol. 2, Random House.

Maclnnis, D. J. and B. J. Jaworski [1989] "Information Processing from Advertisements: Toward an Integrative Framework," Journal of Marketing, vol. 53.

Maclnnis, D. J. and B. J. Jaworski [1990] "Two Routes to Persuasion Models in Advertising: Review, Critique, and Research Directions," in A. Ziethaml ed., Review of Marketing 1990, American Marketing Association.

Mitchell, A. A. [1983] "Cognitive Processes Initiated by Exposure to Advertising," in R. J. Harris ed., Information Processing Research in Advertising, Lawrence Erlbaum Associates.

Moskowitz, G. B., I. Skurnik and A. D. Galinsky [1999] "The History of Dual-Process Notions, and the Future of Preconscious Control," in S. Chaiken and Y. Trope eds., Dual-Process Theories in Social

Psychology, Guilford.
Nedungadi, P., A. A. Mitchell and I. E. Berger [1993] "A Framework for Understanding the Effects of Advertising Exposure on Choice," in A. A. Mitchell, ed., Advertising, Exposure, Memory, and Choice, Lawrence Earbaum Associates.
仁科貞文［2007］「広告効果と心理的プロセス」仁科貞文・田中洋・丸岡吉人『広告心理』電通
仁科貞文［2009］「広告効果」日経広告研究所編『基礎から学べる広告の総合講座 2010』日本経済新聞出版
仁科貞文編著［2001］『広告効果論――情報処理パラダイムからのアプローチ』電通
Park, S. -Y. and C. R. Morton [2015] "The Role of Regulatory Focus, Social Distance, and Involvement in Anti-High Risk Drinking Advertising: A Construal-Level Theory Perspective," Journal of Advertising, vol. 44.
Petty, R. E. and J. T. Cacioppo [1981] Attitudes and Persuasion: Classic and Contemporary Approaches, Wm. C. Brown Company.
Petty, R. E. and J. T. Cacioppo [1986] Communication and Persuasion: Central and Peripheral Routes to Attitude Cange, Springer-Verlag.
Pratkanis, A. R. [1989] "The Cognitive Representation of Attitudes," in A. R. Pratkanis, S. J. Breckler and A. G. Greenwald eds., Attitude structure and function, Lawrence Erlbaum Associates.
Ray, M. L., A. G. Sawyer, M. L. Rothschild, R. M. Heeler, E. C. Strong and J. B. Reed [1973] "Marketing Communication and the Hierarchy-of-Effects," in P. Clarke ed., New Models for Mass Communication Research, Sage Annual Reviews of Communication Research, vol. 2, Sage Publications.
Richards, J. I. and C. M. Curran (2002), "Oracles on 'Advertising' : Searching for a Definition," Journal of Advertising, vol. 31.
Rossiter, J. and S. Belman [2005] Marketing Communications: Theory and Applications, Pearson Australia Group Pty.（岸志津江監訳／東急エージェンシー・マーコム研究会訳［2009］『戦略的マーケティング・コミュニケーション―― IMC の理論と実際』東急エージェンシー出版部）
Rossiter, J. and L. Percy [1983] "Visual Communication in Advertising," in R. J. Harris ed., Information Processing Research in Advertising, Lawrence Erlbaum Associates.
Rossiter, J., L. Percy and L. Bergkvist [2018] Marketing Communications: Objectives, Strategy, Tactics, Sage Publications.
Rossiter, J. R., L. Percy and R. J. Donovan [1991] "A Better Advertising Planning Grid," Journal of Advertising Research, vol. 31.
佐々木土師二［1991］「広告心理学の展開」関西大学『社会学部紀要』第 22 巻第 2 号
Schumann, D. W., C. P. Haugtvedt and E. Davidson [2008] "History of Consumer Psychology," in C. P. Haugtvedt, P. M. Herr and F. R. Kardes eds., Handbook of Consumer Psychology, Psychology Press.
Scott, W. D. [1903] The Theory of Advertising, Small, Maynard & Company.
Scott, W. D. [1908] The Psychology of Advertising, Small, Maynard & Company.（佐々木十九訳［1915］『広告心理学』佐藤出版部）
Starch, D. [1923] Principles of Advertising, McGraw-Hill Book.
杉本徹雄・杉谷陽子［2012］「消費者の態度形成と変容」杉本徹雄編著『新・消費者理解のための心理学』福村出版

Sung, S. and S. M. Choi [2011] "Increasing Power and Preventing Pain: The Moderating Role of Self-Construal in Advertising Message Framing," Journal of Advertising, vol. 40.

Thorson, E. and S. Rodgers [2012] "What Does 'Theories of Advertising' Mean?" in S. Rodgers and E. Thorson eds., Advertising Theory, Routledge.

Trope, Y., N. Liberman and C. Wakslak [2007] "Construal Levels and Psychological Distance: Effects on Representation, Prediction, Evaluation, and Behavior," Journal of Consumer Psychology, vol. 17.

Vaughn, R. [1986] "How Advertising Works: A Planning Model Revisited," Journal of Advertising Research, vol. 26.

Wright, P. L. [1973] "The Cognitive Processes Mediating Acceptance of Advertising," Journal of Marketing Research, vol. 10.

第2章　デジタル広告の効果

岸 志津江

はじめに

アメリカではじめてウェブサイト上にバナー広告が掲載されたのは，1994年10月27日の*HotWired*誌上とされる[1]。日本でインターネット広告費が電通の広告統計に表れたのは1996年からであり，96年には16億円（総広告費の0.03%）であったが，2000年には590億円（1.0%），2010年に6077億円（13.3%），2020年には2兆2290億円（36.2%）と，テレビ広告費の1兆6559億円（26.9%）をはるかに凌ぐほどに成長した[2]。

これほどの成長を遂げたインターネットは，単なる通信手段であるだけでなく，社会・経済のインフラであり，さまざまなコミュニケーションや取引手段のプラットフォームとなっている。マーケティング・コミュニケーションに関しては，広告主（送り手）から消費者（受け手）へと一方向に情報や影響が流れるだけではなく，企業と消費者間（Business to Consumer），消費者間（Consumer to Consumer）などで，双方向あるいは多方向のコミュニケーションが行われるようになった。これらの全容を把握し，効果を説明することは困難であるものの，本章では20世紀末から現在に至るまでの間に公表されたインターネット広告に関する学術的な研究を統合する試みを概観する。

第1節では，デジタル広告の効果過程について理論的な一般化を志向する研究を展望する。初期の代表的な研究としてロジャース（S. Rodgers）とソーソン（E. Thorson）による「インタラクティブ広告モデル（interactive advertising model：IAM）」を取り上げ，次いでソーソンとロジャースが2017年に発表した「ネットワーク広告モデル（network advertising model：NAM）」の概要を考察する。その後で，既存の広告効果モデルとして代表的な精緻化見込みモデル（第1・3・10章も参照）と計画的行動理論の有効性に関する議論，および消費者視点を加えた効果測定モデルを取り上げる。第2節では，インターネットの普及したメディア環境のなかで注目されている「メディア・マルチタスキング」および「マルチスクリーニング」状況における広告効果について考察する。

1. デジタル広告の効果モデル

インターネットを介したマーケティング・コミュニケーションは，静止したバナー広告から，広告主と消費者間の相互作用を可能とする形式へ，そしてマーケティング過程全般のデジタル化へと進むにつれて，インターネット広告からインタラクティブ広告，そしてデジタル広告へと呼称が変わってきた。2000年にアメリカで刊行された*Journal of Interactive Advertising*の創刊号で，編者のレッケンビー（J. D. Leckenby）とリー（H. Li）はインタラクティブ広告を，「識別されたスポンサーによる，製品やサービス，アイディアに関する，消費者と生産者との相互作用を含む媒介されたコミュニケーションを通した有料および無料のプレゼンテーションやプロモーション」と定義した（Leckenby & Li［2000］p. 3)。これはアメリカ・マーケティング協会などによる伝統的な広告の定義を踏まえたものであるが，「無料」および「相互作用」が含まれる点が，従来の定義と異なっている。

1.1. インタラクティブ広告モデル（IAM）の概要

*Journal of Interactive Advertising*創刊号に掲載されたロジャースとソーソンによる論文“The Interactive Advertising Model”は，2017年までに385の論文に引用された（Thorson & Rodgers［2017］p. 6)。そこで提唱された，論文のタイトルにもなっている「インタラクティブ広告モデル」は，当時の代表的モデルである。以下は，その概要である（図1)。

このモデルの目的は，広告効果研究における2つのアプローチに依拠して，インターネット広告の「統合的情報処理モデル」を提示することである。その1つは「機能的アプローチ」であり，それは消費者がインターネットを利用する目標や動機に注目する。もう1つは「構造的アプローチ」であり，広告の種類や形式，表現特性を含む。つまり，ロジャースらは，インタラクティブな状況における情報処理は，機能と構造の両方に依存すると想定している。インタ

図 1　インタラクティブ広告のモデル（IAM）

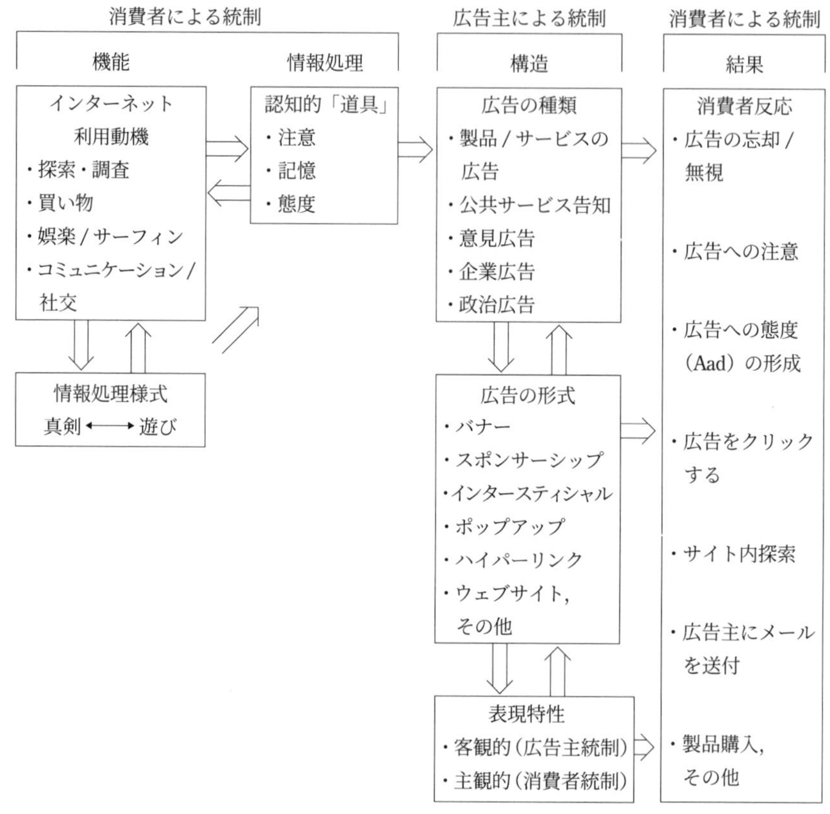

（出所）　Rodgers & Thorson〔2000〕Figure1

ーネットの利用動機と情報処理過程，およびその結果としての心理的・行動的反応は，消費者により統制される。一方，広告の構造要因は広告主が統制する。

消費者による統制

インターネットの利用動機から情報処理が始まると仮定する根拠は，デューイ（J. Dewey）を始祖とする機能主義や，Hoffman et al.〔1995〕が主張した個人の能動的なオンライン行動などである。インターネット利用動機の種類については多くの利用と満足研究から得た知見があるが，著者らは Rodgers & Sheldon〔1999〕が整理した 4 種類の動機――探索，コミュニケーション，サーフィン（娯楽），買い物――を採用している。

図1では，異なる利用動機が広告への注意，記憶，態度といった認知的道具（cognitive tools）と情報処理様式（目標志向性の程度）に影響を及ぼすと仮定している。また，双方向の矢印は，消費者の動機と情報処理様式は一定ではなく，変化しうることを示している。

広告主による統制

広告主が統制できる要因は，広告の「構造」に関わるものである。それらは，①広告の種類（製品・サービスの広告，公共サービス告知，意見広告，企業広告，政治広告など），②形式（バナー，スポンサーシップ，インタースティシャル，ポップアップ，ハイパーリンク，ウェブサイトなど），および③表現特性（客観的，主観的）の3種類に分類される。ここで，広告の種類はユーザーの利用動機とともに，広告処理にどれだけの認知的資源を要するかを規定すると仮定されている。形式についても，視聴中のコンテンツと別のウィンドウに現れるポップアップ広告や，コンテンツとコンテンツの合間にスクリーン全体に表示されるインタースティシャル広告は，真剣に情報探索しているユーザーにとっては苛立たしいと見なされる可能性がある。

ウェブサイトを他の広告形式と同等に扱うことには異論もありうるが，ロジャースらは「ホームページは広告である」という Singh & Dalal［1999］の主張，および広告への態度と同様にウェブサイトへの態度を測定する試みがなされていること（Chen & Wells［2000］）を根拠に，このような判断をしている。しかし，ユーザーは特定の目的をもって自らサイトを訪問し，そこには多様なコンテンツが重層的に存在することから1つの広告を見るよりも滞在時間が長くなる，めざすコンテンツに辿り着くためにスキルを要する，といったウェブサイト固有の特性があることも事実である。

広告の表現特性については，Thorson & Leavitt［1986］を踏まえて，印刷媒体，放送媒体，インターネットの3種類の媒体別に，客観的特性（広告主による統制）と主観的特性（消費者による統制）が提示されている。インターネットの客観的特性には，カラー，サイズ，音声，相互作用性などのほかに，鮮明さ（vividness），現実味（realism）といった項目も含まれる。主観的特性には，広告への態度やサイトへの態度，過去のクリエイティブ評価調査や感情測定で使用された項目（ワクワクする，つまらない，など）が含まれている。

表現特性に関する項目は，過去の膨大な広告表現分析（たとえばテレビ CM に関する Stewart and Furse［1986］など）やオーディエンス反応分析，ウェブサイトの構造分析の成果を踏まえて抽出したものである。これらの詳細な特徴に加えて，ウェブサイトを広告として扱うことは，多様な相互作用性を考慮しながらインターネット広告の効果について一般化を行うことになり，複雑さを増加させる。たとえば，Cho & Leckenby［1999］は，相互作用にはクリックによる入出力，イエス・ノーのような簡単なフィードバック，キーワードによる情報検索といった異なるレベルがあると指摘している。

ロジャースらは効果の種類としては伝統的な基準に加えて，ヒット，クリックスルー，サイト滞在時間，サイト内探索パターン，オンライン購買パターンなどを挙げている（図 1，結果欄）。これらを総括すると，どのような要因が広告効果を高めるかについて一般的な法則を導き出すことは容易ではないが，広告主および消費者による統制可能要因を機能と構造という観点から整理し，相互作用が可能な環境下における消費者の情報処理過程を説明するための包括的な枠組みを提示したことに，IAM の意義があるといえるだろう。

1.2. ネットワーク広告モデル（NAM）の概要

ソーソンとロジャースによる「ネットワーク広告モデル」（Thorson & Rodgers［2017］）は，「インタラクティブ広告モデル（IAM）」とはきわめて異なるモデルであるとされる（p. 19）。それにもかかわらず，「広告」という用語を使用し続ける理由として，著者らはネットワーク化された状況であっても，「創造的」で，「意図的に構成されたメッセージ」である，という広告の本質的特徴を維持していることを挙げ，これらがツイートやコンテンツのシェア，プレスリリース等と異なると指摘している。

IAM が発表された 2000 年にはフェイスブックやツイッター，インスタグラムはまだ存在せず，統合型マーケティング・コミュニケーション（IMC）では，有料媒体に掲載される広告が有料でない方法で人々に到達する情報と「統合される」と仮定されていた。しかし，1990 年代中葉以降，インターネットが普及するにつれて，コミュニケーションは「マス」を対象にしたものから，「ネットワーク」として捉えることがより適切になってきた。

NAM の対象とする現代の広告は，図 2 に示されるように，複数のチャネルや複数のデバイス，相互作用的なコミュニケーション・ネットワークのなかに

図2　コミュニケーション・ネットワークにおける広告過程

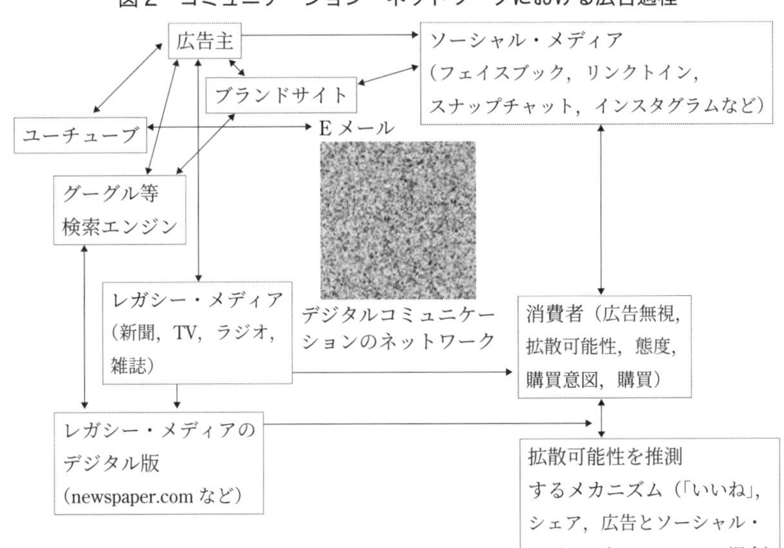

（出所）　Thorson & Rodgers［2017］Figure2.2

存在している。そして，相互に連結した膨大なノード（結節点）は，多様な「つながり」を生み出す。著者らはNAMは誕生したばかりの段階にあるとしながら，モデルの概要を次のように説明している。

図2の左上に位置する「広告主」からは，ユーチューブ，ソーシャル・メディア，自社サイト，レガシー・メディア（新聞・テレビなどの伝統的マスメディア）などに向けて多数の矢印があり，双方向の矢印もある。右側に位置する「消費者」は広告を無視することもあれば，ソーシャルメディア等により広告を拡散できる多数のツールをもっている。そのため，広告主は広告メッセージの行き先について十分にコントロールできなくなり，トラッキング（継続的調査）やソーシャル・リスニング（ネット上の投稿などに対する傾聴や分析）が必要になる。ここでは有料媒体に掲載される広告も無料で拡散されることがあるため，ペイド，オウンド，アーンドという境界が曖昧になる（第6・8章も参照）。

消費者にとっても，どのような場所で広告が拡散されるかにより情報処理様式が異なると想定される。たとえば，グーグルを使用する消費者の目的は情報探索であることから，感情や衝動よりも認知的な情報処理が行われ，精緻化見込みモデル（ELM；Petty & Cacioppo［1986］）の中心的経路，あるいはヒューリスティック・システマティック・モデル（HSM；Chen & Chaiken［1999］）のシステマティックな経路による処理が行われると想定される。一方，フェイスブックは他者との関係を考慮した社会的規範や命令的規範により利用されると仮定されている。

1.3. 既存の広告効果モデルとの関連

インターネット出現以前の主要な効果モデルは，1つの媒体に掲出される1つの広告への個人の反応を詳細に説明し，ブランドへの態度や行動への態度から購買行動などを予測するものであった（第1章参照）。ケール（G. Kerr）とシュルツ（D. E. Schultz）らは，マスメディア時代に開発された理論はインタラクティブな市場環境下でも有効かという問題を提起し，精緻化見込みモデルの適用可能性を検証した（Kerr et al.［2015］）。彼らはマーケティング分野で引用の多い1983年に*Journal of Consumer Research*に掲載された実験（Petty et al.［1983］）の追試を，オーストラリア，イギリス，アメリカの3大学で実施し，ペティらと同様の結果が得られなかったと報告している。この結果をもってインターネット出現以前の理論が現代に通用しないとすることは性急であるものの，複数媒体への接触順序の影響（Assael［2011］）やマルチタスキング・マルチスクリーニング（第2節参照）といった接触状況の影響など，メディア接触実態を踏まえた研究が必要であることはいうまでもない。

ケールらと同様に，メディア環境の変化が広告効果の生じ方に影響するという立場をとりながら，Alhabash et al.［2017］は既存の代表的モデルを修正したものがソーシャル・メディア広告に適用できると主張している。著者らはソーシャル・メディア広告を，「インターネット・ユーザーがアクセス，シェアまたはエンゲージ可能で，追加や共創が可能な，説得意図のある，あるいはソーシャル・メディア上で拡散されるオンライン上のコンテンツ」と定義し，それらはペイド，オウンド，アーンドのいずれにも分類されるとしている（pp. 285-286）。

アルハバシュらはロジャースらのネットワーク広告モデルと同様に，ソーシャル・メディア広告を相互作用的な過程が融合したものと捉え，それが広告主の実施するオンラインおよびオフライン施策の効果を高めると指摘している。一方，ソーシャル・メディアによる拡散は偶発性に依存するところが大きいた

図３　ソーシャル・メディアと計画的行動理論の統合

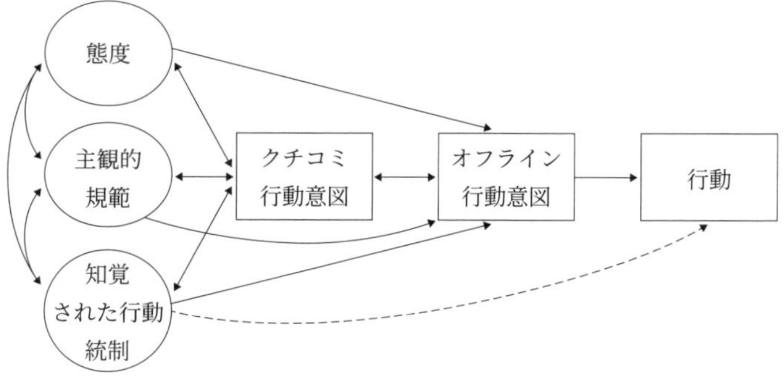

（出所）　Alhabash et al.［2017］Figure16.2

め，効果過程を正確に予測することが難しく，従来からの効果基準との関係を明確に説明することも困難であるとしている。

アルハバシュらは以上のようなソーシャル・メディア広告の特徴を踏まえて，二重過程モデルおよび計画的行動理論の修正版を提示している。代表的な二重過程モデルとして，精緻化見込みモデル（ELM）とヒューリスティック・システマティック・モデル（HSM）があるが（第１章参照），アルハバシュらは，送り手と受け手，２種類の情報処理経路などが交換可能になるという大胆なモデルを提示している。図３はエイジェンらによる計画的行動理論（Ajzen［2008］）をアルハバシュらがソーシャル・メディア広告に適用したものである。アルハバシュらが実施した実証研究の結果から，オンライン上のクチコミ行動意図（ソーシャル・メディア上のメッセージに対する「いいね」や拡散，コメント）とオフラインの行動意図の間に強い関係が存在するとされる。いずれの応用例も元のモデルと比較すると厳密さに欠け，二重過程モデルの修正版は検証困難と思われる。しかしながら，NAM にみられるように，ネットワーク化された双方向コミュニケーションの効果を説明する際にも，過去の研究により蓄積された主要なパラダイムや構成概念が適用可能であることが示唆される。

広告効果は送り手の意図の達成という視点から捉えることが多いが，Pergelova & Angulo-Ruiz［2017］は，「消費者にとって望ましい効果（価値）」を含めたデジタル広告の効果モデルを提唱している（図４）。著者らはオンライン広告のメッセージを個人に適合させることにより親近感（レリバンス）を高め

図4　デジタル広告効果の統合モデル

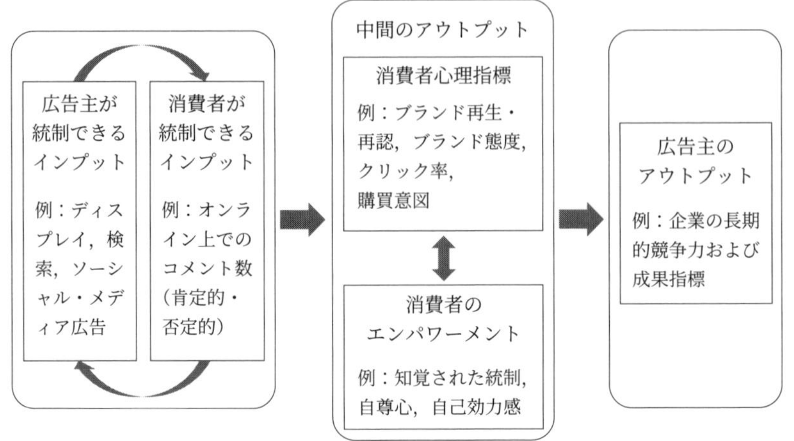

（出所）　Pergelova & Angulo-Ruiz［2017］Figure22.1

ることができる一方で，そのようなメッセージが不要と見なされれば否定的な反応を生むという，相反する側面を考慮した効果測定が必要であると主張している。

著者らは消費者を受動的なオーディエンスではなく，対等な参加者（participant）と見なすことを提唱し，ロジャースとソーソンによる「インタラクティブ広告モデル」に次のような修正を加えた効果測定モデルを提案した。それは，インプットの項に消費者のつくる広告（CGA）やコメントといった「消費者の統制できるインプット」を加え，中間レベルのアウトプットとして従来の効果指標に「消費者のエンパワーメント（知覚された統制，自尊心など）」を加え，広告主にとってのアウトプットとして「企業の長期的競争力と成果指標」を設定する，というものである。

近年では個人情報保護の観点からターゲティング広告の手法が見直され（『日経クロストレンド』2021年4月号），2021年4月には日本国内でも広告関係3団体により「デジタル広告品質認証機構」が活動を開始するなど，送り手視点の効率追求を見直す段階に入りつつある。デジタル化とデータ・サイエンスの進展によりアナログ時代には不可能と思われたメディア・プランニングの最適化が現実になりつつある一方で，利害の異なるステークホルダーにも配慮した，より高度な最適化も求められるようになったといえるだろう。

2. メディア・マルチタスキングおよびマルチスクリーニング状況における広告効果[3]

2.1. メディア関連用語の定義とメディア利用の実態

メディア関連用語の定義

インターネットはテレビやラジオよりも幅広い用途のある基盤技術と捉えられるが，インターネットの出現により「メディア」の意味が曖昧になっている。Huang & Li〔2016〕はこのような混乱を整理するために，メディアを①デバイス，②モダリティ（形態），③プラットフォームの3次元に識別することを提唱している。第1の「デバイス」はスマートフォンやタブレットのような物理的機器である。第2の「モダリティ」とは，人間の生物学的な感覚に基づく，表現や経験の特定の形のことであり，テキストやイメージ，ナレーション，ビデオなどを指す。第3の「プラットフォーム」とは，メディアは単に情報が行き来する経路であるだけでなく，ある技術的・社会的環境の下で出現する社会的制度（institution）であるとされる。フアンらはメディアにも固有の社会文化的意味が付与され，たとえば情報源としての信憑性や社会的ステータスといった意味をもち，それがコンテンツ消費にも影響を与えると指摘している。

メディア利用の実態

アメリカ・ニールセン社の2018年の報告書によると，対象者の45%はテレビ視聴中に常に，あるいはきわめて頻繁にデジタル機器を使用する（Segijn & Eisend〔2019〕）。また，オランダで行われた全国規模の調査によると，対象者は少なくとも毎日80分間は複数スクリーンを使用している（Segijn et al.〔2017〕）。ただし，これらの調査の標本サイズや対象者の属性が不明であることから，ここに挙げた情報は参考程度に留めたい。

日本では，総務省情報通信政策研究所が東京大学と共同で2012年より毎年実施している「情報通信メディアの利用時間と情報行動に関する調査」がある。2020年1月に実施した調査では，13歳から69歳の男女1500人から回答を得た。標本サイズは小さいが，住民基本台帳の実数に比例して全国125地点で対象者を抽出しているので，偏りはないと思われる。日記式調査の結果得られた主な結果は，以下のとおりである（総務省情報通信政策研究所〔2020〕）。

全年代でみると，主なメディアのなかではテレビのリアルタイム視聴（録画視聴でない）の平均利用時間が最も長く，平日 161.2 分，休日 215.9 分である。次に長いのがインターネットであり，平均利用時間は平日 126.2 分，休日 131.5 分である。一方，新聞閲読時間は平日 8.4 分，休日 8.5 分と，ラジオ聴取時間よりも短い。

テレビのリアルタイム視聴とインターネットの並行利用（ながら視聴）の全年代の行為者率は，平日・休日ともに 19 時台から 21 時台に約 10% と，最も高い。年代別にみると，平日・休日とも，22 時台には 10 代の 40% 弱，20 代の 50% 弱がテレビ，リアルタイム視聴とインターネットの並行利用を行い，他の年代よりも高い傾向にある。

2.2. メディア・マルチタスキングおよびマルチ・スクリーニングの効果

メディア・マルチタスキング，マルチ・スクリーニングの定義

Lang & Chrzan［2015］は，メディア・マルチタスキングについてレビューした 20 の研究のなかで最も一般的な定義は，「2 つのタスク（作業）を同時に行い，そのうちの一方はメディア利用を含むことである」としている（p. 101)。たとえば，テレビを視ながらレポートを書くような状態であり，2 つ以上のタスクが同時に行われることもありうる。

Duff & Segijn［2019］は研究によりマルチタスキングの定義が異なるため，調査結果の比較が難しいと指摘している。たとえば，「メディア」が異なるデバイスを指したり，コンテンツの表示形態（文字，音声など）を指す場合がある。彼らは近年の定義は「個人の目標」や「タスク」に焦点を当てるようになったが，実際には異なるタスクが異なる目的のために交互に行われることもあり，タスク間の重複を含まないこともあると指摘している。また，Duff & Lutchyn［2017］は複数のタスクやメディアではなく，個人の目標や動機に焦点を当てるべきであるとし，「メディア・マルチタスキングとは，異なる目標をもつ複数のタスク（そのうち少なくとも 1 つはメディアを介して行われる）を同時に行うことである」という定義を提唱している（p. 143)。

メディア・マルチタスキングのなかでも，テレビ，スマートフォン，タブレットなどの画面を複数使用することを「マルチ・スクリーニング」という。この現象は近年多くの国で増加しているといわれ，クロス・スクリーン，ソーシ

ャル・テレビ，デュアル・スクリーン，スプリット・スクリーン，デュアル・タスクなどと呼ばれる。いわゆる「ながら視聴」は同時に複数のコンテンツに注意を向けるため，単一メディアに接するときよりも広告効果が低下するのではないか，あるいはそうでないとしたら，それはどのような条件下で可能か，といった観点から研究が行われている。

メディア・マルチタスキングの効果に関する理論

メディア・マルチタスキング（マルチ・スクリーニングを含む）の効果を説明する基本的理論として最も頻繁に参照されるのは，Lang［2000］の「処理容量の制約モデル（limited capacity model：LCM）」である。この理論は，過去30年余に提唱されたさまざまな情報処理モデルを融合させたものであり，①人間は情報処理をする生きものである，②その情報処理能力には限界がある，という前提に基づいている。また，情報処理はいくつかのサブプログラムが同時に進行するものであり，それらのなかには自動的に起きるものと，個人の意志により継続的に行われるものとがある。このモデルには，①符号化（encoding），②保持（storage），③検索（retrieval）という3つの主要なサブプロセスがあり，人間の脳は同時にこれらを行うとされる。

Lang & Chrzan［2015］はメディア・マルチタスキングがタスクのパフォーマンスに及ぼす影響を測定した20の研究を対象に，それらの依拠する理論と定義および実証研究の結果を比較した。その結果，LCM（または limited capacity theory）が最も一般的な理論であるが，その他の理論と組み合わせて利用されることが多いと指摘している。たとえば，LCMと認知負荷理論（cognitive load theory），作業記憶の複数成分モデル，精緻化見込モデル，認知の束理論（threaded cognition theory）などの理論である。

情報処理の第1段階である「符号化」および広告への「注意」については，多くの研究がある。符号化とは，外界にある刺激を知覚し解釈することであり，Kahneman［1973］の注意の処理容量モデルのほか，マス・コミュニケーション研究における選択的接触に関する研究や精緻化見込モデルなどが参照される。注意は情報処理の初めに起こり，初期注意が持続すると形態分析や意味分析が行われる。注意を獲得することがその先の広告効果の前提となることから，媒体のスペースやタイムの長さ，カラーの有無などに規定される「注意価値」（attention value）には長年関心がもたれている。注意価値という概念はScott

［1903］，Starch［1923］，Rossiter et al.［2018］まで継承され，日本でも1950年代から大手新聞社が広告注目率調査を実施している。

メディア・マルチタスキング等の情報処理研究では，注意を目標志向的な「トップダウン型」と，データ駆動的な「ボトムアップ型」に分類することがある（Duff & Lutchyn［2017］など）。Segijn et al.［2017］は，アイ・トラッカーと自己申告法を使った実験を行い，両者による測定結果に大きな相違はないと報告している。セジンらは視点移動の回数，1つのスクリーンを注視する時間の長さ，視聴時間全体に占める1つのスクリーン視聴の割合を測定した。

メディア・マルチタスキングの次元

Wang et al.［2015］は資源理論（resource theory）に基づいて，メディア・マルチタスキングに関する11の基本的な認知の次元を抽出した。彼らは2つのデータセットを使用して，認知的資源を節約するために，人々は日常生活のなかでどのようにメディアを選択するのかを予測しようとした。

11の次元は以下の4つのカテゴリーに分類される。

⑴ タスクの関係性

タスク階層（主要タスク，副次的タスク，同等のタスク）

タスク切り換え（意図的切り換え，妨害）

タスク関連性（目標の共通性，目標関連の認知の束）

共通のモダリティ（視覚，聴覚など）

タスクの近接性（物理的に近いタスクは認知資源を節約できる）

⑵ タスクのインプット

情報の感覚的モダリティ（複数モダリティは複数の認知資源を使用する）

情報の流れ（ユーザーによるコントロール可能性）

情動的コンテンツ（肯定的な情動コンテンツはトップダウン型のタスクを妨害する）

⑶ タスクのアウトプット

行動的反応（ゲームやメディアを介した会話などは多くの資源を要する）

時間の制約（スピードと正確さのトレードオフ，ストレスの増大など）

⑷ 個人差

タスクの逐次的遂行と同時遂行に対する選好は，個人の注意深さ，コンテンツに関する専門性，注意の向け方，外向性，神経質さ等に影響される。

Jeong & Hwang［2016］はメディア・マルチタスキングに関する49の実証研究をレビューし，一般化を試みた。その結果，メディア・マルチタスキングは注意，理解，記憶再生などの認知的パフォーマンスには負の影響を与えるが，説得における態度変容については肯定的影響を与えることが確認された。後者は複数タスクに認知的資源を割くため，反論が起きにくくなることによる。ジェオンらはこれらの結果を媒介する変数として，ユーザーによるコントロール可能性，タスクの関連性，およびタスクの近接性を挙げている。

Segijn［2016］は，Wang et al.［2015］による11の次元をマルチスクリーンに適用して一般化を行った。彼らはマルチスクリーニングが必ずしも情報処理を妨害するとは限らず，テレビにスマートフォンなどの第2のスクリーンを加えることにより，番組や広告への関与を高められる可能性があると指摘している。それは，第2のスクリーンが退屈なタスクの気晴らしになるだけでなく，特別のアプリケーションを使用することにより，情報提供や視聴者同志の相互作用を促進できるからである。テレビのコマーシャル・ブレイク中には第2のスクリーンの方に注意が向けられる可能性があり，そこでの広告のほうがよりよく記憶に残る可能性があると指摘している。

おわりに

インターネットにバナー広告が掲載されるようになってから25年以上が経過し，今やインターネットは主要な広告媒体であるだけでなく，社会全体のデジタル化とネットワーク化を支える基盤となっている。このようにインターネットの利用範囲が拡大したことから，「広告」概念に相互作用性やコンテンツの重層性（ウェブサイトの場合）が含まれ，ソーシャル・メディアの普及によりペイド，オウンド，アーンドの境界や送り手と受け手の区分も曖昧になりつつある。加えて，メディアへの接触状況も複数のタスクやスクリーンに注意が分散するような現象が増加している。

本章ではこのような状況下における広告効果を説明する代表的な理論として，「インタラクティブ広告モデル（IAM）」「ネットワーク広告モデル（NAM）」，および「処理容量の制約モデル（LCM）」などを考察した。ユーザーのメディア利用動機や注意水準を目標志向的か否かと大別したり，情報処理の態様を中心的（システマティック）処理か周辺的（ヒューリスティック）処理かと分類するアプローチは，汎用的な分析枠組みとしては有用であろう。しかしながら，図1や図2のように，コミュニケーション過程には，多数の変数が存在することから，実証研究では対象を特定の要因間の関係に限定せざるをえない。また，パージェロバらが指摘したように，送り手視点の短期的成果（購買行動，およびその前段階にあるコミュニケーション効果）だけでなく，相互作用がもたらす消費者にとっての価値やベネフィット（または不利益）を加えることにより，従来の広告効果とは異なる理解も生まれることを期待できる。

注

1 “Web ads mark 2nd birthday with decisive issues ahead,” Advertising Age, Oct. 21, 1996, p. 1, p. 43.

2 電通「日本の広告費」（各年，http://www.dentsu.co.jp）より。2005年には制作費を含め，2019年には物販系ECプラットフォーム広告費をインターネット広告費の推計範囲に含むように改訂された。電通の統計では「インターネット広告」という用語が使用されているので，そのまま記載している。第1節のはじめに用語の変化について説明がある。

3 本節は岸［2020］の第Ⅲ節に加筆修正したものである。なお，原論文は東京経済大学個人研究助成17-07により実施した研究の報告である。

引用・参考文献

Ajzen, I. [2008] “Attitudes and Behavior,” in C. P. Haugtvedt, P. M. Herr and F. R. Kardes eds., Handbook of Consumer Psychology, Psychology Press.

Alhabash, A., J. Mundel and S. A. Huaain [2017] “Social Media Advertising: Understanding the Mistery Box,” in Rodgers, S. and E. Thorson eds., Digital Advertising: Theory and Research (3rd ed.), Taylor and Francis.

Angell, R., M. Gorton, J. Sauer, P. Bottomley and J. White [2016] “Don’t Distract Me When I’m Media Multitasking: Toward a Theory for Raising Advertising Recall and Recognition,” Journal of Advertising, vol. 45.

Assael, H. [2011] “From Silos to Synergy: A Fifty-Year Review of Cross-Media Research Shows Synergy Has Yet to Achieve its Full Potential,” Journal of Advertising Research, vol. 51.

Chaiken, S., A. Liberman and A. H. Eagly [1989] “Heuristic and Systematic Information Processing within and beyond the Persuasion Context,” in J. S. Uleman and J. A. Bargh eds., Unintended Thought, The Guilford Press.

Chen, S. and S. Chaiken [1999] “The Heuristic-Systematic Model in Its Broader Context,” in S. Chaiken and Y. Trope eds., Dual-Process Theories in Social Psychology, The Guilford Press.

Chen, Q. and W. D. Wells [2000] “A New Look at Traditional Measures: Attitude toward the Site,”

Proceedings of the 2000 Conference of the American Academy of Advertising.
Cho, C. H. and J. D. Leckenby [1999] "Interactivity as a Measure of Advertising Effectiveness: Antecedents and Consequences of Interactivity in Web Advertising," Proceedings of the 1999 Conference of the American Academy of Advertising.
Dewey, J. [1896] "The Reflex Arc Concept in Psychology," Psychological Review, vol. 3, 357–370. cited in Rodgers and Thorson [2000] p. 50.
Duff, B. R.-L. and Y. Lutchyn [2017] "Advertising (In) Attention in the Digital Environment," in S. Rodgers and E. Thorson eds., Digital Advertising: Theory and Research (3rd ed.), Taylor and Francis.
Duff, B. R.-L. and S. Sar [2015] "Seeing the Big Picture: Multitasking and Perceptual Processing Influences on Ad Recognition," Journal of Advertising, vol. 44.
Duff, B. R.-L. and C. M. Segijn [2019] "Advertising in a Media Multitasking Era: Considerations and Future Directions," Journal of Advertising, vol. 48.
Hoffman, D. L., T. P. Novak and P. Chatterjee [1995] "Commercial Scenarios for the Web: Opportunities and Challenges," Journal of Computer-Mediated Communication, vol. 1.
Huang, G. and H. Li [2016] "Understanding Media Synergy," in P. D. Pelsmacker ed., Advertising in New Formats and Media: Current Research and Implications for Marketers, Emerald Group Publishing.
Jeong, S-H. and Y. Hwang [2016] "Media Multitasking Effects on Cognitive vs. Attitudinal Outcomes: A Meta-Analysis," Human Communication Research, vol. 42.
Kahneman, D. [1973] Attention and Effort, Prentice-Hall.
Kahneman, D. [2011] Thinking, Fast and Slow, Farrar, Straus and Giroux.（村井章子訳［2014］『ファスト＆スロー――あなたの意見はどのように決まるか？（上・下）』早川書房）
Kazakova, S., V. Cauberghe, L. Hudders and C. Labyt [2016] "The Impact of Media Multitasking on the Cognitive and Attitudinal Responses to Television Commercials: The Moderating Role of Type of Advertising Appeal," Journal of Advertising, vol. 45.
Kerr, G., D. E. Schultz, P. Kitchen, F. J. Mulhern and P. Beede [2015] "Does Traditional Advertising Theory Apply to the Digital World?：A Replication Analysis Questions the Relevance of the Elaboration Likelihood Model," Journal of Advertising Research, vol. 55.
岸志津江［1997］「インターネット広告のオーディエンス測定と効果」『日経広告研究所報』第 171 号
岸志津江［2020］「広告効果の理論――心理学およびメディアの発展を中心に」『東京経大学会誌』経営学，第 306 号
Lang, A. [2000] "The Limited Capacity Model of Mediated Message Processing," Journal of Communication, vol. 50.
Lang, A. and J. Chrzan [2015] "Media Multitasking: Good, Bad, or Ugly?" Communication Yearbook (Annals of the International Communication Association), vol. 39.
Leckenby, J. D. and H. Li [2000] "From the Editors: Why We Need the Journal of Interactive Advertising?" Journal of Interactive Advertising, vol. 1.
Pergelova, A. and F. Angulo-Ruiz [2017] "Measuring the Effectiveness of Digital Advertising," in S. Rodgers and E. Thorson eds., Digital Advertising: Theory and Research (3rd ed.), Taylor and Francis.
Petty, R. E. and J. T. Cacioppo [1981] Attitudes and Persuasion: Classic and Contemporary Approaches, Wm. C. Brown Company.
Petty, R. E. and J. T. Cacioppo [1986] Communication and Persuasion: Central and Peripheral Routes to

Persuasion, Springer-Verlag.
Petty, R. E., J. T. Cacioppo and D. Schumann [1983] "Central and Peripheral Routes to Advertising Effectiveness: The Moderating Role of Involvement," Journal of Consumer Research, vol. 10.
Rodgers, S. and K. M. Sheldon [1999] "The Web Motivation Inventory: A New Way to Characterize Web Users," paper presented at the 1999 Conference of the American Academy of Advertising. cited in Rodgers and Thorson [2000] p. 44.
Rodgers, S. and E. Thorson [2000] "The Interactive Advertising Model," Journal of Interactive Advertising, vol. 1.
Rodgers, S. and E. Thorson [2017] "Interactive Advertising Model after 15 Years," in S. Rodgers and E. Thorson eds., Digital Advertising: Theory and Research (3rd ed.), Taylor and Francis.
Rodgers, S. and E. Thorson eds. [2017] Digital Advertising: Theory and Research (3rd ed.), Taylor and Francis.
Rossiter, J., L. Percy and L. Bergkvist [2018] Marketing Communications: Objectives, Strategy, Tactics, Sage Publications.
Scott, W. D. [1903] The Theory of Advertising, Small, Maynard & Company.
Segijn, C. M. [2016] "Second Screen Advertising: A Typology of Multiscreening," in P. D. Pelsmacker ed., Advertising in New Formats and Media: Current Research and Implications for Marketers, Emerald Books.
Segijn, C. M. and M. Eisend [2019] "A Meta-analysis into Multiscreening and Advertising Effectiveness: Direct Effects, Moderators, and Underlying Mechanisms," Journal of Advertising, vol. 48.
Segijn, C. M., H. A. M. Voorveld and E. G. Smit [2016] "The Underlying Mechanisms of Multiscreening Effects," Journal of Advertising, vol. 45.
Segijn, C. M., H. A. M. Voorveld, L. Vanderberg and E. G. Smit [2017] "The Battle of the Screens: Unraveling Attention Allocation and Memory Effects When Multiscreening," Human Communication Research, vol. 43.
Singh, S. N. and N. P. Dalal [1999] "Web Homepages as Advertisements," Communications of the ACM, vol. 42, cited in Rodgers and Thorson [2000] p.49.
総務省情報通信政策研究所［2020］「令和元年度情報通信メディアの利用時間と情報行動に関する調査報告書」
Starch, D. [1923] Principles of Advertising, A. W. Show Company.
Stewart, D. W. and D. H. Furse [1986] Effective Television Advertising, Lexington Books（堀建司郎訳［1988］『成功するテレビ広告――1000 のケースを科学的に分析』日経広告研究所）
田中洋［2017］「インターネット広告戦略」岸志津江・田中洋・嶋村和恵『現代広告論』［第 3 版］有斐閣
Thorson, E and C. Leavitt [1986] "Probabilistic Functionalism and the Search for a Taxonomy of Commercials," Unpublished paper. cited by Rodgers and Thorson [2000] p. 50.
Thorson, E. and S. Rodgers [2017] "Network Advertising Model," in S. Rodgers and E. Thorson eds., Digital Advertising: Theory and Research (3rd ed.), Taylor and Francis.
特集「クッキー規制，どう対応する？」『日経クロストレンド』2021 年 4 月号
Wang, Z., M. Irwin, C. Copper and J. Srivastava [2015] "Multidimensions of Media Multitasking and Adaptive Media Selection," Human Communication Research, vol. 41.

第3章 広告効果の経験的一般化

広告はどのように効いているのか

田中 洋

はじめに：経験則の一般化とは

本章は，広告がどのような効果をもっているかを一般化することを目的としている。つまり「法則性のある広告効果とはどのようなものか」ということについて，主に1990年代から2020年代に至る広告関連研究論文のなかに探る試みである。

1990年代の中頃，Bass & Wind［1995］はマーケティングにおける経験的一般化を提唱した。Bass［1995］は，経験的一般化（empirical generalizations）を次のように定義した。

> 異なった状況下において繰り返されるパターンや規則性であり，数学的，図式的，または象徴的な方法によって簡単に表現できるものである。繰り返されるパターンではあるけれども，すべての状況下において普遍的に表れるものではない（p. G6）。

そして *Marketing Science* 誌は Bass & Wind［1995］のこの提案を受けて，1995年第14巻第3号でこのマーケティング一般化のための特集を組んだ。後にみていくように，同誌のなかでは広告やプロモーションについての一般化も試みられている。

しかし，このような経験的一般化への試みについて研究者の間で見解が一致しているとは必ずしもいえない。また何が一般化であるかについての研究者の考えも少しずつ異なっている。たとえば，Sheth & Sisodia［1999］が「類似法則的一般化」（lawlike generalizations）の12の一般化を提案しているのに対して，Kerin & Sethuraman［1999］はこの論文に対するコメントのなかでその12のうち9は一般化には相当しないと指摘している。たとえば，Sheth & Sisodia［1999］が一般化のなかに含めているプロダクト・ライフサイクルという概念は一般化ではなく，トートロジーであろうというような指摘である。

また，実務においては，必ずしも一般化というような知識が必要とされないであろうことも考えられる。なぜならば，広告実務が目指すのは法則性を実現しようとするためではなく，むしろ，法則性に反して例外的に成功することを期待して行われることが多いからだ。たとえば，80 年代から 90 年代にかけての「アサヒ・スーパードライ」の成功戦略はそれまでのビール業界の常識からは「例外的」なものであるが，マーケティングの実務家はこのような例外的な成功から教訓を学びそれを「定式化」しようとする傾向がある。このために，一般的な知識そのものが実務家から必要とされない可能性も考えられる。

しかしながら，このような現状にもかかわらず筆者は一般化への努力は必要であると考える。もし法則性ではなく例外的な成功を実務家が求めるとしても，一般的にいえる法則性が明らかになれば，それに挑戦することの意義もいっそうハッキリするはずだからだ。

また，一般化そのものがパラドキシカルな存在であることも確かである。経験的一般化を唱えた Bass〔1995〕自身も「すべての一般化は誤りである。この文章も含めて」（p. G8）という言い方を引用している。広告効果に一般化できる法則性などはありえないというためには，一般化された命題をどのような条件下においてそれが適合しないかを指摘する必要がある。つまり，一般化が間違っているというためには一般化が成立しない条件を提示しなければならない。このように，一般化に反対するための作業はそれ自体一般化という作業にとって有用だとも考えられるのである。

一般化が実務家にとって必要な作業である理由はほかにもある。広告作業は実務の経験者によって担われているが，実務者であるからといって広告効果を一般化できるだけの経験と知識を十分に積むことができるわけではない。たとえば,「広告量を増やすと広告効果も増大する」という命題が正しいかどうかをいうためにはどうすればよいだろうか。ある実務家は「場合による」と答えるかもしれないが，それではどのような条件においてどのような効果があるといえるのだろうか。一般化への試みとは，このようにある現象が起こる，あるいは起こらない条件を明らかにすることを通じて行われる。

本章では将来への広告効果一般化を考えるために，欧米の 1990 ～ 2020 年代の関係論文を見渡して，そこにどのような知見が語られているかをあらためて検討したい。

1. 1990年代の経験的一般化

広告効果については，1990年代末までにこれまでの研究成果を総括するような展望論文が日本でも発表されている。1990年代初期には佐々木［1991］，田中と丸岡［1991］などの研究によって広告心理について包括的なレビューをみることができる。1990年代後半には，広告論の研究史を展望するような方向でいくつかのレビューがなされた。嶋村と石崎［1997］では，日本の広告研究の歴史を時系列とテーマ別の2つの視点から展望を行っている。また，木戸［1998］・竹内［1998］の2本の博士論文では，広告効果がブランド・エクイティの観点から展望されている。さらに，『日経広告研究所報』（2000年）では190号・191号にわたって石崎徹・土山誠一郎・疋田聰の3氏による「日本における広告効果研究の系譜」という連載が行われている。しかしこれらの成果は，本論文が意図する一般化された命題の形で研究の流れが提出されているわけではない。

本章ではこれらの成果も参照しながら，主に1990年代から2010年代にアメリカ（一部イギリス）で発表された広告効果についての展望論文を中心にその要点をみていく。本節では1990年代の文献を取り扱う。

1.1. Aaker & Carman［1982］「過剰な広告活動」

ただし1990年代以前にもこのような展望論文がいくつかある。たとえば，Aaker & Carman［1982］の「過剰な広告活動」を巡っての論文では，広告と売上との間の関係がフィールド実験の69のケースと，計量経済学的モデルに基づく60の研究例が広告の最適化という観点から展望されている。この1980年代初頭の論文の結論は，次のようなものであった。

(1) 実際にフィールドを使った実験69のうち，11の実験が広告費を減らすという条件で行われた。そのなかで4つだけが多年度（2年以上）にわたって低いウェイト付けをした実験が行われたが，広告の長期効果（繰越し効果）は発見されなかった。69の残り58の実験で，広告費を増大させたケースでは，33のケース（58ケースの57%）では，広告を増大させても有意な売上の増加はみられなかった。残り43%のケースのうち，どのくらいが広告費の増大に見合う売上の増加をもたらしたかははっきりしない。

(2) 計量経済学的研究によれば，49ブランドのうち21に過剰広告の傾向があった。残りの28には広告費が少なすぎる傾向がみられた。また，広告の弾性値が報告された107ブランドのなかで8ブランドだけが有意な関係がなかった。しかし107のうち，53ブランドでは0.1以下の低い弾性値しか報告されていない。このような低い弾性値では過剰広告現象が起こりやすいと考えられる。しかしながら，ここで示されている計量経済学的なアプローチでは，過剰広告を突き止めるには弱い証拠しか提出されていない。

この論文で示された結論では，広告効果はむしろ「弱い」効果として表されている。低い広告弾性値，あるいは，広告費を減少させても売上にはあまり影響しないというような結果である。これらの結果は1990年代に入ってどのように検討されているだろうか。

以下，著者のアルファベット順に結論を総括してみよう。

1.2. Blattberg et al.［1995］のプロモーション効果についての一般化

この論文は広告についてではなく，プロモーションについての一般化を試みた論文である。この論文を参照しておくことは広告一般化にも参考になるのでみておきたい。

(1) 時期的な小売価格の引き下げは，売上をかなり上昇させる。

広告と異なり広告予算を上げても売上の急上昇にはならないのと対照的である。

(2) より高い市場シェアをもったブランドは，プロモーション弾力性がより低い。

高いシェアのブランドはより大きなスイッチャーを引き付けるとしても，プロモーションでは相対的に低い弾力性しかない。

(3) 頻度の高いプロモーション活動は，消費者の参照価格を低下させる。

このことはプロモーションが頻繁になされると，ブランド資産を破壊することになる説明となっている。

(4) プロモーションの頻度が多いと，プロモーションによる売上増加の程度が低減する。

このことは次の理由による。消費者のプロモーションへの期待が低くなる，消費者の参照価格を低下させる。

(5) プロモーションの効果には非対称性がある。より質の高いブランドのプロモーションは，より弱いブランドに異なった影響を与える（より質の高いブランドのほうがより低いブランドよりもプロモーション効果が高い)。

この一般化についてはブランド・エクイティやプロスペクト理論など，さまざまな説明が試みられている。

(6) 小売業は，メーカーから受け取るトレード・プロモーション費用をすべて消費者に返すわけではない。

ほとんどのブランドでは，メーカーのトレード・プロモーション費を全部消費者に値引きで提供するわけではなく，流通業の利益となる。

(7) 広告されたプロモーション活動は来店客数を増やす。

この効果は商品カテゴリーによって異なる。

(8) プロモーションの売上への影響はカテゴリー補償的であり，カテゴリー競合的である。

1つのカテゴリーにおけるプロモーション効果は関係する他のカテゴリーにも影響を与える。

ここで広告はやはりプロモーションと比較して直接的で強力な効果というよりは，むしろプロモーションと比較して「弱い」効果と位置づけられている。

1.3. Jones & Blair［1996］の広告効果の一般化

ここでは広告効果に関する一般則をシングルソース・データから導き出そうとしている。著者の1人であるジョーンズはこの論文に先立って，Jones［1995］などを出版し広告効果研究を公表しているが，必ずしもアカデミアからジョーンズの研究は評価されているわけではない。たとえばLodish［1997］では，ジョーンズが使っているSTAS（short term advertising strengths；短期広告強度）という概念を簡単すぎる，不正確な概念であるとして批判している。STASでは，プロモーション，価格，店内消費者刺激，店内競争活動，消費者ごとに異なったブランド・ロイヤルティ，以前の広告露出量を考慮していないのがジョーンズの問題であるとしている。こうした批判を考慮しながらも，ジョーンズが実務の経験を活かしながら試みている一般化を検討することは意味があるだろう。

ここでの「実証された知識」とは，以下のようなものである。

⑴　広告ウェイトを増加させるだけでは広告の売上への影響を増加させるためには不十分である（売上を増加させるためには広告以外の努力も行わなければならない）。

⑵　（コピー・テストを用いて）テレビ広告を放映する前に売上に効果のある広告を見分けることは可能である。

⑶　（広告の）純粋想起（recall）をテレビ広告の売上への効果の正確な尺度とすることは誤りである。

⑷　テレビ広告の売る力は予想できるようなあり方で，放映とともに降下していく。しかし効果的なキャンペーンは，長年にわたって効果を発揮しつづけることができる。

⑸　テレビ広告は1回だけの露出でも効果がある。

⑹　広告は短期効果を生み出すことができる。長期効果は短期効果の結果である。短期効果がなければ長期効果もない。

⑺　平均して，細分化された商品カテゴリーで広告効果は小さく，競争ブランドの少ないカテゴリーで効果は大きい。

⑻　平均して（そのブランドの）成長は最近のユーザー層から来ている。

1.4. Lodish et al.［1995a］と Lodish et al.［1995b］の一般化

Lodish et al.［1995a,b］は1980年代に行われたBehaviorScanのスプリット・ケーブルによる広告だけを操作することによって得られたスキャナー・データを用いて広告効果について分析した。55の既存ブランドを用いたパッケージ商品を用いて，広告にウェイトをかけたグループとマッチングされたコントロール・グループとの比較を行った。実験グループとコントロール・グループとは価格や競合プロモーションなどの変動もコントロールしながらデータは分析された。この分析での目的は広告ウェイトを変えたときに，長期的にどのように売上に影響を与えるか，であった。2つのグループについては，広告のウェイトをテスト年の間に一方には厚く，もう1つのグループではその前年の基準の年と同じ広告量を与えた。次の年（テスト年1）とさらに次の年（テスト年2）には両方のグループに同じ広告量を与えた。

Lodish et al. [1995a] による一般化

成功した広告ウエイトの成功した長期効果は，広告とセールスとの効果を測定するデータのインターバルを一年としたとき，テスト年の影響の約2倍効果がある（p. G138)。

(1) テスト年に広告量を増やすとその年に売上が増加するのが観測されたケースについては，次の年とさらに次の年にも売上量と市場シェアに対する直接の効果があった。つまり広告の繰越し効果が2年間にわたって観察された。

(2) ただし，テスト年に売上が増加しなかったケースについては，次の年もさらに次の年も売上とシェアの増加はみられなかった。

(3) 成功したケースについてはブランド浸透度（購入世帯比率）と購入比率（平均した世帯ごとの購入回数）とを比較すると，年をまたいでの繰越し効果は，ブランド浸透率ではなくて，購入比率から来ていることがわかった。つまり成功した広告キャンペーンというものは，周辺のカテゴリー・ユーザーに対してブランド・フランチャイズに組み込むこと，現在のユーザーを広告が終わった後も，なおかつもっと多くの量を買ってもらうように働いていることがわかった。

Lodish et al. [1995b] による一般化

Lodish et al.［1995b］は，BehaviorScan で得られたケーブルテレビを用いたスキャナー・データに加えて，広告の背後にあるビジネス戦略変数や，メディア変数，コピー・テストの結果などを別に広告主や広告会社へ別途調査を行うことによって，それらのデータを加えた上で389のケースについて分析した研究である。

ここから得られた一般化は次のようである。

(1) テレビ広告のウェイトを増加させただけでは不十分である。

広告を増やすことと売上を増加させることは，単純な関係にはない。これは過去のフィールドを使った実験結果とも照合する結果である。Eastluck & Rao［1989］がキャンベル・スープで実際にフィールドを使って実験した結果でも，クリエイティブの変更なしに広告予算を変化させただけでは，既存ブランドの売上に影響を与えることはできない。

(2) 現状だけでは十分でない。テレビ広告は以下の変数に変化があるとき，より成果を発揮するだろう。

- ブランド / コピー戦略――①ブランドの目標が浸透率にあるとき，②コピー戦略が変更になったとき，③コピーが態度変容を意図しているとき。
- メディア戦略――標準的に計画されたメディア・プランでは売上の増加を図ることはできない。
- カテゴリーのダイナミクス――成長モードにあるカテゴリーや購入機会があるカテゴリーでは増加したテレビ広告ウェイトが売上を増加させやすい。

(3) 売上に良い影響を与えるようなテレビ広告のパワーが減少したとしても，より高い水準の店頭陳列があれば，その減少に対応することができる。

(4) 既存ブランドにおける標準的なコピーテストの再生と説得力のスコアと，広告コピーが売上に与える影響との間に，強い関係があるとは考えられない。

(5) 新ブランドとライン拡張商品とは，既存ブランドよりも，新しいテレビ広告プランに対して反応しやすい。

(6) これのデータは新製品について導入期のウェイトの重要性と新製品のプライム・タイムにおける重要性とを支持している。

テレビ広告のプライム・タイムでの増加は，売上の増加と相関している。

(7) より大きいテレビ広告のウェイトをより集中させることはブランド売上の増大と関連している。

メディア計画の前か後かに付け加えられたウェイトは，計画全体にウェイトを増加させたプランよりも売上を増加させる。

1.5. Vakratsas & Ambler [1996, 1999]のモデルと一般化

この2種の論文においては，アカデミアで発表された200以上の広告効果研究論文が網羅的にレビューされている。著者たちは広告効果についての知見を後述する25の命題に要約するとともに，広告効果のモデルを検討して以下の7つのタイプに集約している（かっこ内のC〔cognition〕は認知，A〔affect〕は情緒，E〔Experience〕で行動，NHは無階層，－は媒介を想定していないモデルであることを示す）。

(1) 市場反応モデル（－）――広告効果について媒介要素がまったく考えられていないモデル。たとえば，経済学的な集計レベルのデータを用いて広告費と売上との関係を直接関係づけようとしているモデル。

(2) 認知情報モデル（C）――認知（「考える」）要素を媒介変数として繰り入れているモデル。たとえば，広告が情報や利便を伝達して，その結果，消費者の探索コストや買い物時間が短縮されたというようなモデルである。ある研究によれば商品は経験財と探索財と信頼財（credence goods）に分類され，広告は経験財と信頼財において，探索財よりも効果があったとする結果が出ている。

(3) 純粋情緒モデル（A）――広告による情緒的反応（「感じる」）に焦点を合わせたモデル。たとえば，商品の属性情報ではなく，広告の露出そのものによって形成されるブランドへの好意を取り扱う「単なる露出」モデルもここに含まれる。

(4) 説得的階層モデル（CAE）――認知→情緒→行動（CAE）を基本とする順番に説得の階層を経て広告効果が起こるとする考え方。ここに含まれるもっとも完成された説得モデルの1つとしてELM（精緻化見込みモデル）が挙げられる。このモデルにおいて関与度は広告効果の重要な媒体変数として考えられている。

(5) 低関与階層モデル（CEA）――認知→行動→情緒の順序で生起する階層モデル。商品への好意は最初の商品試し買いの後から発生すると想定するもので，低関与状態における商品経験の重要性が強調されている。

(6) 統合モデル（C）（A）（E）――効果の順序は前提されておらず，商品や関与度によって異なるとするモデル。たとえば，FCBグリッドのように，関与の高/低，思考型/感情型のグリッドから導かれる4つの商品カテゴリー・タイプによって広告戦略を設定すべきであるとしたかんがえ方はこのモデルに含まれる。日本で仁科ほか［2001］の考案した統合モデルもここに含まれるだろう。

(7) 無階層モデル（NH）――ここに含まれるモデルは少数であるが，広告の説得や理性的意思決定よりも，再強化という面を強調している。ブランド論者の広告観や，ポストモダンの研究者らの見解がここに含まれる。

1.6. Vakratsas & Ambler［1999］による経験的研究からの結論

Vakratsas & Ambler［1999］はこれらのモデルのまとめを行うだけでなく，広告効果についての経験的知見を25の「結論」という形にまとめ，さらに「一般化」を5つの命題に集約している。

⑴ 広告弾性値は0から0.2の間の値をとる。

⑵ 広告弾性値は日用生活品よりも耐久材のほうが高い。

⑶ プロモーションの弾性値は広告の弾性値よりも20倍高い。

⑷ 広告の弾性値は動的であり，商品ライフサイクルとともに下がる。したがって，広告弾性値は既存ブランドよりも新製品において高い。

⑸ 購入再強化と習慣的ロイヤルティは広告の繰越し効果よりも高い。

⑹ 広告効果の90%は2〜3カ月で消滅してしまう。

⑺ 広告（投資）へのリターンは通常消え去っていくものである。広告の最初の露出は，最初の露出が短気効果あるいは市場シェア獲得のためにはもっとも効果的である。

⑻ 購入頻度の高いパッケージ商品にとって，広告によるシェア獲得効果は早い時機に失われる。典型的には3回目の露出以降は失われる。3回目の露出以降広告主はフリークエンシーよりもリーチに力を注ぐべきである。

⑼ 広告は経験商品のほうが探索商品よりも効果的である。さらに，探索商品の広告は経験商品の広告よりも多くの情報をもっている。

⑽ 製造品質コストが低く，消費者が広告に反応しない傾向があるとき，増加した広告量は高い品質のシグナルとなる。

⑾ 価格広告は価格への感受性を高める。非価格広告は価格感受性を下げる。さらに，価格感受性は価格低下をもたらす。

⑿ 消費者が商品情報を検索するのに記憶に依存しているとき，広告は価格感受性を高める。消費者が販売時点広告（POP）に依存しているとき，広告は価格への感受性を下げる。

⒀ 広告は効果的であるためには情報がある必要はない。また言語（情報）だけである必要性もない。感情的な，また視覚的な要素は好意度を高める。

⒁ ブランドへの態度は商品やブランド属性についての信念を基礎としてだけ生じるわけではない。ブランドへの態度は感情をもとにしても生まれる。たとえば，広告への態度はブランド態度形成へ媒介変数として大きな意味

をもっている。

⒂　広告への好意度はブランド好意度と高い相関がある。

⒃　広告への態度は広告情報が精査されない状況において影響力がある。

⒄　低関与状況において広告物の異なったバージョンを繰り返すことは，広告効果を低下させることを初期に防ぐことを可能にする。

⒅　ひとつの広告キャンペーンが一連のシリーズ広告物でできていたならば，再生と再認とを高いレベルで保つことができる。

⒆　態度と行動との相関係数は0から0.3の間である。

⒇　単一の階層効果（モデル）という考え方は支持されていない。

(21)　商品使用経験は，信念・態度・行動にわたって広告を凌駕する影響力をもつ。

(22)　広告は信頼性商品（credence goods）において品質を伝達するのに優れている。商品経験は探索性商品や低経験性商品において広告よりも大きな影響力をもつ。

(23)　広告は高い行動ロイヤルティをもった消費者により大きな効果をもっている。

(24)　広告は商品使用経験に先行することでより高い効果をもつ（事前フレーミング)。とくにそのような経験がネガティブなものであるときほどそうである。

(25)　C（認知）とA（感情・情緒）の相対的重要性はコンテキストに依存する。知名度，試し買いによるクチコミ，プロモーション，広告によって，信念は一般に累積的に形成される。これらの効果は相互的にまた同時に起こる。

1.7. Vakratsas & Ambler［1999］による5つの一般化

⑴　E（経験・行動）・A（情緒）・C（認知）は広告効果の3つの媒介変数であり，この3つのどれを省略しても他の要素の効果を強調しすぎることになってしまう。

簡単なC（認知）だけのモデルからより複雑な（C）（A）（E）というモデルへの発展はこれら3つの要素が一貫して重要なことを示している。したがって，この3つの効果が一貫して広告効果の研究に必要であると結論づけられる。

(2) 短期的な広告弾性値は小さく，商品ライフサイクルとともに減少する。

広告弾性値は低く（0から0.2），プロモーションに比べると20分の1ほどの効果しかない。また商品使用経験の効果よりも弱い効果しかない。しかし既存ブランドの3分の1，新ブランドの半分には顕著な広告効果がある。広告は商品初期にいっそう効果がある。広告の長期効果についての一般化は困難である。

(3) 成熟した購買頻度の高い商品の市場では，広告投資へのリターンは急速に減少する。購入サイクルあたり1回から3回の露出のような，小さなフリークエンシーが既存ブランドの広告のためには十分である。

1購入サイクルあたり1回から3回の露出で消費者購買を引き起こすためには十分であるという結果が経験的研究から導かれている。それ以上の露出は効果を減少させていく。

(4) 媒介効果空間という考え方は支持されているが，効果階層（順番に生起する）は支持されていない。

効果階層という考え方は効果と効果との間の相互関係を想定していない。しかしながら広告と使用経験の間の関係については研究されている。効果のそれぞれの重要度が問題であって，効果が生起する順番ではない。

(5) 感情の測定には認知的バイアスが介在する。

感情と広告効果は別々のものではないし，認知的反応に依存しているものである。感情を広告効果調査のときに言語反応でとることは認知的バイアスが入り込むことを避けられない。

1.8. Broadbent［2000］の一般化

Broadbent［2000］の論文は *International Journal of Advertising* 誌上でベスト・ペーパー賞を獲得した論文である。著者の所属する調査会社で収集した8カ国にわたるキャンペーン成果の113ブランドのデータを用いて一般化が試みられている。

ここでの一般化は命題という形ではまとめられていないが，広告効果について次のような結論を導き出している。

> 広告の直近の実施によって，その商品カテゴリーにおける売上シェアは上昇する（p. 153)。

ここでの直近とは2～4週間を指しており，広告が短期的効果と長期的効果との両方があることが確認されている。短期的効果とは3～4週間目を平均とする正規分布曲線で描かれる。また，この論文では中期的効果（6カ月），長期的効果の存在についても言及され，ブランド資産を形成するブランドの役割の重要性について強調されている。

1.9. Tellis［2010］の広告弾性値に関する一般化

Tellis［2010］は，伝統的なマス広告研究の「掉尾を飾る」ともいえるレビュー論文を発表している。それは広告効果の弾性値についてのメタ研究である。彼は260にのぼる広告弾性値研究を参照して，次の結論を導いている。

もし広告が1%増加すれば，市場シェアは約0.1%変化する。すなわち，広告弾性値は0.1である。こうした広告弾性値はヨーロッパのほうがアメリカよりも高く，また耐久財のほうが非耐久財よりも高い。また，商品ライフサイクルの前期のほうが後期よりも弾性値は高い。テレビよりも印刷媒体広告のほうが弾性値は高い。

次のような場合は，広告の弾性値はより低い。

- 集約化（aggregate）されたデータよりも細分類された（disaggregate）データを組み込んだモデルのほうが，より弾性値は低い。
- キャリーオーバー（広告を実施した次の時期への効果の持ち越し）効果を見込んだモデルのほうが，見込んでいないモデルよりも低い。
- 広告の質を組み込んだモデルのほうが，組み込んでいないモデルよりも低い。
- プロモーションを組み込んだモデルのほうが，プロモーションを組み込んでいないモデルよりも弾性値は低い。
- 広告弾性値は，従属変数や推定の手法のいかんに関わらず，一定の値を示している。

2. デジタル広告効果の一般化

デジタル広告が広告の主流になったのは，日本ではインターネット広告費が電通の媒体別広告費の第1位に躍り出た2019年前後といえる。しかしながら，デジタル広告の効果を一般化して捉える試みはあまりみられない。その理由は次のように挙げることができるだろう。

まず，デジタル広告は，その手法が従来のマス広告よりもはるかに複雑であり，同時に，常に技術的な進展により変化し続けており，新たな手法やメディアやデバイス，アプリが次々に登場していること。たとえば，デジタル広告の初期には，広告をオンライン記事やウェブサイトのなかに固定的に掲出するバナー広告が中心であった。現在では「運用型広告」と呼ばれるユーザー（消費者）の行動や好みによって，広告の露出をコントロールすることが主流になっている。また，バナー広告などはそのバナー広告だけで広告活動が完結するわけではなく，その遷移先であるランディング・ページ（LP）なども含めて広告活動が行われているのが実情である。

さらに，フェイスブック，ツイッター，インスタグラムなどのソーシャル・メディアが台頭し，こうしたSNSでは，ユーザーが創造したコンテンツが重要になっている。また，アマゾンやラインのような，新しいプラットフォームが広告メディアとして登場し多くの広告を集めている。さらに，スマートフォンなどのデバイスがPCに取って代わり，広告の形態はさらに複雑な様相を呈している。

また広告研究の方法論上の困難さも指摘できる。2000年以前の広告研究では，テレビに代表されるマスメディア広告が主流であり，効果を検証するためには，先にみたシングルソース・データのように，露出と消費者グループをコントロールして効果を計測することが可能であった。しかしながら，デジタル広告ではこうしたフィールドのコントロールが困難である。

これらの事情があるため，デジタル広告の経験的一般化というような試みはまだこれからである。しかしながら，いくつかの文献のなかに，デジタル広告効果について，一定の規則的法則性を見出だすことができる。

2000年代に広告効果の一般化を領導したのは，ペンシルヴェニア大学のウィンドたちである。彼らは2008年と2012年の2回にわたってウォートン・スクールで広告効果の経験的一般化に関するセミナー“Empirical Generalizations (EG) in Advertising”を開催し，それらの成果はWind & Sharp［2009］とWind et al.［2013］にまとめられている。

Wind & Sharp［2009］では，研究から導き出された信頼性と妥当性のある経験的一般化について，広告実務家にアンケート調査を行い，彼らにとってどの程度重要であり，関係が深い（relevance）ものかをテストした。その結果，研究上も信頼でき，かつ実務上においても重要な次の5つの一般化が見出された。

2.1. Wind & Sharp［2009］の一般化

(1) 近年のテレビ・チャンネルの増加や視聴者の細分化にもかかわらず，欧米やアジアでテレビはその影響力を失っていない。デジタル・メディアの影響力は増したにもかかわらず，その結果テレビの影響力が減退したようにはみえない。

(2) テレビはいまだに高いリーチを有しており，視聴率が低下しているのはテレビ・チャンネルの増加のためであり，テレビ視聴が減少したためではない。テレビ視聴は社会・テクノロジーの変化や新メディアの登場に対して頑健な特徴がある。チャンネルの数がもし倍に増えれば，テレビ視聴率は半分になるはずである。ダブル・ジョパディ理論（シェアが低いブランドはロイヤルティも低いという法則性）はテレビ・チャンネルにも適用でき，大きなチャンネルがより多くの視聴者をひきつけ，こうした視聴者はいっそう長くそのチャンネルを視るようになる。

(3) 広告反応は凸型である。つまり，最初の広告露出から広告への限界反応（増加分を追加して得られる反応；marginal responses）が始まる。累積的な広告露出が一定期間に増加するにつれて，広告の限界反応は下落する。

(4) ブランド広告は，シングルソース・データで示されたように，往々にして短期間の売上効果をもつ。その効果は次第に減衰する。短期間に広告効果をもたらすもっとも目覚ましい影響力は，広告コピーから生じている。

(5) もし広告が1%変化すると，市場シェアは0.1%変化する。つまり広告の弾力性は0.1である（Tellis［2010］）。

2.2. Wind et al.［2013］の一般化

Wind et al.［2013］は，2012年の「経験的一般化セミナー」において報告された次の7つを潜在的に有望な一般化として取り上げており，これらはデジタル広告時代の一般化として考えることができる。

(1) 3つのコンタクト・ポイント（ペイド，オウンド，アーンド；第6・8章も参照）を使っているユーザーは，同じ商品カテゴリーを買っているユーザーよりも，1.7倍そのブランドの再生率（商品カテゴリーからだけで想起されるブランド名）が高い。

(2) フェイスブックの広告クラッターへの集中的な露出はフェイスブック・ユーザーが自分に露出されている広告の記憶再生を妨げる。しかし広告主が低クラッターで，高価格の製品を広告出稿するときには，ブランド広告の再生は妨げられない。

(3) クッキーはインターネット・ユーザーによってかなりの割合で削除されてしまうために，ウェブサイトへのユニーク・ビジターの数を測定すると大きな間違いが生じる。

(4) 1回だけのテレビ広告露出であっても，露出された視聴者の購買を引き起こす。同様にオンライン広告も1回の露出でも購買効果を引き起こす。

(5) どのようなデバイスであっても，広告が同じフォーマットで提示されるならば，説得，知名度，広告好意度に同じ効果をもつ。

(6) ポジティブなクチコミやソーシャル・メディアは，そのブランドのヘビー購買者により到達する傾向がある。一方で，テレビ広告，インストア・アウトドア広告の視聴者には，そのブランドにマッチした商品カテゴリー・ユーザー層に到達できる傾向がある。キャンペーンで2回目のメディア・タッチポイントでは，まったく新しいオーディエンスというよりも，同じオーディエンスへの2回目の到達が多い傾向にある。2回目のメディア・タッチポイントでは，40%の視聴者のみが新規オーディエンスだった。

(7) もしもメディア・バイイングが，単なるデモグラフィックスで決められたターゲットではなく，マーケティングで行われているターゲットに対して行われ，そのターゲットが視ているテレビ番組がバイイングされたとする。するとそのメディア・バイイングでは，10～25%程度のマーケティング活動の効率化が期待できる。

2.3. その他のデジタル広告効果のまとめ

一方，Yadav & Pavlou［2014］は，このようなコンピュータを介したマーケティング研究の全体を整理して，オンライン広告について次のような研究成果のまとめを報告している。これらは厳密な意味での一般化ではないが，一般化に通じる発見として以下に挙げておく。

(1) バナー広告は売上を増加させるものの，広告露出の繰り返しは，ネガティブな非線形の効果をクリック生起率にもたらす。

(2) オンライン広告とオフライン広告の広告弾性値（広告投下量と売上との関係）は，その強さにおいて類似している。

(3) 企業がユーザーとの相互交流を深めることは広告結果を改善することにつながる。

(4) ウェブサイトへの投資は，ユーザーとの相互交流を高め，企業への信頼を得ることになる。

(5) ユーザー発のコミュニケーションのほうが，企業発のコミュニケーションよりも，顧客の獲得と保持に，はるかに効果的である。

(6) 電子メールを顧客ごとにパーソナライズすることは，知覚相互交流性を高め，クリック率を高める。

(7) CTR（click through rate；クリック率）をより正確にすばやく予想するためには，電子メール・プロモーションが効果的である。

Kannan & Li［2017］は，デジタル・マーケティングの研究をレビューし，オンライン広告に関しては以下の知見を主要なものとしてまとめている。なお，ここではカスタマーをユーザーと言い換えている。以下も厳密な意味での経験的一般化ではないが，一般化になりうるコンセプトを含んでいるといえる。

(1) オンラインの枠型広告（display advertising）はウェブサイトのトラフィックを高めるが，ブランド知名度には影響しないという研究結果もある。逆に，ブランド再認知名度や再生知名度を高めるという報告もある。

(2) CTR（クリック率）は，バナー広告の露出頻度，累積露出量，最終のクリックからの経過時間に影響される。CTRとこれらの変数の関係は，非線形でネガティブな関係にある。

(3) 同じバナー広告が何度も露出されると，CTRは低下する。

(4) ユーザーがそのバナー広告に再訪問すると，より短い訪問期間よりも，長い訪問期間のほうが，クリックする確率が高い。

(5) ユーザーはまったく初めてか，ほとんどみたことのないウェブ枠広告をクリックする確率が高い。

(6) バナー広告の露出量が多ければ，そのブランドの購買をより促進する。

⑺　ユーザーがより多くのサイトを訪問すると，バナー広告の効果は増大する。

⑻　枠広告の露出と広告が表示されるサイトが多いほど，そのブランドの繰り返し購入の確率が高まる。

⑼　バナー広告はある種のユーザーには，次のウェブサイト訪問を促進する。

⑽　枠広告への露出は，そのブランド・サイトへの訪問を促進する。

⑾　ウェブ広告の知覚情報性と知覚顕出性（obtrusiveness）が，その広告効果に影響を与える。

⑿　バナー広告表現のパーソナル化は，その効果を大きく高める。

⒀　押しつけがましく，ターゲット化されたリターゲティング広告は，その購入効果を押し下げる。こうしたリターゲティング広告のネガティブな効果は，金融や健康のようなよりプライベートな商品カテゴリーにおいてより顕著である。

⒁　リターゲティング広告が規制によって制限されると，その効果は弱くなる。

⒂　リターゲティング広告は，通常のウェブ広告に比較して，その効果は低い。しかし，ユーザーがウェブサイトでそのブランドの評価を読むなりして，自分の好みを変化させた場合はリターゲティング広告の効果は変化する。

Boerman et al.［2017］は行動ターゲティング広告（online behavioral advertising：OBA）の効果をレビューして，OBA 広告を次のように定義している。「人々のオンライン行動をモニターして集まった情報を用いて，人々に個人別にターゲット化された広告を提示する活動」（p. 364）。OBA 広告の効果は，広告主がコントロールする要因と消費者側の要因に分けられる。前者の広告主要因には，たとえば広告のパーソナル化の度合いや正確性などで，後者の消費者側の要因には，たとえば，OBA についての知識や，OBA への態度などが含まれる。

ボーマンたちは，オンライン広告効果について以下の諸点を重点的に取り上げている（pp. 369–370）。

⑴　フェイスブック広告では，ある有名人のファンのような個人の興味でターゲティングされたほうが，卒業大学のような個人特性でターゲティング

するよりもCTRは高い。

⑵　特定のトピックに関心があるというような中程度にパーソナライズされたフェイスブック広告は，パーソナライズされない広告よりもCTRは高かった。しかし，特定のトピックへの関心と性・年齢・場所などのように高度にパーソナライズされたフェイスブック広告は，むしろCTRを下げる。

⑶　高度にパーソナライズされたバナー広告（最近オンライン・ショッピングのカートに入れたアイテムを広告する）は，よりパーソナライズ度が低いバナー広告（オンライン・ショッピングで見たアイテムを広告する）よりも，CTRは高い。

⑷　企業が消費者データを集めてパーソナライズされた広告に活用していることを消費者に知らせた場合，CTRは上がる。

⑸　OBA広告の印（アイコン）が広告に表示されているときは，パーソナライズされた広告活動をユーザーに知らしめるか，隠すかの間のCTRの違いはなくなる。

⑹　OBA広告の印があると，ブランド名再生，ブランドとオンライン広告の知覚関連性がより高くなる。

⑺　OBA広告の効果は，消費者自身が弱い立場にあると感じた経験に影響される。すなわち，広告のパーソナル化はCTRやCTRへの意図を強めるが，それは消費者が自分のデータを集められていることを知ったときのみである。消費者がデータを集められてることを知らないときは，パーソナライズされた広告に触れたとき，自分の弱い立場を感じ取り，クリックへの意図を弱める。

⑻　信頼のおける小売業者からのバナー広告は，その広告にパーソナル化の「深さ」（オンライン・ショッピング・カートに以前あった商品アイテム）と，パーソナル化の「狭さ」（パーソナル化された広告に表示された3つの商品のうちの1つ）があったときに，クリックへの意図が高まる。消費者はそのようなパーソナル化の「深さ」と「狭さ」がある広告をより便利なものと感じ，プライバシーが侵されたとは感じない。しかし一方，信頼度の低い小売業者の広告に対しては，パーソナル化の「深さ」がより高い広告は，パーソナル化の幅が広いか狭いかには関係なく，クリックへの意図を押し下げる。

⑼　OBAは，最初に自分の弱い立場やリアクタンス（自由の制限への抵抗）

やプライバシーの心配などの情動的反応を引き起こし，次の情動的行動を導く。

(10) 以前にオンラインでみたホテルを提示するOBAと，旅行会社のランダムな通常のオンライン広告とを比較すると，消費者の意思決定ステージによって，広告の効果が異なることがわかった。すでに検索で見たホテルの情報が提示されるOBAが有効なのは，消費者が購入決定の後のステージで，狭く自分の好みを決め，特定の情報を詳細に検討するときである。一方，購入ステージがまだ初期で好みが決められていないときは，一般的なオンライン広告のほうが，購入に結びつく。

(11) パーソナル化度が高いオンライン広告に，消費者は押しつけがましさを感じ，購入意図は下がる。

(12) こうしたパーソナル化度が高いオンライン広告のネガティブな効果は，値引きを提示することで補うことはできない。しかし，その広告内容が消費者の現在のニーズに合っていると保証することで，ネガティブな効果はいくぶんか緩和される。

(13) しかしながら，消費者の現在のニーズによく合致する広告は，知覚的押しつけがましさが高まる。さらに，プライバシーの心配はOBAの効果を減じないまでも，プライバシー侵害の心配を強くもった消費者は低い購入意図しかもたなかった。

(14) OBAは消費者の自己知覚に影響し，過去のオンライン行動を反省させる。その広告が正確に消費者自身の行動や知覚と合致する場合は，購入意図を増大させる。

Boerman et al.［2017］は以上のOBA効果について主だった発見をレビューしながら，これらの広告効果を説明する統一的な理論が欠如しており，いくつかの競合する理論が用いられていること，結果として発見内容が不統一であることを指摘している。

おわりに

すでに述べたように，デジタル広告の効果は，理論的にまだ未開拓であり，その効果の経験的一般化にまで十分には至っていない。テクノロジーの変化やコミュニケーション環境の変化はこうした一般化を困難にしているが，より強力な理論の登場によって，デジタル広告効果の一般化が見出される可能性はまだ残されている。

＊　本章は田中［2000］をベースとして，近年の文献情報を加えアップデートしたものである。

引用・参考文献

Aaker, D. A. and J. M. Carman [1982] "Are You Over Advertising?" Journal of Advertising Research, vol. 22.

Bass, F. M. [1995] "Empirical Generalizations and Marketing Science: A Personal View," Marketing Science, vol. 14.

Bass, F. M. and J. Wind eds. [1995] "Special Issue on Empirical Generalizations in Marketing," Marketing Science, vol. 14.

Blattberg, R. C., R. Briesch and E. J. Fox [1995] "How Promotions Work," Marketing Science, vol. 14.

Boerman, S. C., S. Kruikemeier and F. J. Z. Borgesius [2017] "Online Behavioral Advertising: A Literature Review and Research Agenda," Journal of Advertising, vol. 46.

Broadbent, S. [2000] "What Do Advertisements Really Do for Brands?," International Journal of Advertising, vol. 19.

Eastlack, J.O. and A. G. Rao [1989] "Advertising Experiments at the Campbell Soup Company," Marketing Science, vol. 8.

Jones, J. P. [1995] When Ads Work, Jossey-Bass.（東急エージェンシーマーケティング局訳［1997］『広告が効くとき』東急エージェンシー出版部）

Jones, J. P. and M. H. Blair [1996] "Examining 'Conventional Wisdoms' about Advertising Effects with Evidence from Independent Sources," Journal of Advertising Research, November-December.

Kannan, P. K. and H. Li [2017] "Digital Marketing: A Framework, Review and Research Agenda," International Journal of Research in Marketing, vol. 34.

Kaul, A. and D. R. Wittink [1995] "Empirical Generalizations about the Impact of Advertising on Price Sensitivity and Price," Marketing Science, vol. 14.

Kerin, R. A. and R. Sethuraman [1999] "'Revisiting Marketing's Lawlike Generalizations': A Comment," Journal of the Academy of Marketing Science, vol. 27.

木戸茂［1998］『ブランド・エクイティの理論と広告効果測定』法政大学大学院博士号請求論文

Lodish, L. M. [1997] "J. P. Jones and M. H. Blair on Measuring Advertising Effectiveness: Another Point of View," Journal of Advertising Research, vol. 37.

Lodish, L. M., M. Abraham, S. Kalmenson, J. Livelsberger, B. Lubetikin, B. Richardson and M. E. Stevens [1995a] "How T. V. Advertising Works: A Meta-Analysis of 389 Real World Sprit Cable T.V. Advertising Experiment," Journal of Marketing Research, vol. 32.

Lodish, L. M., M. M. Abraham, J. Livelsberger, B. Lubetkin, B. Richardson and M. E. Stevens [1995b] "A Summary of Fifty-Five In-Market Experimental Estimates of the Long-Term Effect of TV Advertising," Marketing Science, vol. 14.

仁科貞文編著［2001］『広告効果論——情報処理パラダイムからのアプローチ』電通

佐々木土師二［1991］「広告心理学の展開」『関西大学社会学部紀要』第 22 巻第 2 号

Sheth, J. N. and R. S. Sisodia [1999] “Revisiting Marketing’s Lawlike Generalizations,” Journal of the Academy of Marketing Science, vol. 27.

嶋村和恵・石崎徹／小林太三郎監修［1997］『日本の広告研究の歴史』電通

竹内淑恵［1998］『ブランド・エクイティ形成のための広告効果に関する研究』筑波大学大学院審査学位論文（博士）

田中洋［2000］「広告効果の一般化へ向けて」仁科貞文編著『広告効果論――情報処理パラダイムからのアプローチ』

田中洋・丸岡吉人／仁科貞文監修［1991］『新広告心理』電通

Tellis, G. J. [2010] “Generalizations about Advertising Effectiveness in Markets,” Journal of Advertising Research, vol. 49.

Vakratsas, D. and T. Ambler [1996] “Advertising Effects: A Taxonomy and Review of Concepts, Methods, and Results from the Academic Literature,” Working Paper, Marketing Science Institute, Report no.96-120.

Vakratsas, D. and T. Ambler [1999] “How Advertising Works: What Do We Really Know?,” Journal of Marketing, vol. 63.

Wind, Y. and B. Sharp [2009] “Advertising Empirical Generalizations: Implications for Research and Action,” Journal of Advertising Research, vol. 49.

Wind, Y., B. Sharp and K. Nelson-Field [2013] “Empirical Generalizations: New Laws for Digital Marketing: How Advertising Research Must Change,” Journal of Advertising Research, vol. 53.

Yadav, M. S. and P. A. Pavlou [2014] “Marketing in Computer-Mediated Environments: Research Synthesis and New Directions,” Journal of Marketing, vol. 78.

第4章 メディアの近未来を予測する

メディア分化モデル

田中 洋

はじめに

本章の目的は，メディアの構造を考察し，この考察を基にして，メディアの近未来像を予測することである。2021年2月，「ディズニー＋（プラス）」という「新興」メディアが1年あまりで，ネットフリックスが10年かけて拡大してきたサブスクライバー（加入者）の数の半分を達成したと伝えられた（Fischer［2021］）。ディズニーそのものは古参のコンテンツ・メーカーであり映画会社であるが，これまでに蓄積してきたコンテンツ力を生かして，ストリーミングを用いたメディア業に参入し，その力を見せつけたのである。このようにメディアの状況は近年めまぐるしく変化している。

近未来にメディアがどうなるのか。これはマーケティング・広告・メディア関係者にとって大きな関心の1つであることは間違いない。しかしながら，こうした予測という作業を行おうとすれば，困難な課題に直面せざるをえない。

将来を予測しようとする人間にとって，おそらくもっとも困難な課題とは，「予測」をいかにして正確に「科学的に」行うかという問題である。いうまでもなく，科学の科学たるゆえんは，ある理論を打ち立て，それによって事象の説明・予測・制御が可能になることである。しかし残念なことに，現在までのマーケティング論や広告論には，将来の社会に起こることを正確に予測する方法論は存在しない。

近年のシミュレーション科学の発達は自然科学・工学分野において多大な成果を上げている。たとえば，ナノ分野，ライフサイエンス，ものづくり，防災，地球科学などの分野である[1]。しかしながら，社会科学においてはまだ渋滞シミュレーションや経済学など，ごく限られた分野にしかシミュレーション技術は応用されていない。応用されていない原因はいくつか考えられるが，1つの原因は自然科学と異なり，予測するためのデータと理論が十分に整備されていない点にあるだろう。

もう１つ社会科学にシミュレーションが十分に適用できない原因は，メディアやコミュニケーションの発達や進化が人間という自分の意思をもった予測困難な存在によって引き起こされることに起因している。自己成就予言と呼ばれる現象は，人間が自分でこうなると予測した出来事に沿って行動することで，予言を実現してしまうことを指している（Merton［1948］）。社会学者の R. マートンは，W. I. トーマス（Thomas）の言を引き，次のようにいっている。「もし人が自分の状況を本当のことだと考えるならば，結果としてそれは本当のことになる」（Merton［1948］p. 193）。たとえば，インターネットが将来普及すると信じる人が増えるほど，インターネットに関わる人々が増え，その結果，インターネットはより普及することになるだろう。

とはいえ，メディアやコミュニケーションの分野で予測がまったく行われていないわけではない。後でみるように一部の学術系雑誌に，研究者の経験と考察に基づいた「予測」をみることもできる。しかしこうした予測はあくまでも主観的な専門家の意見であり，こうした予言・予測がどの程度の確からしさからできているかを確かめる術はない。

一方で，さまざまな「予測」が実務で行われている。たとえば，来期の売上高であるとか，将来の市場の成長性などの予測である。こうした予測は現実の企業運営の必要性から行われているわけであるけれども，十分に「科学的」であるとは断定できない。こうした予測はときとして企業の願望であったり，関係者の考えを反映している場合があるからである。

こうした予測は過去のデータを用いた外挿（extrapolation）という方法に基づくことが多い。外挿とは，過去のデータに基づいてそれをそのデータの範囲外である将来にあてはめることを意味する。もっとも単純な外挿は一次関数による，直線的に過去から現在まで起きている傾向がそのまま続くと仮定したモデルである。

しかしこうしたモデルの予測の確からしさを事前に確かめる方法はないし，広告のように，経済状況やメディア環境，あるいは企業のマーケティング戦略などが複雑にからみあう現象を正確に予測するためには外挿という方法だけでは不足することは明らかである。このために，2025 年にこのような事態が起こるとか，このような社会になる，という予測はそれ自体，科学的根拠づけが困難になってしまう。

また技術の発展などを予測するために，　たとえばデルファイ法などの手法が用いられる場合がある。デルファイ法とは，複数の専門家にその事柄が将来実現する時期や可能性を何段階かに分けて尋ね，意見を収斂させていく方法のことである。しかしこれは一種の合意形成の手法とみられるべきであって，将来に何が起こるかを予測するための方法では必ずしもない。

しかしながら，予測という行為に意味がない，と主張したいわけではない。メディアやコミュニケーションに将来どのような状況が起こりうるかという考えは，現在のわれわれの行動に影響を与える。逆の言い方をすれば，われわれは将来起こりうるであろうことを意識的に，あるいは無意識的に予測しながら，現在の行動を決定している。こうした状況を踏まえれば，主観的な予測であったとしても，実務の問題として考えればそれなりの意味があると考えられる。

つまり，完全に科学的とはいえない手続きであっても，実際的な問題として提示が必要な課題であり，かつ過去の事象やデータを用いながら，起こりうる将来を「予測」する作業は，その提言の実際的価値を考えると，とくに実務の立場からすれば有用であることも明らかである。これらを考え合わせると，多少のリスクはあっても，可能な限り現在までに起こっている事象を把握，分析したうえで，未来予測を「理論的」に行うことには一定の意義が認められる。

具体的にこのようなことが起こる，という起こりうる事実を述べる主観的な「予言」ではなく，過去のデータや考察に基づく，理論的あるいは実証的「予測」は，その実用的な目的を考えると現実に必要作業であると考えられる。このためには次のような考え方の基で，予測作業を行うことが望ましい。

⑴　過去のデータや考察を踏まえて，それらが将来にある程度反復するという仮定のもとで，実証的あるいは理論的「外挿」を行う。

⑵　現在の時点で将来に起こりうると予測される変化を十分に見込むこと。

⑶　予測する範囲を，事実レベルではなく，ある程度抽象化された現実性において行うこと。たとえば，このような広告手法が登場する，と「予言」するのではなく，環境がこのように変化するので，広告手法はこのような方向性で変化するであろう，という形で予測を行う。

こうした前提に立ったうえで，既存の文献をレビューしつつ，予測に関する考察を述べてみたい。

1. オーディエンスに何が起こっているか

メディアの世界ではプラットフォームと呼ばれるオンライン上のさまざまなメディアが覇権を競っている。一方，メディアの「受け手」として長らく考えられてきたオーディエンスに，現在，何が起こっているだろうか。

「メディアはマッサージである」といったカナダのメディア思想家，マクルーハンの重要な主張の1つは，情報の内容がわれわれに影響を与えるよりも，情報を伝達するメディアの形式が重要であるということであった。紙を用いた新聞雑誌媒体と異なり，テレビというメディアの形式自体がわれわれの認識のありようを変えてしまうのである。彼は1960年代に次のようにいっている。

> 「メディアは環境を変えることにより，われわれの中に特有の感覚比率を作り出す。われわれの感覚のどの1つが拡張されても，それはわれわれの考え方，行為の仕方——世界を認知する仕方，を変える」（マクルーハン＝フィオーレ［1995］41ページ）

もしこのマクルーハンの考え方が正しいならば，種々の新しいメディアが出現している現在，われわれの認知の仕方は大きく変化しているはずである。メディアに相対するオーディエンス＝情報の受け手 / 買い手の情報をめぐる心の働き方は，現在メディアの影響でどのように変化しているだろうか。ここではオーディエンスの心理的な変化を，仮説として10のポイントにまとめてみよう。

⑴　新しい情報を誰もがより早く入手できるようになり，新しい情報ほど価値が高くなり，また誰もが入手できない希少性をもつ情報の価値が高まった。

明らかな1つの大きな変化は，IT技術の発達が加速度的に進み，インターネット上の種々のメディアが発達し，新しい情報が短時間で獲得できるようになった。ここから推論すれば，より新しい情報ほど，より価値が高いと感じられるようになったと考えられる。少しでも古い情報は価値が低くなり，注目されなくなる。またすぐに入手できる情報は誰でも入手できるため，新しいだけでは情報価値の希少性がなくなった。音楽で言えばすぐにダウンロードできる音楽のデータは希少性の価値が少なく，ライブのイベントのような音楽がより価値が高まった。

(2) オンラインですぐに情報を検索できるため，情報を記憶する意欲が減退するようになった。

「交換記憶」概念を用いた研究（Sparrow et al.［2011］）では，情報がすぐに検索できることを知っている人間は，記憶しようとする意欲が薄れ，1つひとつの情報への関心が薄れる可能性があると報告されている。これは人間の交換記憶の働きによるもので，人間は交換記憶という集団での記憶に頼って生活してきたことの結果によるものである。

(3) 情報取得がより容易に，またより低いコストで入手できるようになった結果，情報の買い手の交渉力が高まる。

情報取得が容易になり，無料で情報が入手できるようになると，それまで情報を独占してきた情報の売り手の立場が弱くなり，情報の買い手側（オーディエンスあるいは消費者）が取引のうえでより競争的優位性をもつようになる。

(4) 情報の信頼性やセキュリティについての関心が高くなり，信頼やセキュリティに関する情報手がかりに対して，より敏感になる。

人々は個人的な情報が流出することとその結果から来る危険におびやかされるようになり，自分の情報を守ろうとする意識がより強くなる。また信頼性についての意識が高まり，この情報は信頼できるかどうかについて，さまざまな手がかりやシグナルを通して探ろうとする。たとえば，企業ブランドや人物についての情報が重要なものとなる。

(5) オーディエンス / 消費者の間で，情報の入手や使い方について，リテラシーの高低によって，情報ギャップが拡がる。

インターネット普及の初期にいわれた「デジタルデバイド」が本格的になり，高齢者のように情報リテラシーの低いオーディエンスと情報リテラシーの高いオーディエンスとの間で，得られる情報の質・量の格差が広がる。しかし，自分が情報デバイドになっていることを気づかないことも多い。たとえば，2020 年のアメリカ大統領選挙で問題になったように，フェイク・ニュースを簡単に信じる人が増加する。

(6) 同じ「トライブ」同士の交流がより増加し，異なる意見を避けるようになる。

「トライブ（tribe）」とはここでは，興味関心や思想・考え方のうえで，同じような傾向をもつ者たちのネットワークと規定する。オンライン上のコミュニケーション量が増大すると，同じトライブに属することがより心地よく感じられるようになり，いっそうトライブの内部に閉じこもる傾向性が高くなる。「オタク」や「ネトウヨ」はこうした例である。しかし一方で，2021年に顕在化した「オンラインサロン」（NHK［2021］）のような交流を求める人々のコミュニティも増加する。

(7) 情報提供者間競争が激しくなり，より新しく理解困難な知識が短期間にわかりやすく加工され，速く安く提供される。

情報提供者間の競争が激しくなると，メディア上での情報がより過多となり，キュレーターのような情報収集・拡散の役割を担う者がより重要になる。また情報の受け手は情報をより短期間で理解や消化する必要があるため，よりわかりやすく提供された情報の価値があがる。一方で「まとめサイト」のような「2次サイト」（オリジナルの情報を転載，あるいは簡単に加工するだけのサイト）による情報の「ただ乗り」も活発化する（ヴァイディアナサン［2012］）。

(8) 情報提供のタイミングも，メディアよりオーディエンスの都合がより優先されるようになる。

テレビのタイムシフト視聴が盛んになっているように，情報の買い手であるオーディエンスの都合が優先されて，情報が流通するようになる。メディアの側では，スポーツや事件のライブ映像の情報のように，より情報価値鮮度と質が高い情報に限ってメディアの都合が優先されるようになる。

(9) ネット系メディアから得る情報が個人別にカスタマイズされる結果，オーディエンスが触れる情報から偶発性が排除され，個人がそれぞれこだわる情報により選択的に接触するようになる。

いわゆる「フィルターバブル」現象，つまり自分が見たい現象しか見えなくなる現実がある。「グーグルがインターネットの検索者と検索結果の間に挿入しているフィルターは，検索者を他者との決定的な遭遇から遮蔽する」（p. 247）と，グーグルのもたらす検索結果に批判的なヴァージニア大学教授ヴァイディアナサン［2012］は書いている。オーディエンスがメディアから得る情報は，メディア自身のフィルターと，オーディエンス自身の選択的接触により，自分が関心や賛同できる情報に次第に偏るようになる。

⑽ ネットがもたらす「過剰結合（overconnectivity）」により，正のフィードバックが起こり，より社会的・経済的・文化的変動が起こりやすくなり，変動が起こり出すと急速にその方向に変化が進む傾向が増す。

「過剰結合」とは，「あるシステムの内外で結びつきが高まりすぎたあげく，少なくとも一部にほころびが生じた状態」（ダビドウ［2012］pp. 8-9）である。社会のメンバーが過剰に結合する傾向が強まると，1カ所で起きた変動が正のフィードバックによって，その変動の勢いが強まり，一気にシステム全体に波及する傾向が強まる。これは2008年にいったん経済破綻を起こしたアイスランド（その後奇跡の復興を遂げた）や，2010年代の初めの「アラブの春」に象徴される中東の国々に観察された現象である。

2. メディアの未来予測

2.1. 研究者による過去の将来予測

研究ジャーナルのなかで，メディアの将来予測を述べた論文は数少ないものの，皆無ではない。*Journalism & Mass Communication Quarterly* というマスコミュニケーション研究ではトップクラスに位置づけられるジャーナルがある。同誌の1998年第75巻第1号では，インターネットの将来について特集が行われており，5人の研究者（招待された執筆者）がインターネットの将来について所論を展開している。

Stephens［1998］は，歴史的に遡及して，初期のコミュニケーション革命のときにどのような現象が起ったかを述べている。1つは，新しい形のコミュニケーションの潜在力を知るのには，時間がかかるということである。たとえば，ヨーロッパでグーテンベルクによる印刷の発明の意味がわかるために150年かかった。また，新しい形のコミュニケーションは，古い形のコミュニケーションをまねるため，当初は新しい形を表さないというのである。

さらに，新しい形のコミュニケーションは最初，攻撃の的となり，古いコミュニケーションに取って代わるまで攻撃され続ける。コミュニケーション革命のもたらす変化は，幅広いもので，恐怖を与える。また世界の見方を変える。つまり Stephens［1998］の見解によれば，人々はコミュニケーション革命とは何かをよく理解していないという。

こうした見解を現在のインターネットのありようと対照させてみると，興味深いことがわかってくる。たとえば，アップルの創業者のスティーブ・ジョブスは，先見性のある経営者として賞賛されている。しかし，彼自身，1996 年当時は，インターネットはテレビほどの変化をもたらさないだろうと考えていた（Wolf［1996］)。こうして考えてみると，われわれはインターネットによって引き起こされようとしているコミュニケーションの変化をまだよく理解していないという可能性がありうる。

同じジャーナルの寄稿で，Carey［1998］もインターネットはメディア生態系を変化させる事態だとして，文化的なメルトダウンが起こるといい，旧来メディアの構造を再編成するであろうことを述べている。

2.2. 現在出されている予測

2014 年に Pew Research（中立的な立場に立って社会の予測を行う財団の研究所）が出したインターネット 2025 年に関するレポートによれば，次のような 15 の予測がまとめられている。

⑴ インターネットによる情報シェアは日常生活に深く織り込まれ，ネットの存在は電気のようにみえない存在となる。

⑵ インターネットの広がりは，グローバルなコネクティビティを高め，地球規模での関係を強化する。

⑶ モノのインターネット（internet of things：IOT)，人工知能，ビッグデータは人々に自分の世界とそこでの自分の行動を意識化させる。

⑷ オーグメンテッド・リアリティ（AR；高度化された現実感）とウェアラブル・デバイスは自分の健康など日常生活の出来事をすぐにフィードバックする。

⑸ 政治的意識や活動はインターネットにより促進され，より平和な変化と社会的変化をもたらす。

⑹ 「超インターネット（Ubernet)」により境界の意味がなくなり，興味関心で結ばれた新しい「国」が生まれ，現在の国家の管理外に存在するように

なる。

⑺ インターネットは複数になり，アクセスやシステムやルールはあらためて交渉しなければならなくなる。

⑻ 教育におけるインターネット革命は広がり，より機会を生み出し，場所や教員のコストを減らす。

⑼ もてる者ともたない者との分裂が拡がり，恨みと暴力が生じる。

⑽ オンライン上の暴力や犯罪者がいっそう増加する。

⑾ インターネットがもたらす変化に抵抗して，政府や企業は権力をふるい，ときに成功し，またセキュリティと文化的規範を強いる。

⑿ 人々は，インターネットがもたらす利便性とプライバシーの犠牲のトレードオフに引き続き直面する。プライバシーは富裕層のみが享受するものとなる。

⒀ 人間と組織とは，複雑なネットワークがつきつける課題にすぐには対応できないだろう。

⒁ ほとんどの人間は，今日のネットワークがもたらしている深刻な変化に気づいていない。ネットワークは今後さらに破壊的な影響をもたらす。

⒂ 将来を予測する最良の方法は，それを発明することだ。

さらに，「2024年のマーケティング」という *Marketing News*（American Marketing Association発行）の特集（2014年1月号）では，次のような多くの実務家による10年後のマーケティングの予測が述べられている。

⑴ ブランドは出版社のようになり，出版社はブランドのようになる。つまり，ほとんどのブランドはエンターテイメントのコンテンツにならなければならない。そこでは広告はおろか商品情報すら存在しない。

⑵ クラウド・ソースによるレビューがますます広がりアクセスがたやすくなると，マーケティング企業側は，消費者にミクロ・インセンティブを提供する。このインセンティブとは，消費者が自分で築いたソーシャル・プロファイルのことで，これが消費行動で得するために貴重なものだと気づく。そしてマーケティングの大いなるムダが省かれるようになる。

⑶ データ分析により，より精緻なマーケティング予測が可能となり，満たされていないニーズに奉仕するようになる。

⑷ オンラインとオフラインとの境目がなくなり，同時にその2つの世界に

消費者が存在できるようになる。狩猟スタイルのマーケティングではなくて，「家畜化」したマーケティング，つまりマーケティング情報を消費者は自分で育成するようになる。

⑸ ブランドはフレームワークとなる。つまり生活をよくするためのフレームワークとなる。マーケターが売るブランドとは，顧客は自分の生活により密着するような機会を売ることである。

⑹ マーケティングが孤立して存在することはなくなる。インターネットがすべてに統合され，デバイスはメガネ型だけでなく，脳にインプラントされる。デジタル・アクセスが完全に肉体化され統合化されるのだ。マーケターの最大のミッションとは，エンゲージメントのメカニズムをつくり，物事をみつけやすくすることになる。

これらの予測には現在の地点からみて，当たっているものも，そうでないものもある。しかし興味深いことは，メディアの変化がマーケティングのみならず，社会・経済的変動も呼び起こすと予測されている点，さらに，インターネットは世界のすべての情報を統合する方向で進化すると考えられていることである。こうした過去のメディアに関する予測をベースとして，次節ではメディアの将来について考察を進める。

3. メディア構造をどう理解するか

3.1. 予測のための前提

では，このようなメディアとコミュニケーションの進化から，近未来を予測するために，理論的前提として踏まえておくべきことはどのようなことだろうか。

第1に，メディア・デバイスの多様化とそれに伴う，メディアの，デバイス / コンテンツ / プラットフォーム / インフラストラクチャーの4者間の分離という現象である[2, 3]。テレビ中心のマスメディア時代，

メディア＝コンテンツ＋デバイス＋プラットフォーム＋インフラ

であった。つまり，コンテンツとデバイス・プラットフォーム・インフラが一体化した形でメディアが形成されていた。

たとえば，テレビ番組はテレビ局（プラットフォーム）によって公共の電波（インフラ）を通してテレビ番組（コンテンツ）がテレビ受像機（デバイス）を通じて視聴されてきた。

映画を例にとれば，映画会社（プラットフォーム）が映画作品（コンテンツ）を制作し，かつては映画のフィルムが輸送され（インフラ），映画館（デバイス）で上映された。ネットフリックスを例にとれば，プラットフォームはインターネット上のネットフリックスのサイトであり，インフラはインターネット，コンテンツは他社制作と自社制作，デバイスはテレビ・PC・スマホなどにあたる。

しかし種々のデバイスが出現し，インターネットが放送と通信の垣根を取り払おうとしているとき，メディアにおいてデバイスとコンテンツとプラットフォームの関係はより自由になりつつある。たとえば，SNSでは，フェイスブックなどのプラットフォームがあり，コンテンツはユーザーがつくり，デバイスとしてはPCやモバイルが対応している。アマゾンの場合，eコマースのウェブサイトがメディアになるが，コンテンツは出版社やメーカーが担い，デバイスはPCやスマホという形に加えて，アマゾン独自のデバイス（キンドル）も発売するようになった。

メディアの歴史にさかのぼってみても，この分析は適用できる。たとえば，グーテンベルクが印刷術を考案したのは1455年であったが，彼は聖書をコンテンツとして選び，デバイスとして紙と印刷を選択した（高宮［1998］）。しかし彼はそれを頒布するための有力なプラットフォームをもたず，またアーキテクチャー（後述）としての収益を考えていなかったため，『42行聖書』の印刷が完成する直前に，負債のかたとして印刷道具いっさいを差し押さえられてしまった。しかしその後，書物メディアは，聖書を組織的に印刷する修道院というプラットフォームを得て，キリスト教の普及活動というアーキテクチャーのもとで印刷メディアは全ヨーロッパに拡がることになる。

こうした考え方を敷衍すれば，次のことがいえる。テレビ受像機は従来のようにテレビ電波だけを受信する装置に止まっていない。番組を検索し編集し，またインターネットと結びつくことで，テレビ電波とは別に独自のコンテンツをもち，それ自体が独自のメディアとなる可能性がある。たとえば，テレビ受像機は，海外のテレビ・コンテンツを自由に受信できるような現在とはまったく別のデバイスになりうる。つまりデバイスが基軸となって，それ自体が独自のメディアに変化しうる可能性があることになる。

「デバイス」「コンテンツ」「プラットフォーム」「インフラストラクチャー」という4つのエレメントに加えて，5つめのエレメントとして，「アーキテクチャー」を挙げておきたい。これはインテル社の未来予測担当者（futurist），デビット・ジョンソン氏と筆者（田中洋）のオンライン対話（2013年11月6日，インテルジャパン社内）から得られたヒントである。ここでいうアーキテクチャーとは4つのエレメントをくくるビジネスモデルという意味である。つまりデバイス・コンテンツ・プラットフォーム・インフラという要素を，ビジネスとして維持・発展させるために，収益を得て持続的に発展するための仕組みがアーキテクチャーなのである。

3.2. メディア分化モデル

つまりメディアとは次のように，5つのエレメントでできており，それらが自由に結合するありようを考えることによって，メディアの将来を理論的に占える可能性があるということなのだ。

メディア＝デバイス＋コンテンツ＋プラットフォーム＋インフラ＋アーキテクチャー

この式は何を意味するだろうか。このモデルは，現在のメディアを理解するための枠組みでもあり，同時にメディアのありようを予測する方法でもある。このメディア分化（media disintegration）の考え方をここでは，メディア分化モデルと称しておく。このモデルが意味するところとは，メディアを構成する5つの要素が新しい結合を始め，新しいメディア形態が生成している，ということだ。

このメディア分化モデルを先取りするモデルが1つ存在している。それは「ディズニーレシピ」と呼ばれるもので，1957年にウォルト・ディズニーが考案した図式である。図1に示すように，ここではディズニーというプラットフォームのうえで，種々のメディアが配置され，コンテンツ資産がその間で移動し，全体として1つのアーキテクチャーを形成している。まさにウォルト・ディズニーはメディアの本質を理解して，今日まで続くディズニー王国の基礎を1950年代に築いたと考えてもよいだろう。

図1　エンターテイメント業界におけるウォルト・ディズニーの価値創造のセオリー

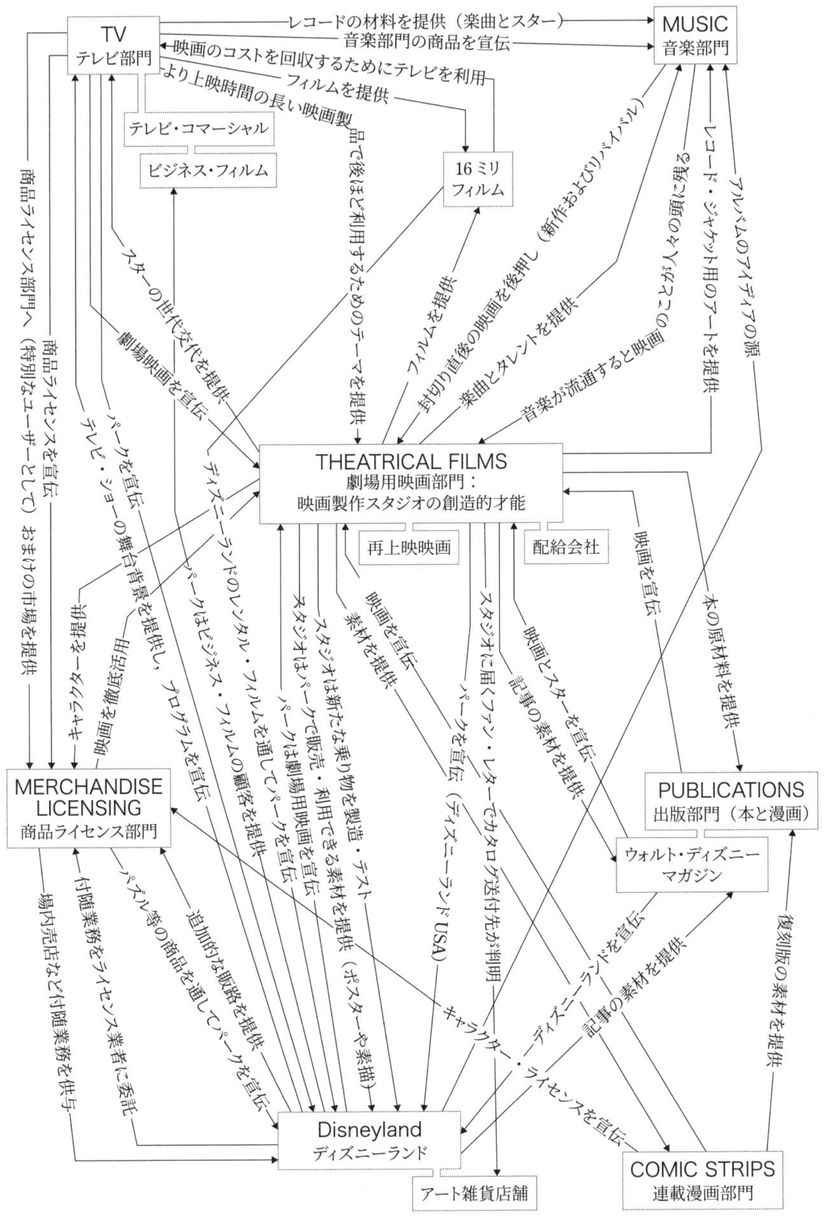

（出所）　ゼンガー［2013］より作成。

メディア分化に加えて，今後のメディア状況を占ううえで考慮すべき事項を，以下に挙げてみる。

1つは，コンピュータの飛躍的な能力増加である。今日，「京」や「ワトソン」といったスーパーコンピュータが研究に用いられているが，こうした能力を大幅に増強したコンピュータが，われわれのコミュニケーションに介入してきて，判断力やコミュニケーション力をもつ可能性が大きい。理化学研究所と富士通は，共同で開発したスーパーコンピュータ「富岳」を2020年6月に発表した。富岳は，世界のスーパーコンピュータの各種性能ランキングで世界第1位を獲得している。

コンピュータの能力向上の結果として，消費者が「マシーン」と対話するようになる。今日ではわれわれはATMにせよ，eコマースにせよ，マシーンと多く交流するようになった。GPS，翻訳，シミュレーション，レコメンデーションなど，われわれのアクションに対して何らかの反応をするマシーンが多く登場しているが，こうした事態を考えてメディア予測が行われなくてはならない。

もう1つの考慮すべき事項は，コミュニケーション様式の変化である。ここでいうコミュニケーション様式とは，これまでの人的な交流だけでは得られなかったコミュニケーションのありようが現在成立しつつあるということだ。

たとえば，従来，人的ネットワーク論で「ダンバー数」と呼ばれ，150人が人間が付き合うことのできる認知的限界と考えられてきた。しかしSNSなどの発展によって，こうした認知的限界は乗り越えられようとしている。

また1人が処理できる情報量が爆発的に増加することで，消費者の情報処理スタイルが変化して，より多くの情報を的確に，また短時間で入手できるようになった。これから発明されるデバイスやメディアは，こうした新しいコミュニケーション様式に対応できるものでなくてはならない。

3.3. メディアの未来像

ここでは，メディアのありようを予測するために，上記までの記述をまとめ，そのうえでより具体的なメディア・イメージを提出してみたい。

第1に，メディアとは，「情報を媒介し流通させる仕組み」のことである。メディアとは，企業・組織・個人などの情報の送信者があり，社会・組織・個人などの情報の受け手との間に介在する存在である。メディアはこの両者の間で，もともとの情報を伝達するために情報のあり方を転換し，さらに情報の受信者が情報を解読できるように情報をさらに転換する。こうしたメディアに媒介された情報の流れが成立する結果，コミュニケーションが成立する。

第2に，メディア分化モデルによると，メディアは次の5つのエレメントからできている。①コンテンツ，②デバイス，③プラットフォーム，④インフラストラクチャー，⑤アーキテクチャー，である。

① コンテンツとは，情報の伝達者が伝えようとする情報内容のことであり，何かの観点から情報が組織化されており，伝えるだけの何らかの価値をもった情報である。

② デバイスとは，情報の受け手が情報を解読するための装置である。デバイスの素材と形態は多様でありうる。紙などのリアルな素材の場合もあれば，テレビ受像機や携帯電話，スマートフォンなどさまざまである。

③ プラットフォームとは，情報コンテンツをシステム的に送信・受信を行わせる仕組みや組織のことである。新聞社，雑誌社，テレビ局，ウェブメディアの運営社などがこれに当たる。

④ インフラストラクチャーとは，情報を送信者と受信者との間で物質的に伝達する装置のことである。新聞雑誌のトラックや列車などの輸送手段，光ケーブル，電波，衛星回線，Wi-Fi，などがこれに当たる。インフラを運営する主体は，通常大規模な装置を必要とすることが多い。

⑤ アーキテクチャーとは，①〜④のエレメントを持続的に機能させるため収益化する仕組みのことである。ビジネスモデルといってもいいが，メディアのシステム全体をどのように運営管理して，利益を出せるか，という仕組みである。たとえば代表的なモデルとして広告モデルがある。いうまでもなく，広告を媒体に掲載し広告主から収益を得る伝統的なメディアのモデルであるが，こうしたモデルはグーグルも同じである。それ以外にフリーミアムという，一定の使い方は無料だが，それ以上の使い方の場合は有料となる仕組みがある。電子新聞やドロップボックスなどはこうしたモデルを採用している。

具体的な例でいうと，テレビは，①テレビ番組，②テレビ受像機，③テレビ局，④テレビ電波と送受信装置，⑤広告収入を基本とするビジネスモデル，からできている。これまで多くのメディアのモデルは，情報の送信者と受信者と介在する媒体の三者のみをモデル化してきた。このモデルに従って変化のありようを捉えれば，メディアの将来的変化が「理論的に」予測できるかもしれない。

では，どのようにしてその「理論的」予測が可能なのか。それはこの5つのエレメントの組み合わせと結合のあり方を考えることによってである。

3.4. 近未来のメディア予測

上記の考察を踏まえて，以下では近未来のメディアについて次のような現象の予測を提出することにする。

(1) メディアの要素分解と再結合

メディアは，デバイス，コンテンツ，プラットフォーム，インフラの4つの要素に分化し，それぞれの分野で活動していた企業が他の要素に進出する。さらにこうした4つの要素をくくるための収益を得る仕組みである5番目の要素，アーキテクチャーの新しい形が採用され，企業として存続していく。今日，アーキテクチャーとして，広告モデルとサブスクリプション・モデルの2つが主流であるが，近未来においては，企業や消費者が投資するモデルや，NPO型など新しいアーキテクチャーが登場する。

(2) あらゆるモノやコトのメディア化

日常生活にあるさまざまな事物そのものがメディア化して，自ら発信し，広告媒体として機能する。店舗，交通機関，壁，道路，外食産業，大学など，予想もできなかったプレイヤーが自らデバイス化し，コンテンツを提供し，かつプラットフォームとなり，メディアに変化する。「ポップアップ・ストア」「デジタル・サイネージュ」はこの例であるし，アマゾンや楽天はすでに自らが広告メディアとなっている。今後は，空，宇宙空間，壁，自然景観などがメディア化する。すでにロシアのスタートアップ企業が夜空に広告を表示する計画を発表している（宙畑編集部［2019］）。

(3) テレビメディアの再ポジショニング

テレビは相対的に大きなメディアであり続けるが，ライブのパフォーマンス，ニュース，エンターテイメントなどの独自コンテンツに，よりシフトする。テレビ会社が独自のデバイスを出したり，逆にデバイス企業がテレビ的な放送システムをもつようになる。従来テレビ会社の寡占化を支えてきた放送送出設備や許認可が従来の意味を失い，コンテンツ生成・提供能力がテレビ会社のより大きな資産となる。

(4) マス・オーディエンスの変容

さまざまなデバイスでテレビ・コンテンツが視聴されるようになると，オーディエンスは次第にテレビを，従来のようなテレビとしては認識しなくなる。自分以外の社会の多数もみている，という認識を生む社会的メディアとしてのテレビは限定された存在となる。テレビ以外のメディアを通じて，オーディエンスの再統合が行われ，「ミニ大衆」「内なるミニ社会」が出現しては消える。「オタク」「ネトウヨ」「トランプ信者」などはこうした事象の先取り的な現象である（田中［2015］）。

(5) 情報流通の多様化・複雑化

マスメディアの情報伝播力は，直接的なものから，より間接的になる。情報流通チャネルにおいて，マスメディアは1つの強力なコンテンツ発信源であり続ける。しかし，種々のコミュニケーション・チャネルを通じて，途中にキュレーターが介在し情報を整理し，増幅しながら，情報流通プロセスがより複雑化する。この過程において，「フェイク・ニュース」のような検証されていない誤った情報も流通するようになる。

(6) コミュニケーション・プラットフォーム間競争の激化

コミュニケーション・プラットフォーム同士の競合はより激しくなる。グーグルやフェイスブックのようなプラットフォームだけでなく，従来のマスメディア，流通業や通販業，コンテンツ産業などもコミュニケーション・プラットフォームとして登場し，新たな競合が始まる。2021年にはアメリカのリアル小売業では最大手のディスカウンター，ウォルマートが自社のプラットフォームへのデジタル広告を内製化すると発表し，広告業界に衝撃を与えた（市嶋［2021］）。

(7) コンテンツ・プラットフォームの価値上昇

ハリウッドの映画会社，ディズニーなどの優秀なコンテンツ生産者であるプラットフォームの価値がより重要になる（ただし引き続き創造性を発揮する限りにおいて）。コンテンツ創造能力が引き続き重要となる。たとえば，ソニーは近年，『鬼滅の刃』などのアニメ制作社・配信社として台頭しつつある。一方で，消費者のコンテンツ創造力やコンテンツ創造マシーンが登場して，プロでなくても創造性を発揮でき，コンテンツ・プラットフォームのあり方も多様化する。すでに，ショピファイのように誰でも簡単にECができる仕組みや，誰でもすぐ「ノーコード」でアプリが作れるサービスが登場している。

(8) コミュニケーション・チャネルの複合化

消費者と消費者，消費者とマスメディア，消費者とマシーン，消費者と社会，など，コミュニケーション・チャネルが複合化・多様化する。Google Nestのようなスマート・スピーカーでは，消費者が直接マシーンとだけ，コミュニケーションを行うようになる場面も多くなる。すでに消費者同士のインタラクション（CtoC）の活発化が，従来メディアから消費者への一方的影響力を削減することが現実化している（水野ほか［2018］）。一方では，SNS上のブランドページは，ブランド・コミュニティ（共通する関心をもった者同士が集まり相互作用が持続する）という性格とブランド・パブリック（相互作用がほとんどなく，対話は限定的で，持続的な相互作用が欠如）の性格との両方をもっているとの指摘（麻里［2020］）もあり，コミュニケーション・チャネルの様相は複雑化している。

(9) 消費者アイデンティティに呼応するメディア

消費者はよりメディアに依存してアイデンティティを築き，それをベースとして対人関係を築くようになり，メディア側も消費者の反応に呼応して自らを変化させるようになる。SNSやオンライン・コミュニティは，メディアがなくては会話やコミュニケーションができない人たちの増加を助け，人格形成の一部にメディアが加わるようになる。近年，「感情検知（emotional recognition）」というAIによる読者の感情を予測する仕組みが開発され，記事から喚起されるユーザーの感情に見合った広告が出稿される可能性がある（石角［2018］）。

(10) パーティション社会

メディア・オーディエンスには次のような変化が現れる。集団（コミュニティ）と集団とが，異なる関心や主義によって形成されるようになり，所属する集団以外とは，深い関係をもたなくなる。世間が「パーティション」化し，半透明の区切りで仕切られている状況となる。しかしわれわれはそのことを意識しない。しかしグループのトライブ同士の違いはより鮮明になり，社会的合意を形成することが困難となる。

⑾ コンテンツの独立と流通

コンテンツは，もともとのメディアから離れて，別のプラットフォームやデバイス上で流通する。たとえば，過去には①テレビ番組と映画コンテンツはテレビ会社と映画会社を離れて，他のメディアで流通した。②新聞コンテンツがネットで流通した，③アーケード・ゲームのコンテンツがゲーム・デバイスで普及した，などが起こった。これからは，消費者が生成したコンテンツが別の形で，別のメディアで流通するようになる。

⑿ インフラ保有者のパワーの変化

インフラ保有者はメディア発達の初期にはパワーをもつが，その後，デバイスやコンテンツを抱えるプラットフォーム・プレーヤーが台頭する。たとえば，NTT，AT&Tなどの電話会社はそのインフラを背景として初期にデバイスやプラットフォームをもち，メディア界の一大勢力となるが，その後，GAFAM（グーグル，アマゾン，フェイスブック，アップル，マイクロソフト）などのプラットフォーマーが興隆した。近未来においては，あらたなインフラ，たとえば，低軌道衛星コンステレーションによって衛星ブロードバンド・サービスを提供が開始されると，新たなインフラをベースとしたメディアが台頭するようになる（原田［2020］）。

⒀ コンテンツ・プレーヤーのパワー

優秀なコンテンツの割合は常に少ないというコンテンツ・ビジネスの性格上，プレーヤーが主導権を握ることは比較的少ないが，多くのコンテンツを出し続けられるディズニーのような例外的なプレーヤーが存在し，一定のパワーを保ち続ける。さらに，ネットフリックスのようなコンテンツ投資力・生成力とプラットフォームを兼ね備えたプレイヤーも台頭する。

⒁ メディア・コングロマリットの台頭

ラインとヤフーが合併したように，メディア進化の過程で新たなメディア・コングロマリット（多様化したメディア企業グループ）がM＆Aなどを通じて生成する。たとえば，ズームのような会議システム・アプリ・ブランドが，別のプラットフォーマーと結合することが考えられる。

このように考えてくると，近未来にどのような新しいメディアの形が生成してくるかは，次のような問題を考えてみることから導かれるだろう。

(1) どのようなメディア新結合がみられるか。

- 現在のようなデバイスとプラットフォーム優位性が持続するか。
- コンテンツとプラットフォームにどのような新しいプレーヤーが登場するか。

(2) どの新結合が競争優位性をもつか。

- アーキテクチャー＝マネタイズの手法としてどのようなものが考えられるか。

(3) 現在のメディア地図がどのように塗り替えられ変化するか。

- マスメディア型モデルはどのように変化するか。

メディア変化・進化の問題は，広告・マーケティング関係者にとって最も重要なアジェンダの1つであることは間違いない。今後ともメディアの変化を予測する精度の向上を待ちたい。

＊ 本章は，2011～13年に公益財団法人吉田秀雄記念事業財団に設置された研究プロジェクトのメディア・コミュニケーション班による研究成果をベースとしている。本プロジェクトの班の参加研究者は田中洋，石崎徹，竹内淑恵，澁谷覚，石田実であった。この研究会の成果の一部は以下に収録されており，本章は田中［2013］をベースにアップデートしたものである。ただし，本章の記述の責任は田中のみが負うものである。

注

1 文部科学省「我が国におけるシミュレーション研究の状況」
http://www.mext.go.jp/b_menu/shingi/gijyutu/gijyutu2/027/shiryo/08052606/001/001.htm（2016年アクセス）

2 ここの部分は澁谷覚早稲田大学教授との議論に負う。メディアとデバイスが分離するというアイディアは澁谷教授による。

3 コミュニケーション・プラットフォームとコンテンツ・プラットフォームについては，志村一隆氏の著書と志村氏へのインタビューが参考となった。

引用・参考文献

Carey, J. W. [1998] "The Internet and the End of the National Communication System: Uncertain Predictions of an Uncertain Future," Journalism & Mass Communication Quarterly, vol. 75.

ダビドウ，ウィリアム・H.（酒井泰介訳）［2012］『つながりすぎた世界――インターネットが広げる「思考感染」にどう立ち向かうか』ダイヤモンド社
Fischer, S. [2021] "Disney+ Races to Catch Netflix after Subscriber Numbers Surge in First Year," https://www.axios.com/disney-plus-subscribers-netflix-a0c5d041-354e-4e04-87b7-aa0a4da36cc5.html
原田果林［2020］「衛星通信は BtoB から地上から宇宙まで繋がる通信網，35 億人の市場開拓」https://businessnetwork.jp/Detail/tabid/65/artid/7656/Default.aspx
市嶋洋平［2021］「米広告業界に突如巨大ライバル，ウォルマートがデジタル広告内製」https://xtrend.nikkei.com/atcl/contents/18/00421/00008/
石角友愛［2018］「AI がメディアを激変させる NY タイムズの『感情広告』実証，中立報道 AI の衝撃」https://www.businessinsider.jp/post-180400
麻里久［2020］「ソーシャルメディアはブランドコミュニティか，ブランドパブリックか？――企業公式 Facebook ページの分析」『マーケティングジャーナル』第 39 巻第 3 号
マクルーハン，マーシャル＝クエンティン・フィオーレ（南博訳）［1995］『メディアはマッサージである』河出書房新社
McQuail, D. [1994] Mass Communication: An Introduction (3rd ed.), Sage Publication.
Merton, R. K. [1948] "The Self-Fulfilling Prophecy," The Antioch Review, vol. 2.
Mindich, D. T. [1998] "The Future of the Internet: A Historical Perspective," Journalism & Mass Communication Quarterly, vol. 75.
水野誠・大西浩志・澁谷覚・山本晶［2018］「デジタルメディア環境下の C2C インタラクション――研究動向の概観と展望」『マーケティング・サイエンス』第 26 巻第 1 号
Moores, S. [1993] Interpreting Audiences: The Ethnography of Media Consumption, Sage Publications.
NHK［2021］「追跡！オンラインサロン コロナ禍でハマる人たち」（2021 年 3 月 31 日放映）https://www.nhk.or.jp/gendai/articles/4528/index.html
Nightingale, V. ed. [2011] The Handbook of Media Audience. Wiley-Blackwell.
パリサー，イーライ（井口耕二訳）［2012］『閉じこもるインターネット――グーグル・パーソナライズ・民主主義』早川書房
Pew Research Internet Project[2014] "Digital Life in 2025," http://www.pewinternet.org/2014/03/11/digital-life-in-2025/
澁谷覚［2012］「今後のメディアについて」『コミュニケーション・ダイナミズムが革新する新交流社会におけるメディア・マーケティング・生活の進化――2020 年のマーケティングコミュニケーション構造と広告』メディア・コミュニケーション研究チーム報告書
志村一隆［2011］『明日のメディア――3 年後のテレビ，SNS，広告，クラウドの地平線』ディスカヴァー・トゥエンティーワン
宙畑編集部［2019］「地球上の全員が視聴者？ロシア企業が夜空に広告を表示する計画を発表」https://sorabatake.jp/3050/
Sparrow, B., Liu, J. and Wegner, D. M. [2011] "Google Effects on Memory: Cognitive Consequences of Having Information at Our Fingertips," Science, vol. 333.
Stephens, M. [1998] "Which Communications Revolution Is It, Anyway?" Journalism & Mass Communication Quarterly, vol. 75.
高宮利行［1998］『グーテンベルクの謎――活字メディアの誕生とその後』岩波書店

田中洋［2013］「メディアとコミュニケーションの近未来」『AD Studies』第44巻
田中洋［2015］『消費者行動論』中央経済社
ヴァイディアナサン，シヴァ（久保儀明訳）［2012］『グーグル化の見えざる代償――ウェブ・書籍・知識・記憶の変容』インプレスジャパン
Wolf, G.［1996］"Steve Jobs: The Next Insanely Great Thing," http://www.wired.com/wired/archive/4.02/jobs_pr.html
ゼンガー，トッド［2013］「ディズニーで受け継がれる『企業セオリー』」http://www.dhbr.net/articles/-/2163

第5章　広告と社会倫理

インターネット時代にいっそう求められる広告倫理

嶋村 和恵

はじめに

インターネットの出現により，広告活動は大きく変わっている。マスメディア中心からネット中心になり，消費者との接点，露出方法が変わるだけでなく，消費者の目に留まるべく広告表現も変わっている。昭和，平成のテレビCM集などを見直してみると古き良き時代の記録のようにみえる。ともかく目に留まればいいというような貪欲さが少なく，また商品を強力に売り込むようなものは少なかったように思える。

時代は変わった。インターネット上では，さまざまな情報，エンターテイメント，広告が混在しており，消費者は必ずしもそれらを区別して捉えていない。ただ，頻繁に目にするものが人々の考え方に影響するであろうことは予測される。広告が原因で人が亡くなったというような話は今のところ聞いたことはないが，何が起こるかわからない時代になっている。

本章では，最近の広告炎上問題，SNSやユーチューブ上の広告の問題，マスコミ媒体にも押し寄せているクチコミ型の広告の問題を考えながら，いま求められる広告倫理の実現について論じていく。

1. 広告とネット炎上

2020年，テレビ業界で大きな話題となったのは，「テラスハウス」という番組に出演していた女子プロレスラーの木村花さんが，番組内での行動についてSNS上で誹謗中傷を受け，耐えきれずに自殺したことだろう。リアリティ・ショー「テラスハウス」は，今はやりのシェアハウスで若い男女が一緒に暮らし，そこで起きることをリアルなもののように描き出す番組で，若い人に人気だったという。木村さんのSNSに激しい批判の言葉が書き込まれ，本人がそれに反応するとさらに批判が大きくなっていくという状況が，いわゆる「炎上」である。1人の人間を死に至らしめるほどの強烈な批判が匿名で書き込まれ続ける恐ろしさは，ネット社会の負の側面を感じさせる。

広告も批判の対象となり，大きな話題となることがある。1975年にテレビで流れたハウス食品工業（現・ハウス食品）のインスタント・ラーメン「シャンメン　しょうゆ味」のテレビCMは，女性団体から強烈な批判を浴びた。CMでは若い女性（結城アンナ）と小さい女の子が「作ってあげよう，シャンメン・フォー・ユー」と歌いながら踊り，インスタント・ラーメンを2人で作ったことを示す。この2人が自分を指さして「私，作る人」というと，若い男性（佐藤祐介）も自分を指さし「ボク，食べる人」という。最後は3人一緒においしそうにラーメンを食べるシーンが出てくる。批判されたのは，作るのは女性，男性は女性が作ったものを食べるだけ，という男女の役割の固定描写であった。

市川房枝さんら500人の会員を有する「国際婦人年をきっかけとして行動を起こす女たちの会」は，ハウス食品工業を訪問し，「男女の役割を固定化し，差別を助長するもので許せない。1カ月以内に中止しない場合には不買運動も含めた対抗手段を検討する」と通告した[1]。ハウス食品工業はこれを受け，「消費者などからの反応は，あのままでいい，という声が圧倒的に多かったが，少数の声でも，謙虚に耳を傾けていくのは当然。騒ぎが大きくなってCMの本来の制作意図とは異なった受け取られ方をしていることも無視できない」と中止を決定した[2]。

このCMを筆者はよく覚えているが，特定の広告に対して女性団体が異議を申し立て，結果的に放送中止に持ち込んだという事実はさらに印象に残っている。現代の消費者は，このような直談判行動ではなく，多くはネットに意見を書き込むという方法をとり，その意見への賛否両論を含めてときにそれが炎上といわれる状況に至る。

治部［2018］，瀬地山［2020］はおもにジェンダー視点から，炎上したといわれる広告，CM等を論じている。治部も瀬地山も，1975年のハウス食品「シャンメン」のテレビCM「私作る人，ボク食べる人」を古い例として提示したうえで，最近のジェンダー関連での広告炎上事例を多数取り上げている。たとえば次のようなものである。

- ルミネ「働く女性たちを応援するスペシャルムービー」(2015年，ウェブ動画)
- 資生堂(「インテグレート」)「(25歳の誕生日）今日からあんたは女の子じゃない」(2016年，テレビCM・ウェブ動画)
- サントリー(「頂」)「絶頂うまい出張」(2017年，ウェブ動画)
- ユニ・チャーム 「はじめて子育てするママへ贈る歌」(2017年，ウェブ動画)
- 宮城県「涼・宮城の夏」(2017年，観光PRウェブ動画)

個々のCMや動画の内容詳細についてはここではあえて触れないが，多くがウェブ動画であることは注目すべきである。動画が公開された段階ですぐに目にしたのは，その広告主やブランドにもともと関心の高かった人たちと考えられる。動画を見た人の一部が，反感や批判をSNS等に書き込む。それを読んだ人が動画を見に行って確認し，意見に同意したり，さらに過激な批判を書き込んだりということで炎上が生まれる。炎上をマスメディアが取り上げ，広告主側が謝罪や，放送中止，動画の削除などの反応をするようになると，動画を見ていない一般の人々にも意識されるようになる，といった図式が浮かび上がる。

「シャンメン」のテレビCMの場合は，テレビで多くの人が目にしていたなかで，一部の人々から批判が出て，広告主側が中止の決断をしたという流れであった。近年のウェブ動画の場合は，必ずしも多くの人が見ているとは限らない状態で炎上が起きている点に違いがある。

最近の炎上事例は，現実社会で働く女性の姿や，初めての子育てで苦労している女性を描き，共感してもらうことをねらって失敗した場合もあるが，女性を外観や年齢で差別しているかのようにみえるものや，過度に性的な表現のものもある。

かつてGoffman［1979］は*Gender Advertisements*で，広告に描かれた男女の関係に注目すると，男性も女性も，こういう行動をするものだという強い固定観念で描かれていることを500枚以上の広告写真の分析から述べた。上野［1982］は，Goffman［1979］の研究を参考にして，日本の広告写真を収集して，男女の描写のされ方を分析し，興味深い読み物にまとめ上げている。広告において男女の役割描写が固定されていること，性的な暗示を含むメッセージが多用されていることへの疑問は，今から約40年も前から提起されており，それ以後の広告表現に示唆を与えていくはずと思われたのだが，現実はそうではなかった。広告活動の重心がマスメディアからインターネットに移行しつつある現在，なぜ広告が炎上し，広告主が謝罪し，撤回するという例が続くのだろうか。

2. SNS，ユーチューブ上の広告の問題

ウェブ動画だけでなく，ツイッターを利用したキャンペーンに批判が集まる例もある。2020年10月，「リカちゃん人形」のタカラトミーはツイッターの公式アカウントに「#個人情報を勝手に暴露します」というハッシュタグで，「とある筋から入手した，某小学5年生の女の子の個人情報を暴露しちゃいますね」と投稿をした。内容は，「リカちゃん」の誕生日，身長，体重，電話番号などの情報なのだが，小児性愛者のような目線であると批判を呼び，同社はツイートを削除して謝罪することとなった[3]。

同じく2020年，アツギは11月2日のタイツの日にちなみ，「#ラブタイツ」というハッシュタグで，30人のイラストレーターに同社のタイツを着用した女性のイラストを投稿してもらうキャンペーンを行った。ところが，イラストのなかに過度に性的な印象を与えるものが含まれ，タイツ利用者である女性から「タイツを性的な目でみているのが怖い」「女性の購買意欲がわくはずがない」などと批判を浴びた。同社は「社内の確認体制やモラル意識の甘さでお客さまの期待を大きく裏切る結果となった」として謝罪している[4]。

子どものおもちゃのメーカー，女性用のストッキングやタイツのメーカーということを考えると，自分たちのターゲットに敬意をもち，大切な存在と考えていればこのようなキャンペーンの企画が日の目を見るはずはなかっただろう。社内で，あるいは関係する広告会社から，企画段階で何の異議も提起されなかったのだろうか。誰も気がつかなかった，指摘する人がいなかったとすれば，この不注意は許されるものではない。

最近の大学生が，テレビよりも長時間視聴しているというユーチューブでは，動画の合間にさまざまな広告が流れる。なかでも，若い世代に向けた全身脱毛サロンや脱毛クリーム，簡単に痩せられるダイエット・サプリなどの広告の内

容は注目される。コマ送りのマンガと早口のナレーションで構成され，むだ毛のためにボーイ・フレンドに振られた女性が全身脱毛でもてるようになる話や，ヒゲや体毛が濃くて女性に嫌われることを心配した男性が脱毛クリームでつるつるの肌を手に入れて人気者になる話，太っていることをばかにされた女性がダイエット・サプリで美しく痩せて素敵な恋人ができるといった話が，これでもかと展開される。マンガ風でストーリー展開があるために，つい見てしまうようなつくりになっている。

かつて子ども向けの雑誌に，身長が伸びる器具や視力を回復させるトレーニング法などのあやしげな広告が載っていたことを思い出す。同じような方法がユーチューブで復活しているようにも思える。異性への関心が高く，外観を気にしやすい年齢層に向けてコンプレックスをあおり，全身むだ毛のないつるつるの身体，ほっそり痩せた身体こそが理想的というこの種の広告を，ユーチューブをみるたびに目にするとしたらどうだろう。偏った価値観が植え付けられるおそれはないだろうか。こうした広告が炎上の対象となっているとは聞かないが，ネット上での署名活動をして配信停止を求める動きもある[5]。

多くのフォロワーのいるユーチューバーが実際の商品を使い評価する動画は，娯楽にとどまらず商品選択に影響する情報源となる。ユーチューバーが自分自身で商品を選択して購入し，使っているところを見せるのであれば問題はないが，企業側から商品の提供を受け，料金の支払いを受けたうえでそれを隠し，あたかも自分自身の見解のように商品のメリットを紹介すると，これはステルス・マーケティングと呼ばれる。ユーチューバーに限らず，人気のアナウンサーがある美容室で無料のサービスを受け，その店のSNSに写真が掲載され，ステルス・マーケティングではないかと話題になった例もある[6]。WOMマーケティング協議会はガイドラインを設け，マーケティング主体と情報発信者の間に関係がある場合に「協賛」「提供」といった表記をするように求めているが，こうした手法が使われるのは，お気に入りのユーチューバーやタレントの推奨が消費者にとって意味があることを示す例でもある。

過去には，グルメ・サイト「食べログ」で，金銭を受け取って飲食店に好意的なクチコミを投稿する業者がいたことが問題になったこともある[7]。有名タレントの発言でなくても，高評価のクチコミがたくさん書き込まれている飲食店であれば，消費者はいい店に違いないと評価する可能性が高い。実際にはどのような人が書き込んでいるかはわからないのに，である。

3. テスティモニアル広告という方法の問題

インターネットを使った動画配信や，SNSキャンペーンなどの例を挙げてきたが，マスコミ媒体の広告には問題はないだろうか。大学生に広告とクチコミのどちらを信用するかと尋ねると，いいことばかりを伝える広告より，メリット，デメリット両面がわかるクチコミのほうが信用できるという意見が出てくる。ただし，この場合のクチコミとは，友人，知人の言葉というより，ネット上で見ることのできるeクチコミが中心である。学生に限らず，現代の消費者は，商品購入時，食事するレストランを選ぶときなどに頻繁にクチコミ・サイトを確認する。クチコミと対比される広告が上述のような問題含みのウェブ動画やユーチューブ視聴時に頻繁に出てくる広告だとすれば，自分で検索して読むことのできるクチコミのほうが信用できると思われてもしかたない。

こうした傾向を読み取ってか，商品利用者，利用経験者の推奨，専門家の意見などを使った広告をマスコミ媒体でも多く目にする。テスティモニアル広告，すなわち証人推奨型の広告である。

Spence & Van Heekeren［2005］はテスティモニアル広告の推奨者を，①権威ある人（authority figure），②典型的な利用者（typical person），③有名人（celebrity），④人工的な推奨者（artificial endorser）という4種類に分けている。

①権威ある人とは，その業界では誰もが知っている専門家など，広告商品の評価をするのに適切な人物である。たとえばアスリートがスポーツ・シューズの推奨をする，料理研究家が調味料や調理器具の推奨をするというような広告が考えられる。専門家が，これまでの豊富な経験に基づいて商品を推奨しているとすれば，専門知識の乏しい一般消費者が商品選択に役立つ信頼性の高い情報と受け取って当然だろう。

②典型的な利用者とは，まさにその商品のターゲットとみられる消費者を指す。広告主とは利害関係のない典型的な利用者が，自分自身の経験に基づいた判断を正直に述べている広告であれば，これも消費者にとって説得力の高い情報になるだろう。まさにクチコミのように受け取られる可能性が高い。

③有名人が登場する広告の場合は，必ずしもその分野の専門家ではないこと

が多い。消費者がその商品，ブランドを思い出すときに有名人（タレント）がヒントになるような広告である。日本でよく見かけるタレントを使った広告の多くはこのパターンであり，商品の利用者を演じているか，商品のキャラクターを演じている場合である。ちなみに，熱中症にかかったことのあるタレントが，自分の経験に基づいて推奨する経口補水液の広告があるが，これは有名人（タレント）を使ったテスティモニアル広告で，専門家の意見ではないものの，タレントが典型的な利用者となって訴えることで真実味のある説得をねらったものといえる。

④人工的な推奨者の代表的な例は，ブランドが独自に作り上げたキャラクター，たとえばアニメのキャラクターなどであるが，それとは別に典型的な利用者のように見せながら実は広告主企業の社員であるとか，一般人を装ったタレントという場合もある。後者は偽の推奨者といってもいいだろう。偽の推奨者に推奨させる広告は，タレントが広告のシーンを演じているのとなんら変わらない。

現在，テレビや新聞をみると，オールインワン保湿美容液，ファンデーション，セサミンやグルコサミンなどのサプリメント，青汁，野菜ジュース，生姜シロップ，ニンニク卵黄など，さまざまな商品に利用者とされる人々が登場し，どれだけいい製品なのかを語るタイプの広告が非常に多い。利用者の声として，その商品を奨めるコメントが匿名のまま掲載されている例もあり，何を根拠にしているのかという疑問がわくものもある。登場する「利用者」が確実に偽の推奨者であるとは断言できないものの，「個人の感想です」「効果には個人差があります」といったキャプションと一緒に示される推奨の言葉は，冷静にみれば非常にあやしげである。広告をクチコミのようにみせる方法は，クチコミを信用する消費者に受け入れられているのだろうか。

4. 広告倫理問題の構造

4.1. 広告活動の規制と倫理綱領

営利的言論としての広告活動は，情報提供や説得という広告主の目的達成のために行われるものである。広告主の営利，利益を追求するために行われる活動である以上，そこには責任が求められる。虚偽誇大な表現で明らかな誤認を与える広告活動は，不当景品類及び不当表示防止法等の法律によって，行為の差し止め，課徴金納付命令といった措置がとられる。

広告活動の規制は，法規制と自主規制に分けられる。明らかに法律に反する広告であれば不当表示として法規制の対象となるが，本章で取り上げてきたさまざまな広告の例は，不当表示とは別の次元で問題を抱えているものが多い。男女の役割描写や，過度にセクシーな女性描写，女性は若く美しくあるべき，むだ毛のない肌やスリムなボディがすばらしいという表現が問題になるのは，虚偽誇大や誤認を与えるという意味ではない。こうした広告表現が継続的に使われていることによって社会に望ましくない影響を与えるおそれがあり，こうした広告表現が現在の社会では容認されないという意味での問題である。そこに広告倫理という考え方が出てくる。

自主規制のなかに，広告業界の団体が定める「広告倫理綱領」がいくつも存在している。たとえば，日本新聞協会の「新聞広告倫理綱領」（1958年制定）では，新聞広告は，「真実を伝えるものでなければならない」「紙面の品位を損なうものであってはならない」「関係諸法規に違反するものであってはならない」と定めている。制定から60年以上たっており，現代の広告活動や広告表現を想定しておらず，一般的な正しい広告のあり方を述べているようにみえる。

一方，新しいものでは日本インタラクティブ広告協会の「インターネット広告倫理綱領」（2000年制定）があるが。これによっても，広告は「社会の信頼にこたえるものでなければならない」「公明正大にして，真実でなければならない」「関係諸法規に違反するものであってはならない」「公序良俗に反するものであってはならない」とされるのみで，どのように倫理を捉えているのかは，やはり不明確である。

関係諸法規に違反する広告活動は，もちろん倫理的なものとはいえないが，法規に違反していないものでも問題のある広告活動，非倫理的と考えられる広告活動は存在する。これにはだれが，どのように対応すべきか。品位や社会秩序はどのように判断すればいいか，倫理という領域は，法規による規制より複雑な様相を呈することになる。

4.2. 3構造の広告倫理問題

Drumwright［2007］によると，広告における倫理問題はマクロ・レベル，ミクロ・レベルに加えてメゾ・レベルで捉えることができるという。マクロ・レベルの視点とは，広告が社会に与える長期的な影響を考えることである。ミクロ・レベルの視点とは，個々の消費者や広告実務家個人の視点，特定の広告物，広告キャンペーン，特定の広告慣行について考えることである。さらにメゾ・レベルの視点とは，マクロとミクロの中間に位置づけられ，広告会社，広告主，媒体社といった一連の組織グループのレベル，言い換えれば広告業界のレベルで考えることを指している。従来，マクロ・レベル，ミクロ・レベルで広告倫理が論じられることが多かったが，広告業界の組織文化が個々の広告実務家のモラル意識に大きな影響を与える以上，メゾ・レベルはことに問題を含んでいるという。たとえばマクロ・レベルでの広告倫理問題の解決は，広告業界内の協力（メゾ・レベル）がなければ達成できないと指摘されている。

4.3. マクロ・レベルでの広告倫理

マクロ・レベルの倫理問題は，個々の広告がもたらす効果ではなく，さまざまな広告活動が組み合わさることにより社会に与える長期的影響という意味合いがある。

Drumwright［2007］は，マクロ・レベルの倫理問題を，(1)物質主義の過度の強調，(2)ステレオタイプの創造（あるいは強化），(3)誤った価値観の植え付けと問題行動の誘発の3つのカテゴリーに分けて述べている。

(1) 物質主義の過度の強調は，受け手を知性ある市民とはみなさず，自分の欲望を満たすためモノの消費に熱中する消費者と想定して行われる広告というとわかりやすいだろう。広告イコール浪費をもたらす非倫理的なものという捉え方で，かつての広告批判に多くみられた。

(2) ステレオタイプの創造，強化については，広告が，性，年齢，人種，職業などを固定観念的に描き出して定着させることを指す。女性はこうあるべき，高齢者はみなこのよう，黒人は，黄色人種はこういう行動をする，警官は，教師はこういう振る舞いをするといった決めつけをして，それを多くの人に広めてしまう点で非倫理的である。

(3) 誤った価値観の植え付けと問題行動の誘発とは，たとえば，脂肪や糖分の多いお菓子をご褒美として描いたり，飲酒や喫煙をかっこいいものと描き出したり，女性の理想的な美しさを決めつけたり，性的な画像やヌード写真などを多用したりすることで，受け手の感覚をゆがめ，誤った行動に導くという点で非倫理的と考えられる。

こうしたマクロ・レベルの倫理問題は，広告のネガティブな影響の例としてたびたび言及されるものの，広告とその影響とされることとの間に明確な因果関係を導き出すのは難しい。もちろん，特定の広告活動を規制しただけで問題が解決するものでもない。

4.4. ミクロ・レベルでの広告倫理

ミクロ・レベルで広告倫理を論じる視点を，Drumwright［2007］は次の9つに分けて説明する。

⑴ 広告が情報提供型か説得型か——商品特性などの情報を提供する広告には問題ないが，人を説得しようとする広告は非倫理的であるという考え方

⑵ 誇張の問題——情報内容が明らかに事実と異なれば虚偽だが，どこまでの誇張（puffery）なら許されるかという問題

⑶ 広告主が明らかでない広告の問題——記事体広告，プロダクト・プレイスメント，SNSの利用など，背景に存在する広告主が明らかにされていないものは問題であるという考え方

⑷ 性的訴求，恐怖訴求，政治広告等の問題——これらのメッセージが特定の消費者に与える影響を研究した結果として指摘される問題

⑸ 消費者自身の倫理的判断の違い——広告倫理に対する認識が，消費者の考え方やモラル意識によって異なる問題

⑹ 商品そのものの問題性——たばこ，アルコール，銃，ギャンブルのようにもともと問題を含む商品の広告はそもそも非倫理的であるという考え方

⑺ 標的とされるグループの問題——自分で適切な判断をすることができない受け手，たとえば，子どもや高齢者に向けて行われる広告は非倫理的であるという問題

⑻ プライバシー侵害問題——消費者がさまざまな媒体経由で現れる広告を避けることができるのか，広告が消費者情報を利用することが認められるのかという問題

⑼ 広告業界人の行動問題——一般の人が広告業界人の行動は倫理的でないと考えていることと，広告業界人が「モラル近視眼（倫理的な問題が目に入

らない状態）」「モラルの沈黙（倫理的な問題は目に入っているがそれに触れない状態）」に陥りやすい問題

特定の広告物，広告活動に倫理的な問題を整理するときに，これらの視点のいずれか，またはいくつかに関わるものと考えることができる。

4.5. メゾ・レベルでの広告倫理

マクロ・レベルとミクロ・レベルの間にあるメゾ・レベルの広告倫理問題とは，Drumwright［2007］によると，広告業界の組織風土，文化，システム，政策がそこで働く人々に大きな影響を与え，倫理的感度の高い人とモラル近視眼，モラルの沈黙状態に陥る人とを分けていることから生じるという。広告主，広告会社，広告媒体社の三者関係は，そのなかで大金が回るものであり，倫理的な考えは隅に追いやられがちである。広告主のための仕事をする広告会社が，媒体手数料を媒体社からもらう報酬システムが三者関係に影響してきた。広告実務において，倫理的になんらかの問題があると思われても，ノーということが自らの収入喪失につながる場合，目をつぶってしまう，なにも言わない，ということが起こる可能性が高い。こうした見解は，アメリカの広告会社29社に勤務する広告実務家51人に対し，仕事における倫理問題への意識や対応についてデプス・インタビューしたDrumwright & Murphy［2004］の研究結果にも基づいている。

アメリカでも広告業界はさまざまな広告倫理コードを設定し，プロフェッショナルとして広告の自主規制に努める姿勢をみせるのだが，実際にはこういったコードはミクロ・レベルでの広告に対応するもの，関係法令にしたがって虚偽や欺瞞的な広告を禁止するものにすぎない。すなわち，マクロ・レベル，メゾ・レベルでの問題に関わるものではなく，法に反しなければ倫理的であると仮定しているようなものである。

日本において，特定の商品の広告に同じような誇張が用いられているとか，使用前使用後の写真で効果を強調しているなど，業界特有，あるいは媒体独特の問題のある表現例を目にすることがある。広告主，広告会社は，他社もやっているから問題ない，こういう表現のほうが消費者の反応が高い，といった感覚をもって実践しているかのようにみえる。また広告を掲載する媒体社においても，広告が掲載に値するかどうかの判断を放棄しているかのようである。メゾ・レベルでの広告倫理観が疑われるものといえよう。倫理意識の高い広告主と広告会社はこうした業界や媒体の広告活動のなかでは，目立たない存在に甘んじることになる。

5. TARES テストによる広告倫理判定

前述のように広告業界が制定している広告倫理綱領は，広告はこうあってはならない，というネガティブ・リストが定めてあるものが多い。では，どういう基準を満たせば広告が倫理的であると判断できるのだろうか。

1つの例として，Baker & Martinson［2001］は，広告やパブリック・リレーションズにおける説得が倫理的かどうかを判断するために，5つの原則を用いたTARES テストを提唱している（図1）。TARES テストは，説得を仕事とするプロフェッショナルに向けて，説得的メッセージ，広告活動の発信をする前に，5つのポジティブな原則でチェックすることの意義を伝えている。

TARES とは Truthfulness（メッセージの真実性），Authenticity（説得者の信憑性），Respect（被説得者への敬意），Equity（説得訴求の公正さ），Social responsibility（社会的責任）の頭文字を示している。Baker & Martinson［2001］，および，そのTARES テストを禁煙の公共広告の評価に用いた Lee & Cheng［2010］の研究を参考に，5つの原則を簡単に説明すると次のようになる。

⑴ T：メッセージの真実性

受け手を説得するために使われるメッセージが真実であること，重要な情報を述べないことによる不誠実さがないこと。説得する側に，受け手を欺く意思がないことを指している。

⑵ A：説得者の信憑性

送り手側が，広告商品・サービスの意義を認め，真に納得して受け手を説得しようとしているかどうかが説得者の信憑性である。この商品を勧めることが消費者のためになるという説得者の信念ともいえる。

⑶ R：被説得者への敬意

送り手側が，受け手（被説得者）に敬意をもったうえで説得していること。

⑷ E：説得訴求の公正さ

送り手と受け手の間での情報量，理解度，能力，経験などが均衡し，公正であること。年齢などによって理性的な判断ができない人々や，弱みのある人につけ込まないこと。

(5) S：社会的責任

送り手が，公共の利益に敏感であり，健全な社会のために尽くすよき市民としての責任をもっていること。

これらの5原則が具体的にどのようなかたちで広告表現に関わってくるかを考えるための例をまとめたのが，表1である。

5つの原則には特段めずらしいことが述べられているわけではない。真実性原則はあらためて指摘するまでもなく，広告で述べられていることが事実と違うとか，重要な情報の欠如がある場合は，倫理に反するというより不当表示として違法と判断されることもあるだろう。信憑性原則は，送り手側が広告を行う意義を認める必要性という点で，広告活動を行う前提である。

しかし，被説得者（受け手）への敬意という視点は広告倫理を考えるうえで非常に重要な意味をもつ。受け手を人間として尊重することは，受け手に向けた情報をどのようなものとして組み立てていくかに強く影響する。さらに受け手への敬意が受け手の理解度や状況にあわせた適切で公正なコミュニケーションを生み出すことになる。メッセージの内容だけでなく，どのような媒体を使

図1　TARES テスト　倫理的説得のための5原則

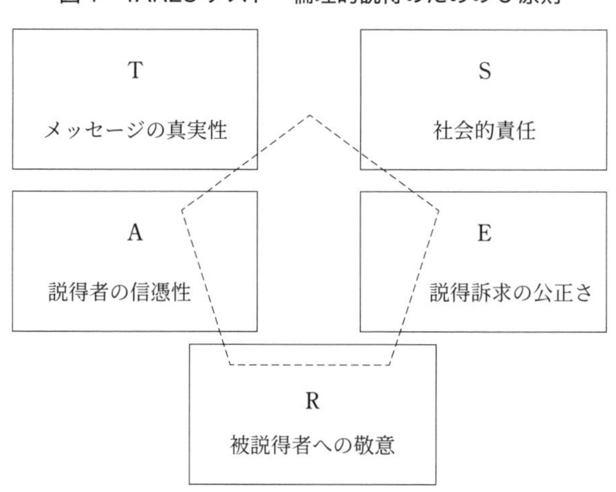

（出所） Baker & Martinson［2001］より作成。

表1　TARESテストの具体例

原　則	どのような点から考えるかの例
T：メッセージの真実性	広告の言語表現は真実か
	広告の視覚表現は真実か
	重要な情報が不足していないか ――（もしそうなら）その不足は虚偽的でないか
	広告の言語表現は誇大ではないか ――（もしそうなら）その言語表現はミスリーディングではないか
	広告の視覚表現は誇大ではないか ――（もしそうなら）その視覚表現はミスリーディングではないか
A：説得者の信憑性	われわれの社会で利用できる商品，サービスとしてこの広告に真のニーズはあるか
	広告に示された理屈は，受け手と広告の作り手双方を同じように納得させられるか
R：被説得者への敬意	広告の制作者は受け手への敬意を示しているか
	広告の制作者はこの広告の内容に対して完全な責任を負うか
E：説得訴求の公正さ	受け手は広告メッセージを理解するのに十分な情報を与えられ，賢明であるか
	広告は不安，恐怖，自分自身の魅力の低さのような人間の弱みにつけ込んでいないか
S：社会的責任	この広告を見たあとに起きる態度変容，行動変容で利益を得る特定のグループが存在するか
	この広告で傷つけられる特定グループが存在するか
	この広告は，平均的な人が一般的な広告にもつ信頼感を増やしたり減らしたりするか
	この広告は社会的責任という概念を真剣に受け止めているか

（出所）　Lee & Cheng［2010］より作成。

って，どういう状況でコミュニケーションするかということまで含めて，広告活動には社会的責任が伴うことを理解しておく必要がある。

TARESテストは，広告活動が真に倫理的であるかを確認するうえでの有益なチェックリストになる。ただしそれは，送り手側が倫理的な広告活動をめざしている場合であり，倫理意識がもともとなければこのようなチェックリストの存在すら無意味になってしまう。

広告の送り手が，そもそも受け手に敬意をもたず，短期的な反応を得ることに焦点を置いている状況，また自分たちの広告活動の結果に最後まで責任をもつ意識がない状況では，これらの原則は残念ながら意味をもたない。

6. 過去の事例から広告倫理を学び直す必要性

2021年6月，消費者庁はアフィリエイト・プログラムを利用した成果報酬型の広告（アフィリエイト広告）に不当表示と思われるものが多く含まれている点を懸念して，アフィリエイト広告に関する検討会を設置した。アフィリエイト広告自体が欺瞞的なものだということではないが，消費者庁は，①広告主ではないアフィリエイターが表示物を作成・掲載するため，広告主による表示物の管理が行き届きにくい，②アフィリエイターが成果報酬を求めて虚偽誇大広告を行うインセンティブが働きやすい，という理由から不当表示につながりやすい特性があるという。また，次の新聞記事を引用し，広告主，広告会社の責任意識の希薄さを指摘している。

> ネット広告の業界関係者によると，違法な記事型広告について，広告会社は「個人の体験談を書いただけだ」。広告主は「依頼した広告会社が勝手に作ったもので内容は知らない」と双方が責任逃れのような主張をするケースが目立つ[8]。

これが本当であれば，Drumwright［2007］が指摘したメゾ・レベルでの倫理の欠如と，TARESの社会的責任感の欠如が著しく，さらには受け手となる消費者への敬意も感じられない。当然，広告表現には真実性もない。

アフィリエイト広告には，広告主，広告会社，アフィリエイト・サービス・プロバイダー（ASP），アフィリエイター等が関わる。広告主からの依頼を受けた広告会社が，ウェブサイトやブログなど運営するアフィリエイターが登録するASPを仲介業者とし，広告主の広告作成や掲載をアフィリエイターに依頼する。アフィリエイターは自らのサイト等に，商品を利用した体験談のような記事型広告を掲載し，広告主のサイトへのリンクを張る。消費者がそれを読んでリンクから商品を購入すると，成果報酬としての広告収入がアフィリエイターに入る，という流れである。アフィリエイターは個人の場合も法人の場合もあり，数のうえでは個人が約8〜9割と圧倒的に多いが，売上高でみると法人が8〜9割を占めているという。

消費者庁はすでに，短期間に薄毛を改善するという育毛剤や，短期間に肌のシミが確実に消えるなどとしたアフィリエイト広告に景品表示法に基づく措置命令や消費者安全法に基づく注意喚起を行っているものの，広告主がアフィリエイト広告の内容にどの程度関与したかが明確でない場合には，法的規制の対象としにくいという課題がある。今後の検討の結果が待たれる。

電通の「日本の広告費」によると，2019年にインターネット広告費はテレビメディア広告費を上回り，一番規模の大きい広告媒体となった。マスコミ媒体中心に広告活動が行われていた時代と異なるのは，大手の企業だけでなく，中小企業も個人であってもインターネットを利用したビジネスや広告活動に簡単に参入できることである。かつてなら，プロフェッショナルの仕事だったものが，突然だれにでもできる，といわれたらどういうことが起きるか。極端な言い方をすれば，アフィリエイト広告の不当表示問題は，これまで蓄積されてきた広告活動における「やっていいこと，悪いこと」といった知見がいったんゼロに戻ってしまったかのように思えてならない。

過去に不当表示で措置命令，排除命令，警告などが出された事例，広告表現になんらかの批判が集まった事例，JARO（日本広告審査機構）に寄せられている苦情など，学ぶべき例はたくさんある。それらはいわばネガティブ・リストではあるが，広告のプロフェッショナルは，どういう広告活動が問題になったかをまず知っておく必要があるだろう。

そのうえで，広告は経済的機能，社会的機能，文化的機能を果たす活動であるという認識，TARESのような広告倫理の原則の認識が必要になる。消費者に，広告活動全般に対する不信感を与えないよう，広告業界人の倫理意識の向上が強く求められる。

梁瀬［1994，2010］が挙げている日立家電販売の扇風機「ストップ扇」のテレビCMの話は，広告倫理を考えるときに忘れてはならないものである。1970年，日立家電販売は，扇風機のガードに手を触れると回転が止まる「ストップ扇風機」を開発した。日立以外の家電会社も同様のものを開発していたが，市場には触ってもストップしない扇風機も多数存在している状況だった。

同社の宣伝部長和田可一は，百貨店の家電売り場で恐ろしい光景を目にした。3，4歳と思われる子どもたちが，運転状態で陳列されている扇風機のガードに次々と触りながら，「あっ，止まった」「あれっ，これは止まらないぞ」といいながら遊んでいたのである。「ストップ扇」は，すでにテレビCMが放送されていて，小さい子どもでも知っていたのであろう。子どもにとって羽根が回っている扇風機は「触って止める」楽しいおもちゃになってしまっていた。

日立家電は「ストップ扇」をさらに改良し，手が扇風機に約5センチまで近づくと羽根が回転を停止する「空間ストップ扇風機」を開発して，大々的なテレビCMを実施する直前であった。子どもたちの遊んでいる姿を見た和田は，ストップ機能のない扇風機に子どもが触れるようなことがあれば，扇風機は凶器になりかねないと考え，手配済みだったテレビCMの放送をすべて中止する命令を出したという。そして，日本電機工業会の家電広告委員会でこの件についての詳細な報告をし，家電業界として「ストップ扇」のテレビCMを自粛すること，子どもの目に触れにくい新聞広告や雑誌広告に限定することを提案した。また，この話を聞いた松下電器（当時）の宣伝事業部長も「大変重要なよいお話を伺った。我が社も直ちにストップ扇のテレビ宣伝を中止します」と発言したという。TARESの原則がこれほど当てはまる例はあまりないのではなかろうか。

おわりに

ただ見てもらうこと，反応してもらうことだけを短期的な目的とする広告が目につくようになっているが，広告の送り手側には，消費者が広告を信頼できる情報環境をつくっていくことに行動原理を移してもらいたい。競合他社もやっているからという感覚は，広告業界全体の信頼性を低めていくことになる。

インターネットの時代は，送り手と受け手の境界を曖昧にする時代でもある。本章の冒頭に挙げたSNS炎上による女子プロレスラー自殺の話は，ごく普通の人々が過激な書き込みを続けて，人を死に至らしめた話である。ごく普通の人々が，簡単に情報発信できる手段を手に入れた現在，消費者を単なる受け手であると考えることはできない。消費者はあるときには情報を発信して，広告の送り手側になる場合もある。

消費者側にも，広告がどういう仕組みのものなのか，広告活動が基盤とすべき広告倫理とはどういうものなのかを理解してもらう広告教育が必要である。広告は簡単にお金を儲ける手段である，といった短絡的な理解ではなく，適切に活用されれば社会にとってどのような役割と効果をもつものなのか，間違った使い方をすると，社会にどのような影響を与え，ひいては自分たちを苦しめることになるのかを理解してもらう。これは広告教育でもあり，情報教育，情報モラル教育ということもできる。広告という身近な活動を通して，小中学生から高齢者に至るまで，情報の受発信の利便性と利用に関わる社会的責任が理解されなければ，これからの広告環境の改善は不可能ではなかろうか。

注

1 「なぜ女が“作る人”なの——『差別 CM』とリブが抗議」『朝日新聞』1975 年 10 月 1 日朝刊，22 面
2 「つくる人，食べる人“差別 CM”やめます——女性の抗議に“降参”」『朝日新聞』1975 年 10 月 28 日朝刊，23 面
3 「児童への性的視線　企業やテレビで」『朝日新聞』2020 年 11 月 5 日朝刊，26 面
4 「『タイツの日』PR イラストに批判」『朝日新聞』2020 年 11 月 5 日朝刊，29 面
5 「価値観　植え付けないで」『朝日新聞』2020 年 8 月 24 日朝刊，21 面
6 「フジアナウンサー『就業規則に抵触』」『朝日新聞』2021 年 5 月 29 日朝刊，37 面
7 「『食べログ』にやらせ投稿，クチコミサイト揺るがす」『日経産業新聞』2012 年 1 月 6 日，20 面
8 「ネット通販嘘の体験談」『日本経済新聞』2020 年 10 月 12 日夕刊，9 面

引用・参考文献

Baker, S. and D. L. Martinson [2001] “The TARES Test: Five Principles for Ethical Persuation,” Journal of Mass Media Ethics, vol. 16.

電通「日本の広告費」http://www.dentsu.co.jp/knowledge/ad_cost/

Drumwright, M. E. [2007] “Advertising Ethics: A Multi-level Theory Approach,” in G. J. Tellis and T. Ambler eds., The SAGE Handbook of Advertising, SAGE Publications.

Drumwright, M. E. and P. E. Murphy [2004] “How Advertising Practitioners View Ethics,” Journal of Advertising, vol. 33.

Goffman, E. [1979] Gender Advertisements, Harvard University Press.

治部れんげ［2018］『炎上しない企業情報発信——ジェンダーはビジネスの新教養である』日本経済新聞出版

Lee, S. T. and I-H. Cheng [2010] “Assessing the TARES as an Ethical Model for Antismoking Ads,” Journal of Health Communication, vol. 15.

日本インタラクティブ広告協会「インターネット広告倫理綱領及び掲載基準ガイドライン」https://www.jiaa.org/gdl_siryo/gdl/keisaikijun/

日本新聞協会「新聞広告倫理綱領 / 新聞広告掲載基準」https://www.pressnet.or.jp/outline/advertisement/

瀬地山角［2020］『炎上 CM でよみとくジェンダー論』光文社

消費者庁「第1回 アフィリエイト広告等に関する検討会」(2021年6月10日) https://www.caa.go.jp/policies/policy/representation/meeting_materials/review_meeting_003/024308.html
Spence, E. H. and B. Van Heekeren [2005] Advertising Ethics, Pearson Prentice Hall.
上野千鶴子［1982］『セクシィ・ギャルの大研究――女の読み方・読まれ方・読ませ方』光文社
WOMマーケティング協議会「WOMJガイドライン（2017年12月4日)」https://www.womj.jp/85019.html
梁瀬和男［1994］『PL法と取り扱い説明書・カタログ・広告表現』産業能率大学出版部
梁瀬和男［2010］『企業不祥事と奇跡の信頼回復――消費者庁設置と消費者重視経営を目指して』同友館

第2部

マーケティング・コミュニケーションの新展開

第6章 マーケティング・コミュニケーションの新手法群

新しい情報環境下における取り組み

丸岡 吉人

はじめに

情報環境の変化は激しい。グローバル化とデジタル化が進展している。2000年にグーグルの日本語検索サービス開始，2007年にスマートフォン発売，ツイッターとフェイスブックの日本でのサービス開始が2008年，2011年にはライン，2014年にはインスタグラム，翌年にネットフリックスのストリーミングが始まった。消費者のメディア消費時間も変化した。2006年には1日当たり平均172分見られていたテレビが，2020年には144分に減少し，同じ期間に携帯電話やスマートフォンの使用時間は，11分から121分に増加した（東京都在住の15～59歳男女対象の調査結果。博報堂DYメディアパートナーズメディア環境研究所［2020］）。以前と比べると現代の消費者は，テレビ番組よりもビデオゲームや動画配信サービスを楽しみ，電話や対面のおしゃべりよりもソーシャル・メディアやメッセンジャーで情報交換している（丸岡［2015］）。

新しい情報環境が出現すると，新しいコミュニケーション手法が発展する。近年，エンターテイメントやクチコミに焦点を当てたコミュニケーション新手法群が発展し，これら新手法に投下される予算は高い伸び率を示している（Dentsu Aegis Network［2019］，IEG［2018］，PQ Media［2018］）。

本章では，まず新手法の概要を紹介し，次に新手法群に共通する特徴を明らかにする。最後に，新手法を統合的マーケティング・コミュニケーション（IMC）プログラムに位置づける際の留意点を検討する。

1. 発展する新手法群

1.1. スポンサーシップ

スポンサーシップとは，企業が現金や現物を提供し，それと交換にプロパティ（資産）を商業的に利用する権利を得て，スポンサーとプロパティとの結びつきを活用して自社の目標を追求する投資である（仁科ほか［2007］）。

活用されるプロパティは多様である。スポーツ分野では，オリンピック，パラリンピックやFIFAワールドカップなどのスポーツ・イベント，リーグ，チームや選手，競技場や練習施設，試合（オールスター試合など）や試合球まで幅広い。スポーツ以外では，美術展やコンサート，囲碁やチェスの試合，ビデオゲームなどの大会，コーズ（cause；公益性のある支援活動〔世良［2017］〕），冒険プロジェクトや冒険家もスポンサーシップの対象である。

予算が多く投じられている領域はスポーツである。北米市場では，予算の70%がスポーツ・プロパティに投じられ，10%がエンターテイメント，9%がコーズである（IEG［2018］）。スポーツは，情熱を喚起し，チームワークや忍耐，努力やフェアプレーなどの価値を体現し，予測できないドラマ性をもつ。スターや有名人を多く擁し注目が集まりやすい。また，地域や地方，国，グローバルの多層にわたって人々とのつながりを生みやすいことも利点に挙げられる。動画配信サービスを通じてこれまで以上にスポーツ・コンテンツが視聴されるようになったことも，成長を後押ししている（Kolah［2015］，辻［2019］）。

1.2. アンブッシュ・マーケティング

アンブッシュ（待ち伏せ）・マーケティングとは，プロパティ所有者に権利金を支払わずに，そのプロパティとの結びつきを作ろうとする計画的活動を指す。スポンサーシップ権利金の高騰が原因となって発生した手法といわれ，下位カテゴリーの権利獲得，放送スポンサー活用，イベント会場近くでのプロモーション実施などの戦術が取られてきた（仁科ほか［2007］）。アンブッシュ活動は，安価に効果を得ようとする非倫理的手法と捉えられがちだが，常にそうであるとはいえない。

2002年FIFAサッカーワールドカップ日韓共催大会で，韓国における移動体通信の公式スポンサーはKTフリーテルであった。競合するSKテレコムは，公式スポンサーの権利が及ばない韓国代表チーム・サポーターズ・クラブ「レッドデビル」に3億ウォンの後援金を出し，彼らの協力を得てアンブッシュ・マーケティングを展開した。大会開催の1年前から広告活動を開始してサッカー応援の感動を訴求し，2002年に入ってからは応援方法を紹介，大会開始後は韓国代表チーム戦績と連動する広告を展開した。同社は並行して，「全国民応援フェスティバル（Red Stadium）」を主催した。韓国代表チームが勝ち進むにしたがって，イベント会場のソウル市庁前は応援のメッカとなった。SKテレコムと提携した主要3テレビ局のニュース番組などでイベントの模様が放送されると，スタジアムよりも市庁前に多くの人が集まるようになった。SKテレコムはアンブッシュ・マーケティングを倫理的に問題ない方法で行って国民を巻き込み，公式スポンサー以上の成果を手にした。ただし，これが安価に実施できたわけではない。大会開催時（2002年上半期）のマス広告支出は911億ウォンであり，公式スポンサーKTフリーテルの668億ウォンの約1.3倍であった。成果を得るためには相応の投資が必要である（森津［2003, 2006］）。

1.3. プロダクト・プレースメント

プロダクト・プレースメントとは，目的をもってテレビ番組，映画や音楽，小説，ゲームなどのエンターテイメント・コンテンツのなかに，製品やブランドを組み入れることである。この手法は，1982年公開の映画『E.T.』（原題 *E.T. The Extra-Terrestrial*）にプレースメントされたキャンディの売上が映画公開後に大きく上昇したことで注目を浴び，その後プレースメントの産業化が進んだ（仁科ほか［2007］，PQ Media［2018］）。

プロダクト・プレースメントでは一般に，製品やブランドが画面に大きく長時間露出し，セリフで言及されると効果的とされる。これに対して，控えめにプレースメントすることで効果を狙う手法がある（Lehu［2009］）。

想起的（evocative）プレースメントは視覚的にも聴覚的にもプレースメントされたブランド名は観客に明示されない。製品の独創性や特異なデザインが観客にブランド名を想起させたり，観客の心のなかでその特徴を思い起こさせたりする。2006年公開の『幸せのちから』（原題 *The Pursuit of Happyness*）に登場したルービックキューブがその例である。

ステルス・プレースメントでは，プレースメントの事実は，クレジット表示や広報施策などからしかわからない。代表的な例は1964年公開の『パリで一緒に』（原題 *Paris when it sizzles*）である。オードリー・ヘップバーンの衣装デザインがジバンシィによることはオープニング・クレジットでのみ示されている。さらに，スクリーンでヘップバーンが纏っている香水もジバンシィによると明記されていた。

1.4. ブランデッド・エンターテイメント

マーケティング・コミュニケーション手法としてエンターテイメント・コンテンツの力を人々に印象づけたプログラムが，2001年のBMWによる「The Hire」である。自社管理のウェブサイトBMWFilms.comに，雇われドライバーがBMWを駆って荷物や人を決められた場所に届ける内容の10分程度のショート・フィルムが公開されると，クチコミで話題になって2005年までの5年間で5000万回のダウンロードを記録した。エンターテイメント・コンテンツとクチコミの力を使えば，完全に自社の管理下で，マーケティング・コミュニケーションが可能であると示した代表的事例である（Lehu［2009］）。

ブランド目標を達成するために，エンターテイメントを創作，プロデュースしたり，資金提供したりする活動がブランデッド・エンターテイメントである。対象となるエンターテイメントの種類は，映画やテレビ番組，ショート・フィルム，ビデオゲーム，演劇や小説など多岐にわたる。広義には，エンターテイメント・プロパティに対するスポンサーシップやエンターテイメント・コンテンツを活用したコンテンツ・マーケティング，プロダクト・プレースメントも，ブランデッド・エンターテイメントに含まれる。他方で，ブランデッド・エンターテイメントを，ブランド・レゾナンス（共鳴）を達成するための感動的で真正な物語（ナラティブ）を活用したコミュニケーション努力と限定的に定義する実務家や研究者もいる（van Loggerenberg et al.［2019］）。ここで，ブランド・レゾナンスとは，顧客がブランドに対して強く活発なロイヤルティをもつ状態を指し，顧客ベースのブランド・エクイティ・ピラミッドの頂点に位置づけられている段階である（Keller［2008］）。

視聴に値する，しかも，ブランドの物語となるエンターテイメントを提供することは容易ではない（McClure［2020］）。ナイキが2016年に開始したプログラムは,「ブレーキング2」と名づけられ,フルマラソンで2時間を切ることが目標であった。2017年にキプチョゲ選手が参加してからの様子は,ドキュメンタリーとして記録されている。2019年のウィーンでの挑戦は,1時間59分40秒が記録され2時間切りが達成された。当日沿道には12万人が集まり,記録動画はこれまでの2年間で約550万回視聴されている(Calvert[2019])。ブランデッド・エンターテイメントの成功例のひとつだろう。

1.5. WOMマーケティング

WOM(word of mouth)とは,消費者が他の消費者に情報を提供する行為,つまりクチコミである。WOMマーケティングとは,オンラインかオフラインかを問わず,消費者間のコミュニケーションをマーケティング活動に活用することである(WOMマーケティング協議会[2017])。

主な方法を整理しておこう(Word of Mouth Marketing Association[2005],O'Guinn et al.[2019])。インフルエンサー・マーケティングは,マーケティング対象の製品やブランドについて,他人の意見に影響する能力をもつ個人や集団に働きかけて,自らに好意的なクチコミを生もうとする施策である。バズ(buzz;蜂のブンブンという羽音)・マーケティングは,会話を生み出す出来事や経験を創出して,製品やブランドが話題になるようにする施策である。バイラル(viral;ウィルス)・マーケティングは,おもしろいコンテンツや情報的に価値あるメッセージを作成するとともに,メールやソーシャル・メディア,対面のクチコミなどで伝えやすくする工夫を施して,人からその友人や同僚に広めてもらう施策である。

歴史的には,低予算で通常ではない手段や場所を使って製品やブランドを売り込むゲリラ・マーケティングもWOMマーケティングの系譜に位置づけられる。通例はコミュニケーション費用の過半を占めるマス広告を用いず,アイディアの力でクチコミを生み出し,人々にメッセージを伝える手法である(Levinson[1993])。

1.6. コンテンツ・マーケティング

コンテンツ・マーケティングとは,収益に結びつく顧客行動を駆動する目的で,明確に定めたターゲット・オーディエンスにとって有益で,彼らに関連があり,一貫性をもったコンテンツを制作，配信することによって，顧客を獲得，維持する戦略的マーケティング・アプローチである（Content Marketing Institute［2012］）。

消費者が何かを買おうとしたときには，まずインターネットを通じて情報を集める。購入した製品の使い方に疑問がある消費者も，インターネットで情報収集する。消費者がこのように情報収集を続けているときに企業は彼らに接触し，知りたいことや疑問に答え，顧客の意思決定を助けて信頼を獲得すればよい。コンテンツ・マーケティングとは「聞かれたことに答える」こと（Sheridan［2017］）であり，企業の心構えは「（新聞や雑誌などの）編集者のように考える」こと（Lieb［2012］）である。

コンテンツは，新規顧客獲得，顧客からの問い合わせ対応，利用者支援，企業やブランドのソート・リーダーシップ発揮などに貢献する。形態は，記事や動画，書籍，ホワイトペーパー，ゲーム，スピーチ，ツイート，投稿，インフォグラフィクス，ポッドキャスト，セミナー，プレスリリース，メールマガジン，アプリやウィジェット（ブログパーツ），ブログなど多様である。

ブレンドテックの「Will It Blend?（混ざるかな？）」は，2006年に始まった自社製ブレンダー（スムージーやジュースを作る用途の調理家電）の実力を伝える娯楽性高い動画シリーズである。創業者のディクソン氏が登場して，スマートフォンやスマートスピーカー，フィギュアなどをブレンダーに投入して破壊する。動画はクチコミなどを通じて多くの人にみられ，同社ブレンダーの認知度を高め，優位性を伝えることに役立ってきた（Minkovsky［2015］）。

アメリカの大手ケーブルテレビ会社コムキャストは，顧客対応にコンテンツ・マーケティングを活用した。2004年頃，同社の顧客満足度は大手企業中最下位で，契約者宅に修理に出かけた技術者がソファーで居眠りし，その姿が動画で公開されてしまうありさまだった。2009年にはサービスは大幅に改善されていたが，顧客は同社サービスの劣悪さをなかなか忘れなかった。顧客サービス部長直属のデジタル・サポート・チームは，ツイッターやブログ，掲示板を監視し，コムキャストに関する書き込みを発見すると，すぐに接触を図り解決に努めた。助けられた顧客は，感動や驚きを自ら投稿した。これらコンテンツが社内外の多くの人の目に触れ，従業員の意識が顧客に向き，コムキャストの顧客の評判が回復していった（Israel［2009］）。

2. 新手法の特徴

新手法といっても，その起源は古い。ブランデッド・エンターテイメントの始まりは，映画発祥期のリュミエール兄弟の作品や1920～30年代のソープ・オペラと呼ばれるラジオやテレビの番組に求められる。また，話題づくりのため目を引く行為であるパブリシティ・スタント（publicity stunt）も古くから行われてきた。たとえば，聖火リレーは1936年のオリンピック・ベルリン大会のために考案された。われわれは昔からエンターテイメントを楽しみ，クチコミを通じて情報を伝え，クチコミに耳を傾けてきたのである。

新しい手法群は，古典的方法がグローバル化とデジタル化が進んだ現代の情報環境に適応した結果であり，複数の手法に共通する性質がみられるのは，各種手法の収斂進化の結果といえるだろう。

2.1. 継続と蓄積が前提

開始終了時期が決まっているキャンペーンとは違い，新しいマーケティング・コミュニケーション手法は継続と蓄積を前提としたプログラムである。伝統的広告はその効果が消費者の態度や行動に蓄積されるが，新しい手法の場合は，それに加えて，サイバー空間にコンテンツやデータが蓄積され，消費者の検索や共有などによって参照や利用がなされ効果を発揮する。

ブランドに対する消費者の評価や書き込み，企業が制作したエンターテイメントやコンテンツは，投稿から時間が経ってもオーディエンスのニーズに合致している限りいつまでも活用される。たとえば，製品使用の裏技や不具合対処法は，後で必要になった人が利用する。消費者による好意的な評価やクチコミの蓄積は，ブランドに関する負の出来事が発生した場合に，レピュテーションを維持するための防波堤となる。過去のコンテンツやコンテンツを生みだすファンはブランドの財産である。

スポンサーシップにおいても，継続と蓄積が重視される。契約実務では，現行スポンサーが優先される。契約期間終了時には，現行スポンサーに優先交渉権が与えられて，当該スポンサーが更新しない場合にはじめて他企業に機会が与えられる場合が多い。企業やブランドが特定のプロパティへのスポンサーシップを継続すれば，消費者に両者のつながりが強固に認識されて好ましいイメージが獲得できる。この結びつきがアンブッシュ活動への対抗策にもなる（仁科ほか［2007］）。事実，スポンサーシップの継続期間は長い。スポーツ分野の調査によると，平均継続年数は10.1年，最長は50年であった（横田［2012］）。

2.2. コントロールへの制約

広告と比較すると，新しいマーケティング・コミュニケーション手法は企業による活動のコントロールに制約があることが多い。

マーケティング・コミュニケーションの企画制作面をみてみよう。エンターテイメント・コンテンツの場合には，一般に制作者側の発言権が強い。たとえば，映画会社や監督の判断で，プレースメントされた映画の公開時期が変更されたりブランドの登場場面が削除されたりする例もある。スポンサーシップでも，スポンサーの権利は限定的である。

WOMマーケティングの場合は，第三者が自由に発信する点が情報源への信頼と影響力の源泉である。したがって，顧客が書き込みをするかどうか，何を書き込むかを企業はコントロールすべきでない。企業自身が自社製品やブランドに都合のよいクチコミを書いたり，企業から報酬を受け取った人が好意的なブログ記事を書いたりする行為はステルス・マーケティングと呼ばれ，倫理的に許されない（山口［2018］）。WOMマーケティングでは，情報発信者とマーケティング主体との間に重要な金銭・物品・サービス等の提供が行われる場合には，両者の関係性を明示することが強く推奨されている（WOMマーケティング協議会［2017］）。

2.3. インバウンドの重視

伝統的施策は，企業から発信するアウトバウント中心のプッシュ活動であるのに対して，新しいマーケティング・コミュニケーションはインバウンド中心のプル活動である。マス広告やダイレクト・メールなどで人々の生活に強制的に介入し関心を引こうとする伝統的コミュニケーションに対して，新手法はこれとは逆に，検索エンジンやブログのリンク，ソーシャル・メディアなどを通じて，関心をもった人が関心をもったときに，自社や自社コンテンツを見つけて，利用したり楽しんだりすることをめざす。

したがって，企業がマーケティング・コミュニケーションを実行するにあたっては，自分たちの主張したいことよりも，消費者が知りたいことや興味があることに焦点を当てる必要がある。たとえば，コンテンツ・マーケティング・プログラムにおいては，まず消費者の関心事や懸念を確認し，次にこれに応えるコンテンツを作成し，消費者の検索に備えて最適化することになる。

2.4. リアルタイムの対応

伝統的なマーケティング・コミュニケーションでは，企画制作から実施評価までには数カ月が必要であり，キャンペーン開始後の計画変更の余地はあまりない。新手法では，最新の状況をモニターしながら，機動的に施策に改良を加えたり，変更したりすることが通例である。

リアルタイム性がとくに重要なのは，企業にとって負の状況が発生したときである。人や企業の行為，発言，書き込みに対して，インターネット上で多数の批判や誹謗中傷が行われることを「炎上」と呼ぶ（山口［2018］）。その拡大は早い。たとえば，2017 年に起きたあるラーメン店公式アカウントの事案では，発端となるツイッター投稿から 10 分で 198 件のリツイートがなされ，フォロワー数は 6712 から 14 万 7941 に急増した。6 時間半後には，投稿総数は 5064 件，延べフォロワー数 551 万 5799 となった。企業は，炎上の発生と同時に検知し，状況を監視しながら対策を進めなければならない。（吉野［2021］）。

2.5. 実施主体の普遍化

新手法群を活用する企業や組織など実施主体の性質にも特徴がある。新手法群はいずれも，大企業など大きなマーケティング・コミュニケーション予算をもつ組織だけのものではない。伝統的なマス広告を実施してこなかった中小企業やスタートアップ，BtoB 企業も多く活用している。プログラムの最小予算単位が小さいこと，少人数組織で実施できること，そして，成否を分ける要因がアイディアと機動性であることが要因である。

3. IMC に位置づける

現代の情報環境で消費者は主要なコンテンツ制作者でありその伝達者でもあ

る。そこで，効果的なマーケティング・コミュニケーション活動のためには，消費者の力を引き出す必要がある。同時に，広告やセールス・プロモーション，パブリック・リレーションズなどの伝統的コミュニケーション手段は，認知獲得や行動促進，評判形成などに有効である。したがって，効果的効率的に目標を達成するためには，複数の施策を組み合わせた総合的マーケティング・コミュニケーション・プログラムが必要である。

3.1. アクティベーションとレバレッジでターゲットに働きかける

スポンサーシップで強調されるのが，アクティベーションとレバレッジである。スポンサー契約をしてプロパティ利用権を得れば，自然とマーケティング課題が解決されるわけではない。獲得したプロパティを活性化（アクティベーション）してターゲットに働きかけて，マーケティング目標に到達すべくテコを利かせ（レバレッジ）ねばならない。

スポーツ・イベントを例に代表的なアクティベーション手法をみていこう。試合会場での製品販売，入場券や応援グッズを懸賞賞品とした販売促進キャンペーン，重要顧客や見込客へのホスピタリティの提供，従業員招待による士気向上など，解決すべき課題に対応した方法が採用される。企業によっては大会期間外に，地域に指導者を派遣して子どもたちにスポーツと触れる機会を提供したり，次世代の選手に対する奨学金制度を運営したりすることもある。大会中は，ソーシャル・メディアなどを通じてルール解説や豆知識などの情報提供や広告，広報活動を通じて自社とプロパティの関係づけを強化する活動も行われる。経験則からレバレッジにはスポンサーシップ権利金の2倍，あるいは6倍の予算が必要といわれている。なかには16倍の予算を認めている企業もある（Kolah［2015］，Pitts & Stotlar［2002］，Smith & Zook［2020］）。

レバレッジの重要性は，コンテンツ・マーケティングやブランデッド・エンターテイメントにおいても同じである。優れたコンテンツを制作することと同じくらい，SEO（検索エンジン最適化）などの消費者から見つけてもらうための施策や，広告など消費者との接触を促す施策が重要である。そのための作業期間確保や予算措置が欠かせない。

3.2. 発信者に着目して情報発信を促す

消費者の情報発信を促す方策は，クチコミを発信する人物に着目する方法と，クチコミで交わされる話題に着目する方法に大別できる。

他者への影響力をもつキーパーソンは長く研究者の注目を集めてきた。特定領域の狭い範囲に対する深い知識や専門性をもつオピニオン・リーダー（Katz & Lazarsfeld［1955］），他者に先駆けて新奇性の高い製品やサービスを取り入れて，購買や使用の経験に基づいて他者に影響を及ぼすイノベーター（Rogers［2003］），複数の製品カテゴリや小売店などを熟知して，関連情報を告げたり聞かれたりするマーケット通（Feick & Price［1987］）などはその代表例である（山本［2014］）。

ユーチューバーやインスタグラマー等のソーシャル・メディア上のインフルエンサーに期待される性質は，多くの人にメッセージが届けられ，メッセージが信用され，そして，メッセージにインパクトがあることである。メッセージを届ける力は，フォロワーなどにターゲットをどの程度含むかで測ることができる。メッセージの信用は，インフルエンサーがブランドや製品に関して専門性があると認められる程度である。オーディエンスに与えるインパクトは，オーディエンスがインフルエンサーに注目する程度に連動しエンゲージメント（engagement；関わり合い）で測られる（Kagan［2019］，Yesiloglu［2021］）。

影響力ある個人やグループを特定したら，彼らの発信や話題のきっかけとなるように，製品サンプルやウィジェット（ブログパーツ）の提供，イベントへの招待等を行う。シーディング（種まき）と呼ばれる施策である。

3.3. 話題に着目して情報共有を促す

2006 年のソニー・ブラビア「Bouncy Balls」は，色の再現性に優れたブランド特性を訴求するために，無数のカラーボールがサンフランシスコの街を舞う動画である（第 8 章も参照）。バイラル動画の嚆矢といわれている（杉山［2018］）。

この動画のように人々の間に広がるコンテンツと，そうでないものがあるのは，なぜだろうか。人に伝えたくなるコンテンツ（エピソードや情報，製品やブランド，動画など）のもつべき要素は 6 項目にまとめられる。6 要素は頭文字から，STEPPS と名づけられている（Berger［2013］）。

まず，コンテンツがソーシャル・カレンシー（social currency；社会的な通貨）となることである。語るときに自分に好印象を抱いてもらえる話題である。われわれは良い印象を買うためにクチコミという社会的通貨を使う。次に，思い出して話題にするトリガー（triggers；きっかけ）がある話題である。長期的に持続して会話に登場する話題は，日常生活のなかで思い出されやすいものである。たとえば，「金曜日はワインを買う日」のようなメッセージが，週に1度，ワインを話題にするトリガーになる。3点目は感情（emotion）である。畏敬の念や興奮，楽しさのような正の感情であれ，怒りや不安などの負の感情であれ，人の生理的覚醒を呼び起こし，気がかりにさせる話題は共有されやすい。4点目は，対象が人の目に触れやすいこと（public）である。人は他人を観察して自分の行動を決めるので，目に見えるものはそうでないものよりも話題になりやすい。スマートフォンは目に触れやすいので，他人の目に触れにくい下着よりも話題になりやすい。5点目に実用的な価値（practical value）がある話題である。人は他人の役に立つ情報を伝えるのが好きである。最後に，物語（stories）があること。最初の5つの性質をもつ物語は共有されやすい。

3.4. PESOモデル：コンテンツを起点にコミュニケーションを統合する

パブリック・リレーションズ分野で提唱されたPESOモデルは，広告に代表されるペイド・メディア（paid media），有力な新聞やブログなど自社や自ブランドが取り上げられたりリンクされたりすると，評判を獲得できるアーンド・メディア（earned media），コンテンツや情報の共有機能があるシェアド・メディア（shared media），ウェブサイトやブログなど自社が保有するオウンド・メディア（owned media）の4つにメディアを分類する。PESOは4つのメディア名の頭文字である。そして，共有すべきコンテンツを自らのコントロール下にあるオウンド・メディアに置くことから始め，次にシェアド・メディア，または，アーンド・メディアを活用し，最後に必要に応じてペイド・メディアを利用する順序が推奨されている（Dietrich［2020］）。

カンヌライオンズの2つの部門で2年間にグランプリと金賞を受賞した32施策のPESO展開順序を分析すると，オウンド・メディアから始まる施策が24，ペイド・メディアから始まる施策が8だった。ペイド・メディアから始まる場合も，その内容は後に話題として共有される驚きなどを含むものだった（佐藤［2020］）。現代の情報環境では，マーケティング・コミュニケーション戦略展開は，まず起点となるコンテンツから出発すべきことを示している。

引用・参考文献

Berger, J. [2013] Contagious: Why Things Catch On, Simon & Schuster.（貫井佳子訳［2013］『なぜ「あれ」は流行るのか？――強力に「伝染」するクチコミはこう作る！』日本経済新聞出版社）

Calvert, H.［2019］「エリウド・キプチョゲ――マラソン２時間切りの秘密」https://www.redbull.com/jp-ja/eliud-kipchoge-sub-two-marathon-in-numbers

Content Marketing Institute [2012] "What is content marketing?" https://contentmarketinginstitute.com/what-is-content-marketing/

Dentsu Aegis Network [2019] Global Ad Spend Forecasts.

Dietrich, G. [2020] "The Newly Refreshed Peso Model Graphic and Process," https://spinsucks.com/communication/refreshed-peso-model/

Feick, L. F. and L. L. Price [1987] "The Market Maven: A Diffuser of Marketplace Information," Journal of Marketing, vol. 51.

博報堂 DY メディアパートナーズ メディア環境研究所［2020］「メディア定点調査 2020」https://mekanken.com/mediasurveys/

IEG [2018] "Signs Point to Healthy Sponsorship Spending in 2018," https://www.sponsorship.com/Report/2018/01/08/Signs-Point-To-Healthy-Sponsorship-Spending-In-201.aspx

Israel, S. [2009] Twitterville: How Businesses Can Thrive in the New Global Neighborhoods, Portfolio.（滑川海彦・前田博明訳［2010］『ビジネス・ツイッター』日経 BP）

Kagan, J. [2019] Digital Marketing: Strategy and Tactics, Wessex Press.

Katz, E. and P. F. Lazarsfeld [1955] Personal Influence, Free Press.（竹内郁郎訳［1965］『パーソナル・インフルエンス――オピニオン・リーダーと人びとの意思決定』培風館）

Keller, K. L. [2008] Strategic Brand Management: Building, Measuring, and Managing Brand Equity, (3rd.ed.) Prentice Hall.（恩蔵直人監訳［2010］『戦略的ブランド・マネジメント』［第３版］東急エージェンシー出版部）

Kolah, A. [2015] Improving the Performance of Sponsorship, Routledge.

Lehu, J. -M. [2009] Branded Entertainment: Product Placement and Brand Strategy in the Entertainment Business, Kogan Page.

Levinson, J. C. [1993] Guerrilla Marketing Excellence, Piatkus Books.（伊藤とし子訳［1995］『ゲリラ・マーケティング EX』東急エージェンシー出版部）

Lieb, R. [2012] Think Like a Publisher: How to Use Content to Market Online and in Social Media, Pearson Education.（郡司晶子・八木慎一郎・坂本陽児・徳永希・大八木元貴・関口嶺・阿部達典訳［2014］『編集者のように考えよう――コンテンツマーケティング 27 の極意』翔泳社）

丸岡吉人［2015］「情報循環時代のマーケティングコミュニケーション――環境，概念，戦略，戦術，指標と測定」『マーケティングジャーナル』第 34 巻

McClure, A. [2020] "Meet the Scary New Landscape of Brand-Funded Entertainment," https://www.campaignasia.com/article/meet-the-scary-new-landscape-of-brand-funded-entertainment/456460

Minkovsky, N. [2015] "'Will It Blend?' Company Embarks on New Influencer Marketing Program," https://contentmarketinginstitute.com/2015/06/blendtec-influencer-marketing/

森津千尋［2003］「メディアイベントとしての街頭応援――レッドデビル（赤い悪魔）の真実」牛本素吉郎・黒田勇編『ワールドカップのメディア学』大修館書店

森津千尋［2006］「2020年W杯におけるスポンサーシップとアンブッシュマーケティング――韓国における『街頭応援』現象について」『広報研究』第10巻
仁科貞文・田中洋・丸岡吉人［2007］『広告心理』電通
O'Guinn, T. C., C. T. Allen, A. C. Scheinbaum and R. J. Semenik [2019] Advertising and Integrated Brand Promotion (8th ed.), Cengage.
Pitts, B. G. and D. K. Stotlar [2002] Fundamentals of Sport Marketing (2nd ed.), Fitness Information Technology.（首藤禎史・伊藤友章訳［2006］『スポート・マーケティングの基礎』［第2版］白桃書房）
PQ Media [2018] "Global Branded Entertainment Revenues Up 8% to $106B in 2017, Fueled by 9th Consecutive Year of Double-Digit Growth in Product Placement and Consumer Content Marketing," https://www.prweb.com/releases/2018/03/prweb15373577.htm
Rogers, E. M. [2003] Diffusion of Innovations (5th ed.), Free Press.（三浦利雄訳［2007］『イノベーションの普及』翔泳社）
佐藤達郎［2020］「トリプルメディアのその先へ―― PESOオーダーとPOEM2.0」『日経広告研究所報』第54巻
世良耕一［2017］『コーズ・リレーテッド・マーケティング――社会貢献をマーケティングに活かす戦略』［増補改訂版］北樹出版
Sheridan, M. [2017] They Ask, You Answer: A Revolutionary Approach to Inboud Sales, Content Marketing, and Today's Digital Consumer, Wiley.（齋藤慎子訳［2020］『世界一シンプルな増客マシーンの作り方――普段のシゴトをしているだけで勝手に顧客がやってくる！』実業之日本社）
Smith, P. R. and Z. Zook [2020] Marketing Communications: Integrating Online and Offline, Customer Engagement and Digital Technologies (7th ed.), Kogan Page.
杉山恒太郎［2018］『アイデアの発見――杉山恒太郎が目撃した，世界を変えた広告50選』インプレス
辻洋右［2020］「成長するグローバル・スポーツ・スポンサーシップ市場――その要因と展望」『アド・スタディーズ』第67巻
van Loggerenberg, M., C. Enslin and M. Terblanche-Smit [2019] "Towards a Definition for Branded Entertainment: An Exploratory Study," Journal of Marketing Communications, vol. 27.
WOMマーケティング協議会［2017］「WOMJガイドライン」https://www.womj.jp/85019.html
Word of Mouth Marketing Association [2005] "Word of Mouth 101: An Introduction to Word of Mouth Marketing," http://www.nick-rice.com/docs/Word_of_Mouth_101_WOMMA.pdf
山口真一［2018］『炎上と口コミの経済学』朝日新聞出版
山本晶［2014］『キーパーソン・マーケティング――なぜ，あの人のクチコミは影響力があるのか』東洋経済新報社
Yesiloglu, S. [2021] "The Rise of Influencers and Influencer Marketing," in S. Yesiloglu and J. Costello eds., Influencer Marketing: Building Brand Communities and Engagement, Routledge.
横田浩一［2012］「『スポーツスポンサーシップに関する企業調査』にみる現状と課題」『日経広告研究所報』第46巻
吉野ヒロ子［2021］『炎上する社会――企業広報，SNS公式アカウント運営者が知っておきたいネットリンチの構造』弘文堂

第7章　デジタル広告の歴史

デジタル・クリエイティブ，その四半世紀

大岩 直人

はじめに：デジタル広告は現代広告のスタンダード

現代広告とは何か。その定義は明瞭とはいえないが，2021年の現代を生きるわれわれにとって，インターネットの普及によるデジタル広告なくして現代広告を語ることはできない。

では，そのデジタル広告の始点をいつからと捉えるべきか。インターネット自体の歴史はWorld Wide Web（WWW）をT.バーナーズ－リーが提唱した1980年代末，あるいはパケット通信が開発された1960年代までさかのぼることもできるが，日本においてわれわれがインターネットの普及を実感し，それをプラットフォームとしたデジタル広告を日常的なものと認識するようになったのは1990年代の半ばからではないだろうか。

1995年に「Microsoft Windows 95」が発売され，この年，日本の流行語大賞のトップ10に「インターネット」という言葉がノミネートされた。あれから25年。まさに四半世紀である。その間，日々，等比級数的な進化を続けるインターネット・コミュニケーションに立脚したデジタル広告は，もはやニューメディア広告などではなく，現代広告のスタンダードとして，1つの「歴史」を形成していった。

その象徴的な出来事が「2019年 日本の広告費」の発表で，インターネット広告費はついにテレビ広告費を逆転し2兆円に到達した。「2020年 日本の広告費」は全世界的な新型コロナウイルス感染拡大のため9年ぶりのマイナス成長となったが，そのなかでインターネット広告費のみ前年に引き続きプラス成長となっている。

本章では，この四半世紀の間にデジタル広告がどのように変遷していったのか，とくにそのクリエイティブ表現について，いくつかの事例を具体的に紹介

しながらデジタル広告の「歴史」をたどっていくこととする。海外の作品は次の第8章で扱うため事例の多くは国内のものとするが，ここで紹介する作品はすべてグローバルに高い評価を受けた作品ばかりである。具体的には，カンヌライオンズ（以前はカンヌ国際広告祭と呼ばれていたが，2011年に「広告」が削除され，現在の英文呼称はCannes Lions International Festival of Creativity）やアメリカのワンショー（The One Show），イギリスのD&ADといった著名な国際フェスティバルにおいて，あるいは，日本で初めてデジタル広告のクリエイティビティを評価すべく，インターネット広告推進協議会（現日本インタラクティブ広告協会）主催のもと，2000年代のはじめに発足した（第1回開催は2003年）東京インタラクティブ・アド・アワード（TIAA）において受賞した作品のなかからセレクトしている。（これ以降，個々の作品の年号表記に関してはアワードの受賞年を基準に表記するため，実際の制作やキャンペーンの実施はその前年である場合が多いことを注記しておく。なお，カンヌライオンズに関しては，名称が改定される前後ともに簡略化して「カンヌ」と表記することとする）。

国内に限定したとしても紹介すべき作品に事欠くことはないだろう。ことにデジタル広告においては，黎明期から現在に至るまで日本は世界に通用する作品を数多く生み出している。日本のデジタル広告は世界トップレベルのクオリティなのだ。

1. バナー&ウェブサイト

1.1. 最初にバナーありき

カンヌに初めてデジタル広告を専門に扱うサイバー部門が新設されたのは1998年。当時のカテゴリー区分はonline ads（すなわちバナー）とwebsite（ウェブサイト）のシンプルな2部構成で，他にはメール広告等がある程度。しかし，日本で実際に掲出されていたもののほとんどが静止画の定型バナーだった時代に，国際舞台ではすでにrich media bannerやbeyond the bannerといったインタラクションを多用しブラウザー上での全画面展開が可能なバナーが主流になっていた。

バナーとはもともとは横断幕や旗の意味だが，デジタル広告の時代になると，ウェブサイトのトップ等に配置されクリックすればリンク先のページに飛んでいく横長の広告スペースを意味する用語となった。その最もベーシックなものが規定の横長サイズの定型バナーであるが，その後，定型バナーはその機能を拡張させブラウザー上の全画面で展開するビヨンド・ザ・バナーや動画ファイルを使ったリッチ・メディア・バナーへと進化していく。

最初に紹介する2002年のWWF（世界自然保護基金）ジャパンによる一連のインタラクティブ・バナーはリッチ・メディア・バナー初期の代表作である。このバナーは3つの作品で構成されているが，そのうちの1つの「WWF II」（図1）は，複数の動物のシルエットを型取ったピースをユーザー自身が嵌めていくジグゾー・パズルを模したゲームになっている。ユーザーはマウスを操作しながら各ピースを埋めていくが，どうしても1つだけピースが見つからない。ジグソー・パズルなのに最後まで完成させることができない。すると，そこに「MISSING PIECE『オオウミガラス』は1844年に絶滅しました。」というWWFからのメッセージ・コピーが表示される。

相手の予想を裏切る意外な展開を仕掛けておいて最後にオチのあるコピーを，というのはクリエイティブ文脈の王道である。その意味では「WWF II」はクラシックなアナログ広告のスタイルを踏襲している。しかし，そこにデジタルならではのインタラクティブ性を加え，ユーザーが実際に自分でジグソー・パズルを体験した後にその気づきのコピーを読んだらどう感じるのかを設計して

図1　WWF II

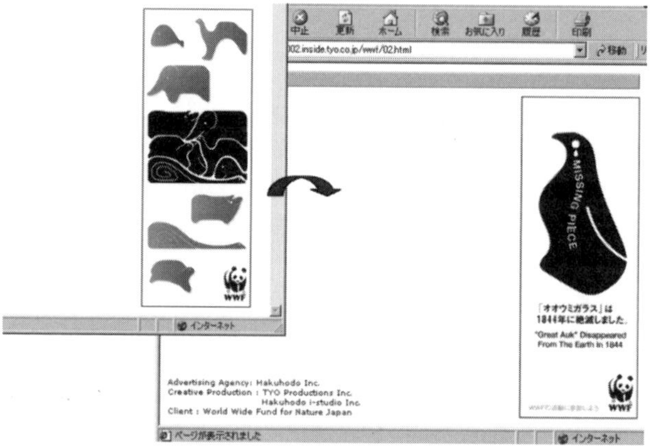

WWFジャパン提供。

いる。クラシックなクリエイティブ文脈と，デジタル・クリエイティブのインタラクティビティをハイブリッドしている点が，この作品の最大の魅力である。相手を圧倒するためにテクノロジーを用いるのではなく，相手の情感をよりいっそう高めるためにテクノロジーを用いたリッチ・メディア・バナーの名作である。2002年のカンヌ，サイバー部門で金賞を受賞した。

次に紹介するのは，公共広告機構（現ACジャパン）によるビヨンド・ザ・バナーの「Driver's Eye」である。2005年の東京インタラクティブ・アド・アワードで金賞を受賞し，国際舞台でも評価の高かった作品である。

画面上に2つのバナー・エリアがあって，上部の横長エリアには運転席のフロント・ガラス越しの風景が流れ，ユーザーはマウスでハンドル操作をすることができる。そして，右下の縦長エリアに携帯電話。しばらくドライブを楽しんでいると，右下の携帯電話が光り，着信音が鳴り響く。電話に出ようとユーザーがカーソルをドライビング・エリアから携帯電話のエリアに動かした瞬間，クラッシュ。画面全体がひび割れてしまう演出になっている。

メッセージは「運転中の携帯電話の使用は大事故のもと」ということだが，それをPCユーザーにインタラクティブに体感させようとした作品で，バナーでここまでダイナミックな演出が可能であることを証明してみせた。

デジタル広告の基本はインタラクティビティにあるとはよくいわれることだが，従来のアナログ広告においてもインタラクティブな文脈のやりとりをテーマにしたものは決して珍しくはない。しかし，制作者（コピーライター，アートディレクター，そしてコーディングができるテクノロジスト）が仕掛けたアイデアと演出をユーザーが実際にPC上でマウス操作しながらインタラクティブに楽しめるのはデジタル広告ならではの体験であろう。そして，その体験をもっともシンプルに集約してみせてくれるのがバナーのクリエイティブ表現である。

1.2. ベース・ステーションとしてのウェブサイト

次にウェブサイトである。2021年の現在においては，ウェブサイトを特別な広告メディアと捉える認識は希薄であろう。企業や各種団体が自ら所有するオウンド・メディア（owned media）の代表格である。しかし，デジタル広告の黎明期においては，ウェブサイトこそはユーザーに新しいブランド体験を提供できる広告のニューメディアであると捉えられることも多く，いくつかの実験

図2 『スラムダンク』キャンペーンサイト

© 井上雄彦　I. T. Planning, Inc.

的な作品が制作された。

ここではその具体的な作品についての詳細な解説は割愛するが，黎明期のブランディング・サイトは，Flash や Shockwave といったブラウザにプラグインするタイプの動画再生ソフトを使用し，凝った動きのアニメーション制作に果敢にチャレンジするものが多かった。しかし，今ではほとんどのウェブサイトがシンプルな HTML ベースのものとなっている。そして，2020 年 12 月，現在の開発元である Adobe よりついに Flash Player のサービス提供終了がアナウンスされた。ここに来て，ついに実験的なインタラクティブ表現としてのウェブサイトの使命は名実ともに終わった，といえるのかもしれない。

さて，時代は戻るが，世紀が変わってしばらく経った 2004 年のある朝，人気漫画『スラムダンク』の登場人物たちを描いた新聞広告が主要新聞 6 紙に掲出された。作家，井上雄彦氏本人による一億冊感謝記念広告である。この 15 段広告がまるで作家直筆のリトグラフ作品のようで，全国のファンたちはこぞって各紙を購入しそのバリエーションを楽しんだ。そのうえで，紙面に記載された URL から『スラムダンク』のキャンペーンサイト（図 2）に誘導されたファンたちは，物語の最後の舞台となったバスケットコートのバーチャル観客席にアバターとなって着席する。

ウェブサイトがファン同士の交流の場になっているのである。現在ではこうしたコミュニティ・サイトの考え方は珍しいものではないが，2004年当時，このサイトにメッセージを残したファンの数8万人というのは驚異的な数字だった。また，このキャンペーンは廃校を利用したイベントとも連動し，従来のマス広告とウェブサイト，そしてライブ・イベントと，リアルとバーチャルをシームレスにつなげたその手法が大きな反響を呼び，2005年，東京インタラクティブ・アド・アワードの最優秀グランプリ作品に選出された。

続いて，翌年の2006年に同アワードのグランプリに選出されたハインツ日本の「KETCHUP REPORT」は，その当時発売されたノズルが下向きに付いたユニークな商品「逆さケチャップ」の体験リポートを動画コンテンツとして格納したウェブサイトで，57人のユーザーのインタビュー動画の面白さやクオリティもさることながら，商品とユーザーをダイレクトにつなぐコミュニティ・サイトとしての機能を高く評価されての受賞となった。

2005年前後はこの「『スラムダンク』一億冊感謝記念広告キャンペーン」や「KETCHUP REPORT」の成功事例も含め，広告業界ではインテグレイテッド（integrated）という言葉がもてはやされるようになった。すでにニューメディアではなくなったデジタル・メディアを特別扱いせず，従来からのアナログ・メディアと組み合わせてホリスティック（全体的かつ包括的）な効果を上げていくことを目的とするキャンペーンのことである。その際，ウェブサイトは広告メディアであるとともにキャンペーン全体の拠り所となって各種メディアをつなぐ，いわばベース・ステーションのような存在であるといえるだろう。この考え方は現在でも変わっていない。

2. ウィジェット，そしてアプリ

2.1. 世界を席巻したウィジェット

1990年代後半にバナーとウェブサイトからスタートしたデジタル広告は，その後，2000年代の前半から中盤にかけて，PC等の各種デジタル・デバイスの機能やユーザビリティの進化とともに発展していく方向と，インターネット時代にふさわしい動画制作の方向の2つに分岐していった。前者はアプリケーション開発へと続いていく系譜であり，後者はいわゆるバイラル・コミュニケーション（クチコミ）と呼ばれる系譜である。

図3　UNIQLOCK

株式会社ユニクロ提供。

ウィジェット，あるいはブログパーツという言葉もすでに今は昔の感があるが，現在のようにSNSによるコミュニケーションがスタンダードになる以前，個人の情報発信のメイン・ステージはブログで，当時でいうウィジェットとはブログ等に貼り付けてPC上で常時動き続ける簡易版アプリのことである。

2008年，このウィジェットから生まれた作品が世界中から大喝采を浴びた。ユニクロの「UNIQLOCK」である。この年，カンヌ，クリオ，ワンショー，東京インタラクティブ・アド・アワード等でグランプリを総ナメにしている。

さて，2000年代後半からデジタル広告の分野で頻繁に使われるようになったキーワードの1つに「ユーティリティ（役に立つ）」という言葉があるが，それは，これからの広告は発信者が自らのメッセージをいかに魅力的に相手に伝えるかだけではなく，その広告コンテンツがユーザーの日常にとっていかに役に立つものであるか，そうした視点こそが肝要という考え方である。

このユーティリティの課題をみごとに解決したのが「UNIQLOCK」であった（図3）。その名の通り「UNIQLOCK」はデスクトップ上で常時閲覧できる時計である。10秒のうちの5秒間は役に立つ（あるいはジャマにならない）シンプルな時刻表示，そして残りの5秒間，女性たちがユニクロの商品でコーディネートされた服を着てダンスを踊る。商品説明もコピーもナレーションもいっさいなし。ノン・バーバルに音楽と身体表現だけでコミュニケーションする潔さと楽しさが話題になって世界中で最終的に1億2000万人ものユーザーが利用したといわれている。機能的かつスタイリッシュ，その上ユーモアのセンスもある。たとえば，真夜中のスリープモード等，いくつかの時間帯には特別なバージョンがインサートされ，24時間ずっと見続けていても飽きることがない。まさにユーティリティとエンターテイメントの融合である。

カンヌではチタニウム部門でのグランプリ受賞となった。チタニウムとは2005年に新設された既存の部門の枠にとらわれない先進的で統合的なキャンペーンに授与されるアワードで，この部門のグランプリ作品はその年のすべての部門のなかで最も評価された広告キャンペーンだといっても過言ではない。

その後，続編の「UNIQLO CALENDAR」も制作された。こちらは日本各地の天気予報を表示するデスクトップカレンダーで，定点カメラでさまざまな場所の風景や人の動きを24時間撮影し，それをタイムラプス映像にしている。モーリス・ラヴェル作曲の「ボレロ」のリズムとともにトイ・カメラ風に加工されたその動画を眺めていると，意図的な（広告的な）演出などなくとも，ドキュメントの力だけで十分魅力的なコンテンツ制作が可能であることが実感できる。

2.2. ユーザーの役に立ってこそのアプリ

この「UNIQLOCK」や「UNIQLO CALENDAR」で培われたユーザー・インターフェイスの考え方が，その後のタブレット，スマホ時代の到来（iPhoneの発売は2007年）とともに現在の各種アプリケーションにおけるクリエイティブ表現へと結実していく。アプリ広告というとアプリ内で配信される広告を意味する場合が多いが，ここでは，アプリそのものの機能開発とそのクリエイティブ・アイディアで企業ブランディングを成功させた事例をいくつか紹介しておきたい。

まずは，ドミノ・ピザ ジャパンの「Domino's App」である。このアプリはスマホのGPS機能と連動して，いつでもどこでも（たとえば屋外の公園からでも）ピザが注文でき，その場所までの配達を可能にしてくれるものである。まさに役に立つ便利な機能と，さまざまなレジャー・シーンにおける新しい食文化の提案を実現したデジタル広告で，2011年のカンヌ，プロモ&アクティベーション部門で受賞をしている。

あるいは，トヨタ自動車の「Backseat Driver」。こちらもGPS機能をうまく使ったアプリで，車の後部座席（backseat）に座った子どもが運転席のパパやママといっしょに実際に走っているコースと同じ道をゲーム感覚でドライブできるというもの。若年層の車離れに対するマーケティング施策の１つとして幼少期の頃から車に慣れ親しんでもらうべく子ども向けに開発されたアプリである。この作品は2012年のカンヌ，モバイル部門で金賞を受賞している。どちらも役に立つ機能とエンターテイメント性の両立に成功したアプリ広告（というよりも，アプリそのものの開発）の事例である。

従来のアナログ広告においては「AIDMAの法則（attention, interest, desire, memory, action）」に象徴されるように，いかに魅力的な表現でオーディエンスのアテンション（興味喚起）を図れるかが広告制作者の最大の関心事でありミッションであったが，デジタル・コミュニケーションの時代になると，ユーザーの日常生活にとって役に立つ機能とアテンションの両立こそが最重要課題となった。それを最初に実現したのがウィジェットの「UNIQLOCK」や「UNIQLO CALENDAR」であり，それが現在のタブレットやスマホ上での多種多様なアプリ開発とクリエイティブ表現の充実へとつながっていくのである。

3. バイラル・ムービー

3.1. 広告産業の構造を変えた動画

2000年代半ばからのもう１つのデジタル広告の流れとして，インターネット時代に相応しい動画によるバイラル・コミュニケーションがある。バイラル・コミュニケーション，つまりはクチコミのことである。ちなみに，欧米ではviralよりもword of mouth（WOM；第6章も参照）と呼ばれる場合が多い。

ユーチューブの設立は2005年だが，その前後からインターネット上での動画広告の配信が活発化し，テレビ広告を凌ぐ話題作が次々と誕生していった。海外におけるバイラル広告の成功例として最も有名なのは，2001年から2002年にかけて配信され，2003年のカンヌでグランプリを獲得した（前述のチタニウム部門創設のきっかけとなった）BMW Filmsのネット上の短編映画「The Hire」であろう。このキャンペーンは広告のメディア費とクリエイティブ制作費の比率を逆転させた事例としても注目された。インターネットは従来のペイド・メディアのような多額の媒体費が不要のため，その分，クライヴ・オーウェンやマドンナといった大物俳優やアーティストが出演し，ガイ・リッチーや王家衛（ウォン・カーウァイ）が監督をつとめるなど，ハリウッド映画なみの予算を制作費にかけることが可能となったのである。

あるいは，バーガーキングの「The Subservient Chicken（従順なるニワトリ）」。覗き部屋を彷彿とさせる部屋にガーターベルトを着けたニワトリが一羽（もちろん着ぐるみである）。ユーザーがPC上でいくつかのコマンドを入力すると（「ソファに座れ」「羽ばたきしろ」「踊れ」など）その通りに従順に演技するビデオ映像が流れる。現代の感覚からすれば簡易なAIプログラムでも搭載されているようにもみえるが，実際は単純な条件分岐によるものである。予想されるコマンドに合わせて事前に数種類の演技を撮影しておき，それをテキストでリンクさせているだけのこと。ゆえに答えることのできないコマンドもたくさんある。でも，その際のニワトリの仕草がユーモラスで世界中に旋風を巻き起こした。この作品は，2004年のカンヌ，サイバー部門のバイラル・マーケティングで金賞を受賞している。

3.2. ユーザーとともにつくるバイラル・ムービー

日本では，こうしたバイラル・ムービーは欧米ほど大きな潮流にはならなかったが，登場したてのユーチューブを積極的に利用し，2007年のカンヌで受賞したナイキジャパンの「Nike Cosplay」はその代表作の1つであろう。秋葉原を舞台に普通の会社員がカラフルなレンジャー部隊とバトルを繰り広げる映像で，カスタマイズ可能なNIKEiDスニーカーの世界観をコミカルに描写している。

そして，その2年後の2009年に金賞を受賞した相模ゴム工業の「LOVE DISTANCE」（図4）は，カンヌ伝統のフィルム部門での受賞でありつつバイラル・ムービーの特性をもあわせもったネット時代にふさわしい映像の代表作となった。遠距離恋愛をしている2人が1000㎞離れた場所からお互いを求めて走り出す。距離計が1000㎞（10億㎜）から少しずつカウントダウンされていく。1カ月後，ついに2人の距離は0㎜に。抱き合う2人。ところが再び距離計は0.02㎜に戻って，「それでも，愛に距離を。」「世界最薄コンドーム」というコピーで終わる。

完成された映像自体は従来型のクリエイティブ文脈であるが（意外な展開を経由して最後にコピーでオチがつく），出演者の2人は実際のカップルで，彼と彼女の日常と互いへの熱い想いを1カ月かけてドキュメンタリーとして撮影し，

図4　LOVE DISTANCE

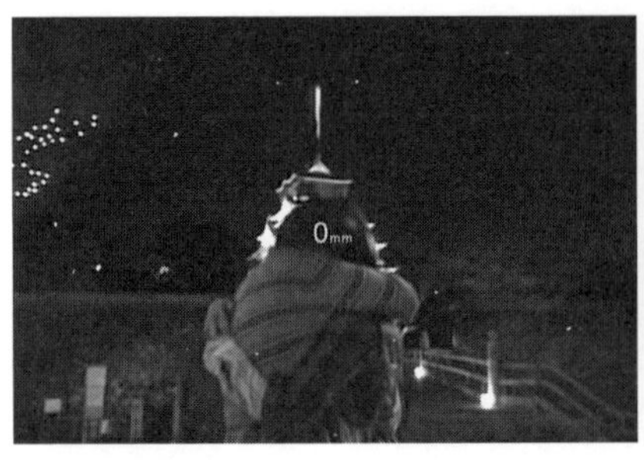

相模ゴム工業提供（サガミオリジナル002グローバルキャンペーン「LOVE DISTANCE」；明度などを一部加工）。

それが常時キャンペーンサイトに掲載されていく。サイトには毎日走り続けるふたりの映像のみならずメールでのやりとり等も公開され，それに対してオーディエンスが応援メッセージを送ることも可能な設計になっている。ちなみに，このキャンペーンでは広告を拡散させるためのペイド・メディアはCM以外ほとんど使用されていない。そのテレビCMも，認知や誘引のためのメディアというよりはむしろ，日々ウェブサイトで成長していくコンテンツの発表の場としての意味合いが強いように感じられる。

バイラル・ムービーというのは，それを載せるメディアによって規定されるべきカテゴリーではない。それがユーチューブであろうと自社のウェブサイト上であろうと，あるいは従来からのテレビのCM枠であろうと，オーディエンス（=ユーザー）とともにクリエイティブ表現を考えていこうという姿勢が，結果，バイラル（クチコミ）効果の高いデジタル広告を生み出していく。

日本人の80%近くが日常的に利用するようになったインターネット。人々はそのネットワーク上で得た情報をもとにさまざまなアクションを起こしていく。家のリビング・ルームでみるテレビCMや街で見かける屋外看板で紹介されている商品よりも，自分が共感する人がSNS上で紹介する商品のほうを信じて購買する時代なのかもしれない。そのためのバイラル（クチコミ）効果をいかにして設計するか。2000年代後半，広告クリエイターたちの最大の関心と苦悩はこの点にあった。

4. データ・ビジュアライゼーション

4.1. データを可視化するためのアイディア

さて，2010年を過ぎた頃からビッグデータという言葉がビジネスの現場を含め，さまざまな分野で頻繁に使われるようになった。日々，蓄積されていく生活者のさまざまな行動に関する大量のログ・データを，テクノロジーの進化によって精緻に管理・解析できる時代になったのである。そしてこの変革は，クリエイティブ表現のあり方にも大きな影響を与えることとなった。

従来のクリエイティブは，特定のクリエイターが自分の感受性をもとに編集のセンスを駆使して，事実にフィクションを加えながら相手の心を動かす文脈（コンテキスト）を考案することにあった。しかし，「事実は小説よりも奇なり」という諺もあるように，フィクションを加えなくともこの世界には魅惑的な物語が無数に存在している。膨大で多種多様な（それゆえ個性的な）リアル・データ。それらはいったいなにを物語っているのか。その解析・編集方法，見せ方のアイディア次第で，事実だからこそより真摯なメッセージ，より意外性のあるメッセージをデザインすることも可能となる。それがデータ・ビジュアライゼーション（データの可視化）である。

このデータ・ビジュアライゼーションを駆使したデジタル広告の代表例が，本田技研工業の「CONNECTING LIFELINES」と「Sound of Honda / Ayrton Senna 1989」である。

まずは，2012年のカンヌでチタニウム・ライオン（グランプリ）を受賞した「CONNECTING LIFELINES」。2011年3月11日の東日本大震災の直後，東北地方の多くの道路が通行不能となり救援物資の輸送に困難を極めた。その有事の際に，いま使えるルートはどこなのか，どの道が復旧したのかをホンダのインターナビの地図上にリアルタイムに可視化してみせたのがこの「CONNECTING LIFELINES」である。特別に目を引くアート・ディレクションが施されているわけではない。しかし，復旧された道路が次々と画面上にアップデートされていく様子を眺めていると，まるでわれわれの体内に血流が再び流れ始めていくような，インターネットの力でわれわれの明日からの道標，まさにライフラインそのものが現れてくるような印象を受ける。企業のCSR (corporate social responsibility) 活動にとって最も大切なこととはなにかを深く考えさせられた作品である。

そして，2年後の2014年，同じくチタニウム・ライオン（グランプリ）を受賞した「Sound of Honda / Ayrton Senna 1989」。この作品は，かつてアイルトン・セナが残したサーキット走行のサウンド・データを可視化して現代に蘇らせようとするプロジェクトである。しかも，その再現の場所にあらためて実際の鈴鹿サーキット場を使っている。セナも，セナが運転するレーシングカーもサーキット場には存在していないが，そのサウンド・データで照明装置をプログラミングして，サーキット場をデータ・ビジュアライゼーションのキャンバスに変えている。

あるいは，インテルのフェイスブックと連動したブランディング・サイト「The Museum Of Me」。こちらも2012年のカンヌで金賞を受賞しているが，ここで可視化されるのはユーザー自身がフェイスブックに投稿したたくさんのテキストや写真群，そして友人たちの顔写真である。それらが自動生成されモダン・ミュージアムのような空間のなかにアート作品として展示されていく。ゆえに，「The Museum Of Me」。美術館内には自身が投稿したもの以外にも各種オブジェやピクトグラム等が設置され，空間全体の設計に手抜きがない。そこにアンビエントな音楽が加わってゆったりとした時間の流れる大人の回遊空間になっている。そして最後に「Visualize Yourself」のタグライン。デジタル・コミュニケーションの本質であるデータ・ビジュアライゼーションとはなにかを，われわれにダイレクトに問いかけてくるコピーである。あなた自身を可視化しよう。あなた自身がメディアであり表現なのだと。

4.2. リアル・データこそがクリエイティブの主役

さて，こうしたデータ・ビジュアライゼーションを用いたデジタル作品の源泉は，2004年のNECの「ecotonoha」までさかのぼることができるだろう。2004年のカンヌ，サイバー部門で日本初のグランプリとなったこの作品はその後のデジタル広告が向かっていくデータ・ビジュアライゼーションのあり方を世界に問う先駆けとなった。環境問題のエコとコトノハ（言葉）を重ねてエコトノハ。古来より人々は樹木の葉に言葉を書き，それが手紙や葉書の由来となったといわれている。「ecotonoha」のサイト（図5）では，ユーザーが環境

図5　ecotonoha

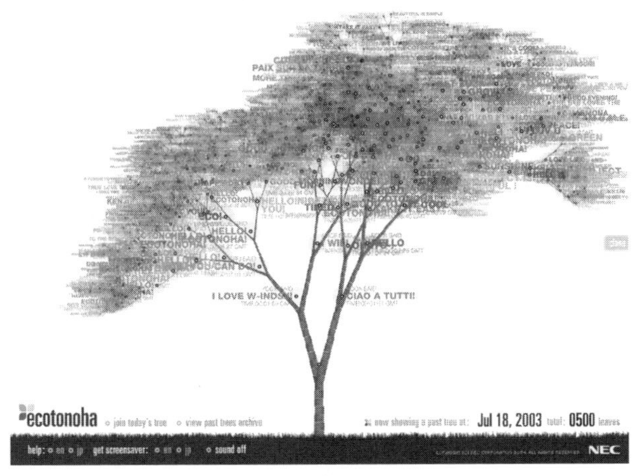

問題についてのさまざまなメッセージを入力すると，それらが即座に言葉の枝葉となって可視化され，世界中の人々のコトノハの力によって樹木が生長していくさまをリアルタイムに確認することができる。また，ユーザーの参加回数が一定数に達すると実際の植林活動も行われ，NEC の環境問題に対する真摯で実践的な企業広告にもなっている。

従来メディアのクリエイティブ表現においては，データはあくまで裏方に徹するものであった。クリエイターたちはデータのなかから課題解決やブランディングのための糸口になる発想のヒントを探しだし，そこからジャンプすることでユニークな広告アイディアをつくり上げてきた。しかし，デジタル・コミュニケーションの時代においては，データそのものがクリエイティブ表現の主役となる。それらを可視化し，優れたユーザー・インターフェイス・デザインをつくり出すことにクリエイターたちは叡智を絞る。データはそのままでは単なる数字や記号の羅列にすぎない。でも，それが卓越したアート・ディレクションで可視化された途端，われわれの日々の行動とその痕跡は有事の際のライフラインになるし，あなただけのアートにもなる。あるいは，環境問題に対するリアルなアクション・シンボルにもなるのである。

5. メディア・クリエイティブ

5.1. メディアはクリエイティブの器ではない

ここまで，1990年代の後半から現在に至るまでのデジタル広告の歴史を概観してきたが，この四半世紀の間に，デジタル広告のメイン・ステージとなったデバイスや各種ツール，プラットフォームの形態はハイスピードに変化していった。そしてそれに伴い，クリエイティブ表現のあり方にも大きな変容が起こっている。インターネットはパーソナルなメディアでありその本質は双方向性（インタラクティビティ）にあるが，同時に，いまや国内で1億人，世界で40億人が利用する巨大マスメディアへと成長を遂げた。人々はこのインターネットを駆使して日々大量のデータを受発信し，それらを世界中の人々と共有し続けている。こうした状況にあって，クリエイティブはもはや既存の枠組みのなかの表現として考案するべきものではなく，メディアと一体化して考案し開発すべき時代が到来しつつある。

メディア（メディウム）とは，元来は「媒介するもの」「中間にあるもの」という意味であるが，広告における従来のメディアの概念は，「マスコミ四媒体（新聞・雑誌・ラジオ・テレビ）」という言葉を思い出せばわかるように，表現を媒介し掲載するためのものであった。美術館の白壁に額縁に入れた作品を展示するように，新聞15段広告やテレビCM 30秒といった既存のスペースに表現を載せていくのである。しかし最近では，このメディアとクリエイティブの関係を一変させる事例が増えてきている。

たとえば，前節で取り上げた「Sound of Honda / Ayrton Senna 1989」。この作品の本質は鈴鹿サーキット場そのものをメディア開発し，同時にそれがクリエイティブ表現そのものになっていることである。

あるいは，海外の事例だと，2017年のカンヌでグランプリを受賞したオーストラリアの交通安全協会TACによる「MEET GRAHAM」。これは過去の数々の交通事故データを解析して，そのあらゆる場合にも死ぬことがない人間の肉体を設計したらどうなるかを可視化したプロジェクトである。その結果，世にもグロテスクな造形ができあがる。これを最終的にアウトプットしたのはオーストラリアの女性アーティスト，パトリシア・ピッチニーニで，交通安全キャンペーンを現代アートと呼んでも差し支えないメディア&クリエイティブに仕上げている。

いずれも最先端のテクノロジーとモダンアート発想が結実した作品だが，それらが必須というわけではない。たとえば，2010年にカンヌで入賞したコカ・コーラの「Happiness Machine」は，コインを入れると，もれなくおまけのコーラやピザが出てくるベンダー開発プロジェクトであるが，実際は，壁の裏側に潜んでいる人が手作業でサービスを提供しているだけのきわめてアナログな装置である。しかし，清涼飲料水にとって定番の販売メディアである自動販売機を「人を幸せにするマシーン」に転換したクリエイティブ発想が評価され，世界中で話題となった。

こうした傾向の要因の1つは，広告費の比率が従来のマスコミ四媒体からインターネットやプロモーション分野といった特定のペイド・メディアをもたない媒体にシフトしたことにもあるが，その根底には，この四半世紀の間のデジタル広告の出現とその劇的な発展によって，広告の概念そのものが大きく変化してしまったことにあると考えられる。

5.2. クリエイティブがメディアをつくる

もはや大衆に向かって「広く告げる」時代は遠い過去のものとなった。いまや，コミュニティごと一個人ごと，あるいはindividualだったはずの一個人のなかにも複数存在する分人（dividuals）ごとに，しかも，時と場所，環境に応じてコミュニケーションのあり方をフレキシブルに変化させながらユーザーに体験デザインを提供していくことが求められる時代であり，それを可能にしたのがインターネットを基盤としたデジタル・テクノロジーの劇的な進化である。

繰り返しになるが，インターネットとは元来はパーソナルなメディアであり，その本質は双方向性（インタラクティビティ）にあるが，いまや巨大なマスメディアへと発展を遂げた。パーソナルなメディアであると同時にマスメディアであることの共時性，両義性が，従来は対峙関係だったはずの発信者と受信者の関係，さらにはメディアとクリエイティブの関係をシームレスに，あるいはunframed（枠なし）に変えていく。

その最たる例が，AIGジャパンの「#DiversityIsStrength」であろう。ニュージーランドのラグビーチーム「オールブラックス」と「ブラックファーンズ」

のユニフォームは一見したところ黒一色。けれども，選手たちがそれを手で引き伸ばすとそこからレインボー・カラーが広がって，あらゆる差別問題に対する社会的なメッセージを発信するメディアに変貌する。ここではユニフォームの素材開発そのものがメディアであり，ART & COPY の表現となっている。2019 年のカンヌで銀賞を受賞した作品である。

こうしたプロダクト開発系広告の起源は，海外の事例では，2007 年のナイキとアップルのコラボ「Nike+ GPS」，および 2012 年の「Nike+ FuelBand」（どちらもカンヌでグランプリ受賞）にさかのぼることができるだろう。「Nike+ GPS」はランニング・シューズにセンサーを埋め込み iPod と連動させてランニング・データを仲間と共有することを可能にしたもので，「Nike+ FuelBand」はそれをさらにリスト・バンドに進化させたデジタル活動計である。

ナイキの事例のような商品としてのプロダクト開発は言うに及ばず，「#DiversityIsStrength」では，従来ならばプロモーション分野の一アイテムにしか見なされなかったであろうユニフォーム等の素材開発が広告ブランディングのためのメディアとなり，文字通り「#DiversityIsStrength」というクリエイティブ表現そのものになっているのである。

おわりに：あらためて「メディアはメッセージである」

デジタル・テクノロジーの劇的な進化によって，新しいメディアが新しいクリエイティブを創造し，新しいクリエイティブが新しいメディアを創造する時代となった。メディアはクリエイティブであり，クリエイティブはメディアである。

しかし，こうした考え方はなにもいまに始まったものではない。メディア学者 M. マクルーハンはすでに 1964 年の時点で *Understanding Media: The Extensions of Man*（日本語版 1987 年）において，「The medium is the message.」，メディアとはメッセージ（表現）そのものである，と述べている。そして，この考え方はメディオロジー学へと受け継がれていく。メディオロジー（mediology）とは，フランスの哲学者 R. ドブレや D. ブーニューが提唱した考え方であるが，メディアの概念をよりいっそう社会的かつ技術的な側面まで深めたものである。

繰り返しになるが，メディア・クリエイティブ的な発想は決して新しいものではない。マクルーハンの思考（あるいは予言）がようやくインターネットの成熟期を迎えたいま，広告コミュニケーションの現場においても本格的に浸透し始めたと考えるべきなのかもしれない。

ところで，現代美術の分野でよく使われる用語に「メディア・アート」という言葉がある。新しいメディアを使ったアートといった意味合い程度に使われる場合もあるが，現状のメディアのコンディションを疑いつつ，それを変貌させるための表現を考え続ける行為こそがメディア・アートだと定義しても差し支えないだろう。

広告の分野でわれわれがメディア・クリエイティブというとき，それは現代美術の分野でのメディア・アートの考え方と交差し合う。もちろん，常に世の中に新しい問題を提起し続けるアートと，商業目的で実利性の高いソリューション（課題解決）を求められる広告が同じ志向性をもっていると考えるのは早計かもしれないが，実際に，メディア・アーティストと呼ばれるクリエイターによって制作されたデジタル広告は数多い。「データ・ビジュアライゼーション」や「メディア・クリエイティブ」の節で紹介した「CONNECTING LIFELINES」や「Sound of Honda / Ayrton Senna 1989」はその最たる例である。

インターネットの成熟の過程とともに歩み続けてきたデジタル広告は，この四半世紀で1つの「歴史」を形成していった。それを狭義な意味での各種メディアの変遷，テクノロジーの進化として概観するのはたやすいが，この25年間の「歴史」は「広告」の概念そのものを変える「歴史」だったと捉えるべきであろう。それほどにインターネットの成熟とデジタル・テクノロジーの進化，それに伴う各種プラットフォームの進展は広告コミュニケーションに絶大な影響を与え続けてきた。もちろん，このことを素直に恩恵と呼ぶこともできるであろうが，反面，われわれは人々と情報や感情を「共有する」ためには自らのプライバシーを引き換えにしなくてはならないし，劇的に進む表現技術のコモディティ化のなかで自らのクリエイティビティの存在意義を根本から問い質す必要に迫られている。

そして2020年，2021年。われわれはいま，人と人とのコミュニケーションのあり方そのものについて根本から問い直さなくてはならない状況に追い込まれている。やはり，人は自らの身体性を逃れて思考することはできないのか，あるいはできるのか。リアルな身体を介さずして人に想いを伝えることはできないのか，あるいはできるのか。そんなことを自問自答しながら，2021年の2月，音声SNSの「クラブハウス」があっという間に世界中を席巻しつつある状況を目の当たりにしたとき，かつてマクルーハンが，『メディアの法則』のなかでメディアの機能を指し示した「テトラッド」の概念（強化，衰退，回復，反転）を思い出した。最も新しいメディアである「クラブハウス」体験は，最も伝統的なメディアの1つであるラジオのそれと酷似しているのである。テクノロジーの力によってクラシックなものは「回復」し「反転」するのである。

さて，これからの新たな四半世紀，デジタル・テクノロジーは，われわれの思索を，思考を，さらにどこへと導いてくれるのだろうか。

＊　本章の執筆にあたっては，クリエイティブ・ディレクターの杉山恒太郎氏による日本経済新聞紙面での「世界を変えたネット広告 十選」（国内編は2020年の5月20日より，海外編は2021年の5月14日より）の連載に伴い，その電子版の作品解説で筆者（大岩）が執筆したものの一部を改編し引用した箇所がいくつかあるが，デジタル広告四半世紀の歴史をクリエイティブとメディアの視点で俯瞰し直す機会を与えてくださった杉山恒太郎氏（現・株式会社ライトパブリシティ代表取締役社長），そして日本経済新聞社のスタッフの方々にこの場を借りて感謝の意を表したい。なお，本章は，東京経済大学コミュニケーション学会発行の大岩［2019，2021］の原稿の一部も改編し，引用している。

引用・参考文献

CANNES LIONS https://www.canneslions.com

D&AD https://www.dandad.org

ドブレ，レジス（西垣通監修／嶋崎正樹訳）［1999］『メディオロジー宣言（レジス・ドブレ著作選1）』NTT出版

電通広報局［2020］「2019年 日本の広告費」https://www.dentsu.co.jp/news/release/pdf-cms/2020014-0311.pdf

電通広報局［2021］「2020年 日本の広告費」https://www.dentsu.co.jp/news/release/pdf-cms/2021012-0225.pdf

博報堂広報室［2002］「2002年度カンヌ国際広告祭・サイバーライオン部門で金賞受賞」https://www.hakuhodo.co.jp/uploads/2011/09/20020628.pdf

本田技研工業［2012］「Hondaインターナビ『CONNECTING LIFELINES』～震災後20日間の『道の記憶』～が『東京インタラクティブ・アド・アワード』でグランプリを受賞」https://www.honda.co.jp/news/2012/4120723b.html

本田技研工業［2014］「『Sound of Honda / Ayrton Senna 1989』がカンヌライオンズ 国際クリエイティビティ・フェスティバルにてグランプリ受賞」https://www.honda.co.jp/news/2014/4140623.html

自由国民社「『現代用語の基礎知識』選 ユーキャン新語・流行語大賞（第 12 回）」https://www.jiyu.co.jp/singo/index.php?eid=00012
KOO-KI "NIKEiD「Cosplay」" https://koo-ki.co.jp/works/detail/nike_cosplay
マクルーハン，マーシャル（栗原裕・河本仲聖訳）［1987］『メディア論——人間の拡張の諸相』みすず書房
マクルーハン，マーシャル＝エリック・マクルーハン（高山宏監修／中沢豊訳）［2002］『メディアの法則』NTT 出版
MEETGRAHAM "PROJECT GRAHAM 'VIEW GRAHAM IN 360°'" http://www.meetgraham.com.au/view-graham
NEC［2004］「NEC の ecotonoha（エコトノハ）がカンヌ国際広告コンクールでグランプリを受賞」http://www.nec.co.jp/press/ja/0406/2501.html
日本インターネット広告推進協議会（日本インタラクティブ広告協会）［2005］「第 3 回 東京インタラクティブ・アド・アワード受賞作品発表 グランプリは井上雄彦氏『スラムダンク』に決定！」https://www.jiaa.org/download/JIAA_awards3_result_release.pdf
日本インターネット広告推進協議会（日本インタラクティブ広告協会）［2006］「第 4 回 東京インタラクティブ・アド・アワード受賞作品発表 グランプリはハインツ日本株式会社『ケチャップリポート』に決定！」http://scs.jiaa.org/dbps_data/_material_/localhost/release/JIAA_awards4_result_release.pdf
日本インターネット広告推進協議会（日本インタラクティブ広告協会）［2008］「第 6 回 東京インタラクティブ・アド・アワード受賞作品発表 株式会社ユニクロの『UNIQLOCK』がグランプリに決定！」http://scs.jiaa.org/dbps_data/_material_/localhost/release/jiaa_awards6_result_release.pdf
面白法人カヤック「Domino's App」https://www.kayac.com/service/client/630
大岩直人［2019］「メディア・アートの向かう先とこれからの広告コミュニケーション」『コミュニケーション科学』第 49 号
大岩直人［2020］「『世界を変えたネット広告　十選』まとめ読み——『カンヌライオンズ』受賞作品から」（作品解説部分）https://www.nikkei.com/article/DGXMZO60011290V00C20A6BC8000/
大岩直人［2021］「現代の広告クリエイティブにおける新・実在論的傾向に関する一考察——自律生成・増殖型クリエイティブとメディアの時代」『コミュニケーション科学』第 53 号
大岩直人［2021］「『世界を変えたネット広告・海外編　十選』まとめ読み」（作品解説部分）https://www.nikkei.com/article/DGXZQOUD274G10X20C21A5000000/
PARTY "Backseat Driver" https://prty.jp/work/backseat-driver
R/GA "Nike+ FuelBand" https://www.rga.com/work/case-studies/nike-fuelband
R/GA "Nike+ GPS" https://www.rga.com/work/case-studies/nike-gps
相模ゴム工業「sagami original 0.02 Global Project『LOVE DISTANCE』」http://www.lovedistance.jp
杉山恒太郎［2018］『アイデアの発見——杉山恒太郎が目撃した，世界を変えた広告 50 選』インプレス
杉山恒太郎［2020］「世界を変えたネット広告　十選」日本経済新聞朝刊文化面（2020 年 5 月 20 日より）
杉山恒太郎［2021］「世界を変えたネット広告・海外編　十選」日本経済新聞朝刊文化面（2021 年 5 月 14 日より）

TBWA\HAKUHODO「AIG ジャパン #DiversityIsStrength」https://www.tbwahakuhodo.co.jp/work/aig-japan-diversityisstrength/
The One Show https://www.oneshow.org
ユニクロ［2008］「『UNIQLOCK』世界三大広告賞を連続受賞！」https://www.uniqlo.com/jp/ja/contents/corp/press-release/2008/06/062313_uniqlock.html
ユニクロ［2011］「日本の四季や伝統を発信するユニクロカレンダー最終回『UNIQLO CALENDAR FINAL』を公開」https://www.uniqlo.com/jp/ja/contents/corp/press-release/2011/02/020211_calendar.html
UNIT9 "The Museum Of Me" https://www.unit9.com/project/the-museum-of-me
WIRED.JP［2021］「ティム・バーナーズ－リーの提言――WWW の誕生から 30 年，インターネットはどこに向かうのか」https://wired.jp/2019/03/25/tim-berners-lee-world-wide-web-anniversary/

第8章　世界の広告クリエイティブ

佐藤 達郎

はじめに：「世界の広告クリエイティブ」を，どこでみるか

本章では，21世紀に入ってから現在まで，つまり2001年から2021年の20年にわたって，世界の広告クリエイティブの潮流を，具体的な事例に触れつつ概観する。

20年にわたる広告クリエイティブ事例をすべてみるとしたら膨大な数となり，到底俯瞰し切れるものではない。効果的に潮流を概観するために役に立つのは，世界的な広告賞受賞作である。なかでも，三大広告賞を越えて「1＋4（1つの際立った賞とそれに次ぐ4つの賞）」の「1」と称されるほど強力な存在感をもつのが，カンヌライオンズである。

カンヌライオンズは2010年までは，「カンヌ国際広告祭」と呼ばれていたが，2011年からはデジタル化に伴う新しい時代に対応して「カンヌライオンズ国際クリエイティビティ祭」へと名称を変更した。通常は「カンヌライオンズ」というオフィシャル・ニックネームで呼ばれるが，「カンヌ」は毎年開催されるフランスの都市名であり，「ライオン」は同賞のシンボルである。

海外事例をみるときに，カンヌライオンズをはじめとする国際広告賞を対象とするメリットは大きく2つある。

1つめは，複雑な施策の内容をコンパクトに把握できることだ。デジタル化が進んで以来，広告クリエイティブは複雑さを増してきた。単純にテレビCM 1本のできや新聞広告1枚のできではなく，たとえばテレビCMとデジタル・メディアをどう関連させるかが勝負になる時代へのシフトを意味する。そうした事例は，とくに海外事例の場合，簡単に内容を把握できない。ところが国際広告賞では，審査のために120秒ほどの事例ビデオと事例ボードにまとめられたものをみることができる。そこには通常，課題とアイディアと実施施策

と結果が述べられている。観察者としては大いに役立つ資料となりうる。

2つめは，どの事例を対象とするべきかという点で現実的なガイド役となりうることだ。国際広告賞というと，ただ単に面白いものや美しいものが評価されると考えている人も多いようだが，実情はまったく異なる。審査員はみな，広告業界をはじめとする関連ビジネス界をリードしている人材であり，何らかビジネスに資する結果を伴う（または伴うだろうと推定しうる）事例しか評価しない。国際広告賞受賞作は，世界の名だたるビジネス・リーダーによるキュレーションを経た事例たちだといえる。

筆者は，2004年にフィルム部門の日本代表審査員を経験し，それ以降，大学教授に転身し研究者となってからも，延べ16回現地を訪れカンヌライオンズのウォッチングと分析を続けてきた。本章ではその経験に基づいたデータをもとにして，この20年の潮流を8つのポイントにまとめ，各節で具体的な事例とともに解説を試みる（紹介する各作品は本書のサポートページから視聴することができる)。第1〜3節は中長期にわたる傾向についてであり，第4〜8節はより具体的な手法的傾向についてのポイントである。また8つのポイントは相互排他的なものではなく，それぞれの事例は複数のポイントにまたがる特徴をもつ。なお，各々の事例はカンヌ国際広告祭あるいはカンヌライオンズでグランプリまたは金賞を受賞（そのうちいくつかは複数受賞）しているものだが，本章では受賞した部門等の記載は基本的に行わず，受賞年度の記載のみとする。

1. 広告からブランデッド・コンテンツへ

1.1. ブランデッド・コンテンツとは何か

まず，20年間の潮流の基礎となる流れとして，「広告からブランデッド・コンテンツへ」[1] について解説していこう。広告は従来，テレビCM 15秒とか雑誌広告1ページとか，マスメディアの広告枠を利用して人々に届けられるものだった。しかし，21世紀に入る頃からデジタルが台頭し，マスメディアの影響力が相対的に低下する事態に陥る。少なくとも発信者である広告主側には，そうした認識が広まった。そうした状況から，広告の発信者側は，マスメディアの広告枠以外の発信方法を模索し始める。それがブランデッド・コンテンツと呼ばれる一連の事例たちだ。

コンテンツ（content）とはもともとは「内容物」といった意味で，記事も番組も映像もすべてコンテンツだといえる。ブランデッド（branded）は，「ブランドによる」とか「ブランドのための」といった意味合いで，ブランデッド・コンテンツとは，ブランドによるブランドのためのコンテンツ（映像や文章）を指す。この場合の「ブランド」は，BMW とかソニーのテレビ「ブラビア」などの商品やサービスのことだ。

原理的に考えれば，従来の「広告」もブランドによるブランドのための映像や文章だから，ブランデッド・コンテンツに含まれると考えられるのだが，ブランデッド・コンテンツという言葉自体は，「従来の広告枠を使わない」ものという意味合いで使われている。つまり，「広告からブランデッド・コンテンツへ」という流れは，「脱・広告枠」の流れと捉えることができる。総じていえば，「広告らしくない，商品のメッセージをあからさまに伝えようとしない，そのような広い意味でのコンテンツ」を，「ブランデッド・コンテンツ」と呼ぶ。

1.2. ブランデッド・コンテンツの歴史的な事例

この潮流の走りとなり大きな影響を与えたのが，アメリカ BMW による「BMW Films」と呼ばれる事例だ。2002 年にカンヌライオンズに応募された BMW Films は，当時，一般的であった「テレビ CM を制作してテレビで放映する」ことをやめて，その予算をすべて，有名監督 7 人による 7 本のショート・フィルムを制作することに使用し，ウェブで公開した。20 数億円の予算のほとんどは，マドンナ，ミッキー・ロークなど大物も出演したショート・フィルム制作費と，そのショート・フィルムの PR に使われた。その結果，公開開始の 2001 年 4〜12 月で 1400 万回もアクセスされ，サイトからは「友だちに知らせる」メールが 300 万通送られるという，当時としては目覚ましい結果を残した。テレビ CM というマスメディアを運搬役とする広告クリエイティブではなく，向こうからみにくることを期待したブランデッド・コンテンツだといえる。

この流れで記憶に残るのが，2006 年ソニー UK（イギリス）が公開した TV ブラビアの 150 秒の映像だ。何十万個というカラー・ボールが，ただ坂道を転げ落ちて行く。時にアップになり，時にスローになり，門柱の後ろに隠れる少年や，倒れるゴミ箱，排水口から飛び出るカエル，道路を埋め尽くすカラー・ボールなど，美しく目を奪うビジュアルが，映し出されていく。この一遍の映像詩の最後に映し出されるのは，ソニーの大画面TVブラビア。メッセージは，「他のどこにもない色（colour like no other）」。ソニーUKの広告なのだ。

テレビCMとしてもわずかながら放映されたが，自社ウェブサイト公開がメインだった。すると，撮影手法についても，CGを使っているのか，まさか本当にボールを落としているわけではないよね，などの噂が醸成される。メイキング・ビデオも公開し，そこには何十万個というスーパー・ボールをサンフランシスコの坂道にバズーカ砲のようなもので落とし，機動隊がもつような透明な盾で自らの身を守りながら撮影に臨むクルーが映し出されている。噂は噂を呼び，ユーチューブでも，当時の作品としては記録的な再生回数を誇った。これだけ魅力のある「ブランデッド・コンテンツ」であれば，人々は，ウェブサイトまでわざわざみにくる。このブラビアの映像で，多くの作り手が，そんなことに気づかされた。

1.3. ブランデッド・コンテンツへの流れを決定づけた「Gorilla」

さらに，2008年のフィルム部門で，キャドバリーの「Gorilla」がグランプリを受賞するに至って，この流れは決定づけられた。フィルム部門は，カンヌライオンズの源流であり，長らく最も重要な部門とされてきた。そのフィルム部門のグランプリは，いわばキング・オブ・カンヌライオンズだと考える人は多い。その栄誉を，テレビではほぼ一度しかオンエアされておらずネットを通じて拡散したブランデッド・コンテンツと呼びうる事例が獲得してしまったのだ。「広告からブランデッド・コンテンツ」への流れを確定的にする象徴的な事例だった（その後，フィルム部門はウェブ動画も対象にするようになる）。

キャドバリーの「Gorilla」は，簡単にいえば，「ゴリラがドラムを叩いているだけ」の90秒の動画だ。商品は，Cadbury Daily Milkというチョコレート。メッセージは，商品スローガンでもある「a glass and a half full of joy（1杯半たっぷりの楽しさ）」のみで，気の利いた捻りもなければ，美しい映像もない。フィル・コリンズというドラマー兼シンガーのヒット曲に合わせて，ただゴリラがドラムを叩いているだけである。

しかし，イギリスで大ヒットした。Cadbury Daily Milkは長年存在する老舗ブランドであり，売上の劇的変化は望めない状況。それにもかかわらず1割近い売上アップを記録し，キャドバリーへの好意度も大幅にアップしたという。この「Gorilla」成功の秘密は，「広告の作法を無視していること」「広告らしいカタチをしていないこと」にあった。その後，ブランデッド・コンテンツへという流れは決定的となっていく。

さらに2013年のオーストラリア・メルボルン地下鉄公社の「Dumb Ways to Die（ひどい死に方の数々）」や2014年のボルボ・トラック（スウェーデン）の「The Epic Split（壮大な開脚）」も有名だが，紙幅の関係から詳細な紹介は控えることとする。

2. 作品としてのクリエイティビティから仕掛けのクリエイティビティへ

2.1. 仕掛けのクリエイティビティへと向かう背景

もう1つ，20年間の潮流の基底となる流れである，「作品としてのクリエイティビティから仕掛けのクリエイティビティへ」についてみていこう。この流れは，第1節の「広告からブランデッド・コンテンツへ」と表裏を成すものといえる。本節では，その背景について少し詳しく述べていきたい。

20世紀は，マス広告にまだまだ影響力があったので，1本のテレビCMや1枚の新聞広告ですばらしいクリエイティビティを発揮することが，そのままブランドの価値を高めることにつながった。だからこそ，1本の「作品としてのクリエイティビティ」が重要視されたのだ。ところが，21世紀に入る頃からはマス広告のパワーが減退し，1本の作品だけでは勝負できなくなってくる。さまざまなメディアや場所を活用した「仕掛けのクリエイティビティ」が重要になり，評価もされるようになっていく。

このことは，顧客接点マネジメントというキーワードでも語られる（嶋村［2006］）。テレビCMも，新聞広告も，雑誌広告も，ラジオCMも，駅貼りポスターも，SNSも，ウェブ動画も，さらにはパッケージも，イベントも，販売員のセールス・トークも，すべてがブランド（商品）と顧客との接点だと考えうる。しかし，限られた予算とスケジュールで，そのすべてを新しく作り上げることはできない。であれば，そのうちの何と何を，どことどこを結びつけて購買へとつなげたりブランド価値を上げようと図るのか，それが顧客接点マネジメントの考え方である。この考え方は，ほぼ同様の内容で，「360°コミュニケーション」というキーワードでも語られている。

2.2. トリプル・メディアという捉え方

こうした状況は，近年ではトリプル・メディアというキーワードで語られることが多い。実は，トリプル・メディアという用語は日本独特の呼び方で，英語圏ではPOEM（POE〔paid，owned，earned〕メディア；第6章のPESOモデルも参照）と呼ばれている[2]。

「トリプル・メディア」は，2009年にアメリカで提唱され，2010年に日本に紹介されたメディア分類概念だが，今日では広告ビジネスの現場にすっかり溶け込み，大手広告会社の提案には必ずといっていいほどこの概念が組み込まれている。

paidはpay（支払う）の過去分詞であり，支払われたメディア，すなわちテレビ広告，新聞広告，交通広告，屋外広告などを指す。オンライン上のバナー広告，検索連動型広告も同様だ。メディア所有者に金銭を支払うことで自社のメッセージを運んでもらう，従来の「広告」に当たるものである。ownedはown（所有する）の過去分詞であり，所有されているメディア，すなわち，自社ウェブサイト，メール・マガジン，SNSでの自社アカウントなどを指す。古くからあるものでいえば，カタログやパンフレット，自社店舗もこれに相当し，つまり事業会社が所有しているメディアだと考えられる。デジタルの時代になり，自社ウェブサイトの重要性が増したことから，注目されるようになった。earnedはearn（稼ぐ）の過去分詞であり，稼がれたメディア，すなわちテレビ番組や記事で取り上げられることや，SNS等でのリツイート（RT）やシェアでのクチコミによる拡散を指している。いずれも事業会社からすると買うのでも所有するのでもなく，「稼がれた」メディアと考えることができるわけだ。

マーケティング・メッセージの乗り物としてのメディアを，発信者である事業会社側からの視点で3タイプに整理し，その組み合わせの重要性を説いた点で，POEMには大きな意味があった。3タイプを並べることによって，われわれが従来「広告」と呼んでいたものは，メディア社に対して対価を支払っている（paidな）メディアなのだとハッキリと意識に上らせることができた。そして，われわれは paid ＝広告だけではなく，owned と earned も同じように視野に入れるべきだと，認識できたのだ。

2.3. 仕掛けとしてのクリエイティビティの代表的な事例

こうした流れのなかで，世界の広告クリエイティブは「仕掛けとしてのクリエイティビティ」へと舵を切っていく。そのなかでも高い評価を得た事例を1つ，紹介しよう。2009 年のオーストラリア・クイーンズランド州観光局による「The Best Job In The World〈世界一幸せな仕事〉」だ。

これは，クイーンズランド州の島々を世界に売るための施策だが，リーマン・ショックによる世界的不況下で観光需要も冷え込むなかで，「島の管理人募集」というコア・アイディアをさまざまな「仕掛けのクリエイティビティ」で世に出した。その管理人の仕事の中身は，「島で，ちょっとした管理とブログ更新をするだけで，半年で 1000 万円もの収入を得られる」というもの。展開は，テレビ / 新聞などはもちろん，ツイッターなどのソーシャル・メディアも駆使した。応募ビデオをウェブで募集し，201 カ国から約 3 万 5000 人が応募した。伝えたい「The Best Place to Visit In The World」というメッセージを，The Best Job に置き換えたコア・アイディアが秀逸で，その展開のみごとさも評価された。

「仕掛けのクリエイティビティ」はその後ごく一般的になっていく。この後に他の項目で取り上げる事例も多くは，なんらか「仕掛けのクリエイティビティ」の要素をもっている。

3. ソーシャル・グッドの奔流，そしてブランド・パーパスへ

3.1. まずソーシャル・グッドというキーワードが席巻した

さらにもう 1 つ，手法論というよりも大きな流れを作ってきた潮流といえそうな傾向についてみていこう。それは，ソーシャル・グッドとブランド・パーパスだ。

2010 年前後からソーシャル・グッド（social good）というキーワードが，カンヌライオンズを席巻し始める。ブランドや広告が，世の中に良いこと（ソーシャル・グッド）をすることこそが広告クリエイティブの役割だし，そのほう

が好意度も上がり，結果として，売上アップにもつながるはずだ，という考え方だ。

筆者が記憶する限り，こうした動きに先鞭をつけたのは，2007年のNEDバンクの事例だ。食料事情の悪いアフリカのある国で，アウトドア広告の看板にソーラーパネルを取り付け，そこで得られた電力で近くの学校の給食を供給した。次の話題作としては，アメリカのメキシカン・フード・レストラン「チポトレ（Chipotle）」のBack to the Startがある。経済合理性を求めて工場で作られる人工的な食材を否定し，われわれは「自然の食材」を使うと宣言した。さらに，2013年には再びアウトドア広告の施策がソーシャル・グッドを体現する事例となった。IBMのスマート・シティというサービスによるもので，「都市をよりスマートにするアイディア募集」のアウトドア広告自体にソーシャル・グッドなアイディアを盛り込んだ。具体的には，アウトドア広告に，休むことができるベンチを取り付けたり，雨宿りのできる簡易的な屋根を取り付けるなどした。こうした事例をはじめとしてその頃は数年間にわたって，多くのグランプリや金賞受賞作にこうしたソーシャル・グッドの要素をもつ事例が選ばれた。

3.2. やがてブランド・パーパスが時代のキーワードに

ところが2010年代後半に入ると，ソーシャル・グッドという言葉はカンヌライオンズではほとんど耳にしなくなり，この潮流の発展形と考えることも可能なブランド・パーパス（brand purpose）が時代のキーワードとなり，カンヌライオンズの人気セミナーでも盛んに語られることになる。

ブランド・パーパスとは，ブランドの存在意義とも訳され，ブランドそのものが何らかの「パーパス＝目的」のために存在するべきであり，広告コミュニケーションもブランド・パーパスを中心に繰り広げられるべきだ，という主張だ。

その最たる例を1つ，紹介しよう。ナイキが著名なタグラインである「Just Do It」導入30周年を記念して展開した2019年の事例「Dream Crazy」である。

多くのスポーツ選手を起用し，制作されたコンテンツも多岐にわたるのだが，最も注目を集めたのは，アメリカン・フットボール選手コリン・キャパニックを起用したものだ。キャパニック選手は，2016年に「起立してアメリカ国歌斉唱をする」ことを差別に反対して拒否し，その後契約を解除され，2年間プレーをしていない元スター選手。このキャパニック選手の起用を巡って，反対派が自分のナイキ・シューズを燃やし，トランプ大統領（当時）がツイッターでナイキ批判をし，当初ナイキの株価は3%下がった。しかし，何人かの著名人がテレビなどでナイキの姿勢を応援し始め，徐々に売上も回復，株価も上昇し過去最高を記録したという。

この事例は，ナイキが自らのブランド・パーパス（存在意義）を強烈に主張したものだと考えられる。ナイキのブランド・パーパスとは，「Just Do It」という形で示されているように，「困難に負けずに，（信じることを）やろう！」ということだ。キャパニックの起用に関しても，何も「政治的発言をしよう」としたのではなく，自らのブランド・パーパスを示すときに活用する対象として，キャパニックが「絶好の」存在だった，ということだろう。

3.3. ソーシャル・グッドとブランド・パーパスはどこが違うのか

では，それ以前に盛んに叫ばれたソーシャル・グッドとブランド・パーパスは，どう違うのか。ブランド・パーパスに比べると，ソーシャル・グッドは「なんとなく社会に良いこと」といった行為であることが多い。対するにブランド・パーパスは，そのブランドに固有のものであり，より先鋭的にならざるをえない。また，世界の分断化が進んだ現在では，文句なしの「社会に良いこと」は少なくなっていて，世の中と関わるときに，立場を鮮明化せざるをえない，という状況もあるだろう。「物言うブランド」と，ブランドの意見表明に賛成する人がそのブランドを購入するという，購買の「投票行動化」と捉えることもできる

またCSR（corporate social responsibility）からM. E. ポーターのいうCSV（creating shared value）への移行という傾向（ポーター＝クラマー［2011］）とも，軌を一にしている。CSR活動は「社会に良いこと」であれば何でも良いが，CSVは「本業と関係のある事柄で，本業の利益に還元されるもの」である。

4. 下手な演出より，ドキュメンタリーが強い

4.1. ソーシャル・エクスペリメントと呼ばれる手法の隆盛

さて，本節からは，個別の手法に近いものを紹介していく。まず目立つのが，ある状況を設定してそこに一般人を参加させ，その反応を描いていくという手法だ。この手法は一種の「社会的な実験」だという解釈から，ソーシャル・エクスペリメント（social experiment）ものなどとも呼ばれる。

広告といえば，笑い方 1 つから商品の持ち方 1 つにまでこだわって，何度も何度も撮り直し，できうる限りの演出を施すのが一般的であった。しかし，デジタル，なかでもソーシャル・メディアの発達により，嘘やフェイクに敏感になった人々は，演出という名の一種の嘘にまで冷ややかな目を向けるようになっていった。

そんなときに広告の送り手が注目し活用したのが，極力，演出を排除した，ドキュメンタリーのパワーだと考えられる。従来も素人を登場させる広告クリエイティブは存在したが，それらの多くは「ドキュメンタリー風」に演出された映像であり，本来のドキュメンタリーではなかった。もちろんソーシャル・エクスペリメントものも，通常 90 秒から 120 秒ほどに編集されているので，そこにある種の演出は入り込む。しかし，一般の人の「生の」反応がフィーチャーされている，という点で，訴求力が上がったこともまた確かだろう。

4.2. ドキュメンタリーの強さを活かした 2 つの事例

この手法の代表的な事例で初期の名作といわれているのが，ダヴの「リアルビューティ　スケッチ（Real Beauty Sketches）」だ。ダヴは，スキンケアや石鹸のブランドで，アンチ・メイクの立場から，「自分自身の美しさに気づこう」という趣旨のリアル・ビューティ（real beauty）キャンペーンを長年繰り広げている。

2013 年の「リアルビューティ　スケッチ」の動画は，FBI で目撃者の証言から犯人の似顔絵（スケッチ）を書く仕事をしている絵描きを呼ぶことから，ストーリーが始まる。何人かの女性が現れ，まず本人が自分について語った内容をもとに（絵描きは本人をみることなく）似顔絵を描く。次に，今度は，他の

人の証言をもとに，同じ人の似顔絵を描く。そして，その2枚を並べてみる。すると，どうだろう？

どれも，本人以外の人の証言をもとに描かれた似顔絵のほうが，美しいのだ。好感がもて，自信があるようにみえる。動画の後半では，本人たちに2枚の絵を並べてみせる。登場した何人かの女性たちは，一様にその差に驚く。なかには，涙を浮かべる女性もいる。そこにダヴからのメッセージが現れる。「あなたは，あなた自身が思っているよりも，美しい」。この動画は，ローンチ後わずか2カ月で全世界で1億1400万回も視聴され，当時の広告関連動画の新記録となる。まさに「ドキュメンタリーの力」を証明する形となった。

さらに2015年には，手法としてひじょうに似た印象のP&Gのオールウェイズ（生理用品）の「#LikeAGirl」が登場する。

日本では2018年までウィスパーという名前で発売されていたこの商品でP&Gは，英語の「Like A Girl（少女みたいに）」が侮蔑的な偏見に満ちた意味で使われ，成人した女性はその偏見に縛られていることが多い，と訴える。そして，そんな偏見に満ちた「Like A Girl」から自由になろう！と，「大人になるきっかけとしての生理」用品に関連した主張を行った。

何をしたのかといえば，何人かの普通の大人に「少女みたいに，闘ってみて」「少女みたいに，走って」と頼み，妙にクネクネと闘い，変な風にヨロヨロと走ってみせるその様子をビデオに収めた。次に，10歳になる前の（つまり初潮前の）少女に同じ要望をすると，彼女たちはまったく異なる反応をみせる。真剣に走り，必死に闘ってみせた。彼女たちのように「Like A Girl」の偏見から自由になろう，われわれのブランドは「Like A Girl」の意味を変えたいのだ，と訴えた。こちらもまた，「ドキュメンタリーの力」を活用することで，大きな評価を得た。その後もこの手法に基づく事例は，数多くみられる。

5. データ活用クリエイティブ

この20年間におけるデータ・テクノロジーの進歩にも著しいものがある。広告クリエイティブの世界でも，このデータ・テクノロジーを活用した事例は，いくつかエポック・メイキングなものとしてみることができる。

印象的だったのは，2014年のブリティッシュ・エアウェイズ（英国航空）による「Magic of Flying」だ。ロンドン繁華街のビルの上層階部分にあるデジタル・サイネージ。そこには小さい男の子が映っている。英国航空の飛行機が上空を通るとその男の子は，頼りない足取りで飛行機を追いかける。男の子の脇には，その飛行機の便名と行く先が表示される。道行く人が見上げると，リアルな飛行機とデジタル・サイネージ上の男の子がリンクして興味をそそられる，という企画になっている。

上空をブリティッシュ・エアウェイズの飛行機が通ると，その飛行機からのGPSデータをキャッチし，自動的に男の子が追いかけ，飛行情報まで表示する。データをベースとしたうえで，「飛行機への憧れ」というエモーショナルなコミュニケーションにつなげることを実現した。

そして，2016年には，INGというオランダ発の世界的金融機関が行った「The Next Rembrandt」，つまり「次のレンブラント」が登場する。

この事例では，オランダの歴史的な有名画家レンブラントの346作品を詳細に分析し，構成の仕方から絵の具の盛り方までをデータ化。そのデータをもとに，最新の3Dプリンターを使ったデジタル・ペインティングによって，「次のレンブラント作品」を，本人の没後347年目に作り出した。この絵は，アムステルダムの美術館に展示され，同時にウェブ上で制作過程を公開し，人々が詳細に見ることができるようにした。

なぜ金融機関がこのようなことをするかといえば，INGは，本業で数々の新テクノロジーを導入し，「最もイノベーティブな銀行」を標榜しているためである。そのINGのビジネス上のビジョンの認知・理解を推進するための施策が，この事例であった。

6. 伝えるだけのメッセージより，アクションを

「演出よりもドキュメンタリー」の項目のバックグラウンドにも通じるのだが，SNSの発達により，人は，多くの言説に疑いの目を向けるようになった。そうした状況では，ブランドがどれだけ一生懸命に発信しても，「どうせ良いこといってるだけでしょ？」とか「いってることとやっていることは合ってるの？」といった反応を招きがちだ。

では，どうすれば良いのか。「メッセージするのではなく，まずアクション

する」というのが，その答えの1つだ。このことは，tellingからdoingへ，という言い方でも語られる。ブランドの主張を声高に語るのではなく，なんらかの行動で示して，SNSでの拡散やニュース等で取り上げられることをめざすやり方だ。

典型的なのは，2016年の「REI」というアウトドア用品店による「#OptOutside」という事例だ。タイトルのオプト・アウトサイドとは，「アウトサイドに行くという別の選択肢」といった意味合いだろう。

アメリカにはブラック・フライデー（黒字になる金曜日）と呼ばれる年末買物商戦の激戦日がある。日本でいえば，年始1月2日や1月3日の感覚だろうか。この激戦日に，REIはなんと全米143店を休業にし1万2000人の従業員たちに「アウトドアに出かけよう」と呼びかけた。「われわれはアウトドア・ライフを大事にする会社だ。自ら行動で示そうじゃないか。」というわけだ。このREIの行動は多くの消費者に衝撃を与え，テレビ番組で取り上げられ，SNSで拡散された。

この事例は，「最大の商機に全店舗を休業にする」というアクションがコアの施策となっている。この休業の実施は，それ自体たいへんな決断が必要だったことが推測できる。かくして，単にメッセージを発するだけでは疑いの目を向けられるような現代でも，一定の訴求力や拡散力が発揮されることとなった。

紙幅の関係で紹介は控えるが，ほかにもこういった「アクション」をベースにした広告クリエイティブがみられるようになっている。

7. 起点創造型クリエイティブの出現──「人々というメディア」の活用

7.1. 人々というメディア活用のための，新しいタイプのクリエイティブ

従来，広告クリエイティブは，テレビや新聞といった「メディア」に掲載され，みてほしい人のもとに届けられた。それがデジタル・メディアやソーシャル・メディアに変わっても，「広告」という形でメディア側に料金を支払って「届けてもらう」形を取るのならば，その構造は変わらない。その構造を踏襲している限り，「予算なり」の届き方しか得られない。とくにマス広告は高額な掲載料を払って広告を載せ届けてもらおうとするのに，その届き方の効率が悪くなり，従来に比べれば，いわば「燃費が低下」した状態が続いている。

であるならば，いわゆる広告メディアを使うのは最小限に留めて，人々に伝わるためのメディアとしてSNSの投稿をメインに考えてみてはどうだろうか，という発想が出てきた。いわばSNSで投稿してくれる人々をこそ広告クリエイティブの運搬役である「メディア」と見立てるのだ。

では，「人々をメディア化」するには，どうすれば良いのか。人々が「自ら」，そのブランドや施策やメッセージについて語ってくれるような「起点」を創造すべきだ。筆者はこの手法を「起点創造型クリエイティブ」と呼んでいる。この考え方に基づいて企画されたと思われる事例を紹介していこう。

7.2. 世界に衝撃を与えたFearless Girl

こうしたやり方の代表例が，2017年，世界的に有名になった「Fearless Girl」だ。Fearless Girlとは，「恐れを知らぬ少女」を意味する。

これは，世界3位の運用規模を誇るステート・ストリート・グローバル・アドバイザーズというアメリカの投資ファンド会社が発売した，「SHE」という新しい株式ファンドの広告コミュニケーション。SHEは，役員に占める女性割合が高いなど女性が活躍する会社の株式ばかりを集めたファンドだ。その商品特性から，広告コミュニケーションのメッセージは，もっと「女性のパワーを知ろう」といったものになる。

そこで，広告メッセージの送り手側は，何をやったのか。金融街ウォール・ストリートそばの，ニューヨーク市が管理する小さな公園に，少女の像を設営した。基本的には，「ただ，それだけ」だ。足元には，「リーダーシップにおける女性のパワーを知ろう！」と書かれたプレートが置かれ，「『SHE』は違いを作り出す。State Street Global Advisors.」と掲げられた。

ここで，もう1つの前提となる事実をお伝えしておく必要がある。ボウリング・グリーンと呼ばれるこの小さな公園には，すでに有名な別の像が存在していた。それは，荒々しい牡牛をモチーフにしたチャージング・ブル。1987年の株式大暴落（ブラック・マンデー）を受け，アメリカ株式市場のパワーの象徴として製作，設置された。見学者が自由に接近できることもあり，毎日，多くの人が訪れる観光スポットになっていた。ブルはオスの牛であり，当然，男性パワーの象徴とも見受けられる。

このチャージング・ブルと対峙する形で，その数メートル先にFearless Girl

像は設置された。2017年国際女性デー前日の3月7日に忽然(こつぜん)と。攻撃的に荒ぶるオスに対峙して，恐れを知らぬ少女は，毅然と立ち続ける。その姿は，またたく間に新たな観光名所となり，多くの人が一緒に撮った画像をSNSに投稿した。当初1週間の予定で設置されたのが，延長を求める声が相次ぎ，後に2018年国際女性デーまでの1年間の設置が決定された[3]。この施策で，ツイッターでは46億回，インスタグラムでは7億4500万回表示され，商品である「SHE」ファンドは347%の増加を記録したという。

ニューヨークの公園に設営した一体の小さな少女像。この少女像が「起点」となりうる要素をみごとにもっていたからこそ，多くの人が「メディア化」し，大きなムーブメントを産み出した。

7.3.「起点」としてのマス広告という新傾向

さて，この「起点」がマス広告である場合も，少なからず存在する。その典型例が，「McWhopper（マックワッパー）」だ。

バーガーキングでは自社のハンバーガーをワッパー（Whopper）と呼ぶのだが，毎年9月21日に世界各地でさまざまなイベントが行われる国際平和デー（Peace One Day）に合わせて，2015年はライバルのマクドナルドに対して，「その日だけはハンバーガー戦争を休止し，ビッグマックとワッパーをあわせた『マックワッパー』を2社共同で販売しないか」と新聞広告で呼びかけた。ウェブ上には，マックワッパーを販売する際のパッケージや店員のユニフォームまで用意したが，マクドナルドの答えは「否」。ところが消費者がこれに反発し，自分でビッグマックとワッパーを買って来て「自家製マックワッパー」を作製。次々にソーシャル・メディアに投稿を始めて大評判になる。結果，バーガーキングの購入意向は25%増加したという。

この事例なども，「マックワッパー」という消費者が乗っかりやすい素材を，新聞広告という「起点」を作ることで，みごとに「世の中ごと化」させた起点創造型クリエイティブの一例といえるだろう。

8. メディア概念の超拡大。人が集まるところに，広告を

8.1. メディア概念の拡大は「超」がつくほどに進んでいる

もともと広告主側が，高い掲載料を払ってまでマスメディアに広告を掲載していたのは，そこが「人が集まるところ」だったからだろう。ところが，21世紀に入り，しだいにマスメディアに人が集まらなくなってきた。

であれば，情報の送り手としては，他に人が集まるところはないか，ターゲットである多くの人にメッセージを届けられる場所はないだろうか，と探し始める。メディア概念をマスメディアからデジタルやソーシャルに拡大するということはずいぶん前から語られてきたが，いまや，さらに範囲を拡げた「メディア概念の超拡大」とでも呼べそうな事例が出てきている。

8.2. 人気ゲームのなかでそのゲームの作法に則ってメッセージを

まず取り上げたいのは，ハンバーガー・チェーンのウエンディーズによる2019年の「Keep Fortnite Fresh（フォートナイトを新鮮に保て）」だ。

ここでウエンディーズが，人が集まる場所として白羽の矢を立てたのは，人気ゲーム「フォートナイト」であった。しかも，どうせその場所に参戦するのであれば，フォートナイト・プレーヤーが喜ぶような形で参戦しようとした。

フォートナイトは，バトル（闘う）系のオンライン・ゲームで，登録ユーザー数が2～3億人を越えているともいわれる，世界的大ヒット・ゲーム。一方，ウエンディーズは，「冷凍肉はいっさい使わない」がモットー。そこでウエンディーズはこの圧倒的人気を誇るゲーム「内」で，ある行動に出る。自社のキャラクターと同じ「赤毛でおさげ」のアバターを使って，ゲーム内のハンバーガー店にある「冷凍庫」を片っ端から752台壊し，ゲーマーたちの間で大きな人気を得て，話題となった。

ウエンディーズがメッセージしたかったことは，「ハンバーガーには冷凍肉を使うべきではない，われわれは使っていない」ということ。そのメッセージを，いわゆるメディアではなく，既存の大人気ゲーム内での行動で伝えたのだ。

20世紀は4マスと呼ばれたマスコミ四媒体（雑誌・新聞・ラジオ・テレビ）しか，ブランドのメッセージの伝達手段（メッセージの乗り物）はほぼ存在しなかった。

21世紀に入り，デジタル・メディアとソーシャル・メディアが新たに加わり，ブランド側は一生懸命にデジタル・メディアやソーシャル・メディアで，メッセージを伝えようと努力してきた。しかし，いまや「メッセージの乗り物」は，いわゆる「メディア」である必要さえなくなった。その解釈は，大きく拡張され，「人気のオンライン・ゲームに入り込む」ということまで考慮に入れる必要が出てきたのだ。

8.3. ライバル会社の店舗でさえ「メディア」と捉えることができる

バーガーキングは，さらに奇抜な「メディア」を考え出す。2019年の「whopper detour（廻り道ワッパー）」だ。前述したとおり，ワッパーとは，バーガーキングの最もスタンダードなハンバーガーのことである。

バーガーキングがやったのは，ワッパーを1セントで買えるアプリを開発，マクドナルド店舗の半径180m以内でのみ1セントでオーダーできるようにしたこと。実際にはマクドナルド店舗「で」オーダーする必要はないのだが，多くの人はマクドナルド店舗に出かけて，そこでアプリを通じて1セント・ワッパーをオーダーし，そこから案内に従ってバーガーキングの店舗にやってきた（つまり廻り道してワッパーをゲットする，ということだ）。

この事例も，「メディア概念の大拡張」の1つとして理解できる。つまり，全米に1万4000店以上あるライバル社のリアル店舗を，自社のモバイル・プロモーション伝達の「メディア」として活用した，というわけだ。その遊び心を面白いと感じ，マクドナルドのドライブ・スルーで「ワッパーください」と発言する客はアメリカで相当数に上ったようだ。結果，過去4年間で最高の来店者数を達成するなど，大きな成功を収めた。

おわりに：世界と日本の広告クリエイティブ，共通の潮流と異なる特徴

ここまで紹介してきた世界の広告クリエイティブの潮流は，日本の広告クリエイティブにも多かれ少なかれ，反映されている。それは，2つの理由による。1つめは，社会とコミュニケーションと購買行動のあり方が，多少の差こそあれ，日本も世界も同様の変化を遂げているからだ。その変化への対処の仕方は，当然，似た傾向を帯びることになる。2つめは，多くの広告クリエイティブの送り手が，その人が優秀な人であればあるほど，海外の事例を勉強して自身の仕

事のヒントにしているから，である。カンヌライオンズの話題作を熱心にウォッチングして自らの業務に活かそうとしている送り手の顔は，たくさん思い浮かぶ。

たとえば，第1節の「広告からブランデッド・コンテンツへ」という流れでいえば，120秒の長尺で感動を呼ぶようなウェブ動画の制作は，日本でも普通のトライとなった。第2節の「仕掛けのクリエイティビティ」の発揮も，すでに日本の広告業界の常識でもある。多くの広告会社はクライアントに対して，「統合型マーケティング・コミュニケーションを提供します」という言い方で，仕掛けのクリエイティビティに基礎をおいた提案をしている。第4～8節の手法についても，日本でさまざまにチャレンジされている。

唯一，第3節のソーシャル・グッドやブランド・パーパスは，ネガティブな反応を危惧する日本の広告主にはそぐわないのではないか，ともいわれてきた。しかしここ何年か，「義理チョコをやめよう」「就活ヘアにもっと自由を」といった形で，「物言うブランド」の広告クリエイティブは増えているし，今後も全体としては増加していくのではないだろうか。

しかるに，グローバルなクリエイティブではあまり見かけない「日本独自」と思われる手法も，いくつか目にし耳にする。筆者が「進化したシズル感型広告」と呼ぶものと，「シリーズ化によってプロモーション広告とブランド広告の両立を図っているもの」などだ。紙幅の関係もあり，ここでは詳しく触れないが，グローバルな広告クリエイティブと日本独自の手法を比較してみることも，興味深いし，得るものも大きいと思っている。

注

1　アカデミックな研究資料としては，佐藤［2008］を参照されたい。

2　佐藤［2020］。以下に続くPOEMの解説も，この論文を参考にしている。

3　その後，場所をニューヨーク証券取引所の近くに移したが，広告メッセージである足元のプレートをはずしたうえで，2021年4月現在，フィアレス・ガールは歴史的な彫像として保存され続けている。

引用・参考文献

ポーター，マイケル・E.＝マーク・R. クラマー［2011］「経済的価値と社会的価値を同時実現する共通価値の戦略」『Diamond ハーバード・ビジネス・レビュー』2011 年 6 月号

佐藤達郎［2008］「広告クリエイティブの，フロンティアを探る。――“広告クリエイティブ”から“ブランデッド・コンテンツ”へ」『広告科学』第 49 巻

佐藤達郎［2020］「トリプルメディアのその先へ――PESO オーダーと POEM2.0」『日経広告研究所報』第 310 号

嶋村和恵監修［2006］『新しい広告』電通

第9章 日本広告学会における研究動向

『広告科学』にみる2000～2020年の動向

石崎 徹

はじめに

本章では，わが国を代表する広告研究の研究者集団である「日本広告学会」が発行する論集『広告科学』掲載の論文，研究ノート，資料，プロジェクト研究報告（以下，論文等）について，2000年発行の第40集から2020年発行の第67集までの28冊を対象とし，おおよそ20年間の広告研究の動向をまとめることを目的とする。

まず，日本広告学会の概要および『広告科学』の編集方針について説明する。次に2000年以前の広告研究をまとめた3つの研究について概要を振り返る。そして，2000～2020年までの『広告科学』掲載の論文等を研究ジャンル別に分類，整理することで，研究動向をまとめていく。

1. 日本広告学会

日本広告学会は，日本の広告研究を最先端でけん引している研究者集団である。『日本広告学会40年史』によれば，日本広告学会は，①広告に関する理論的・実証的研究，②広告に関する内外諸学会ならびに諸団体との連絡，を目的として，1969年12月6日（土），東京・千代田区神田の学士会館で開催の創立総会をもって正式に発足した。2019年には創立50周年を迎えた歴史ある学会である。

1970年に第1回全国大会が開催され，以後，年1回の全国大会が開催されている。他には，関東，中部，関西，九州の各地域部会による研究会，プロジェクト研究への研究助成，広告クリエイティブの研究会，デジタル・シフト研究会，学会賞の授与，学会報の発行などの活動が活発に行われている。さらに研究成果の発表の場として，広告学会の論集『広告科学』を発行している。

2.『広告科学』

『広告科学』は1975年10月10日に第1集が刊行され，論集編集委員会によって，以後年に1〜2冊のペースで発行されている。2000年発行の第40集から表紙のデザインが変更され，同時にレフェリー（査読）制が導入された。2020年に第67集まで発行されている。

『広告科学』で扱う研究領域・方法論としては，次のようなものを想定している。

◎研究領域：広告効果，広告管理，広告媒体，広告表現，広告心理，広告調査，広告史，広告法制・規制，広告倫理，広告教育，広告と消費・流通，広告と経済・経営，広告と文化・社会（環境・福祉・ジェンダー），広告と情報，広告研究方法論，国際広告・国際比較，マーケティング・コミュニケーション，広報，セールス・プロモーションなど。

◎研究方法：経験的・実証的研究，理論的研究，展望・総説，ケーススタディなど。

広告研究専門の学術論集として多くの優れた論文を世の中に提供し，わが国における広告研究の向上に寄与している。

3. 2000年以前の広告研究の動向

日本の広告関連文献をまとめたものとして，小林ほか［1997］の『日本の広告研究の歴史』がある。同書は，4つのパートから構成されているが，part 1は，戦後日本の広告研究の変遷〈総説〉である。part 2は，テーマからみた広告研究で，広告効果の研究，広告媒体の研究，広告表現の研究，広告心理の研究，マーケティング・コミュニケーションの研究について変遷をまとめている。

第二次世界大戦後から約50年間に及ぶ広告関連文献がまとめられているので，日本の広告研究の変遷や進展状況がよく理解できるように構成されている。また文献には多くの翻訳書も含まれているので，アメリカを中心とした広告研究の変遷も同時に把握できる。

吉田秀雄記念事業財団の助成研究をまとめたものが，仁科・嶋村［2000］による『昭和・平成期の広告研究論文――助成研究成果の総括』である。こちらは助成研究論文をテーマ別に分類し，論文のサマリー集を作成している。対象となった助成研究論文は1978年の第12次から1997年の第31次までの441編である。

さらに，それらの論文を21のテーマに分類している。21のテーマは表1のとおりである。そして，1〜14までのテーマを「主要なテーマの展望」として論文のサマリーをまとめている。

より幅広い論集に目を向けて研究動向をまとめたのが，日経広告研究所による「日本における広告研究の系譜」研究会の成果である。まとめ方としては

表1　助成研究論文の分類テーマ

分類番号	テーマ	論文数
1	ブランドと広告の研究	12
2	メディアと広告の研究	26
3	非営利組織の広告の研究	5
4	広告の国際比較	3
5	心理学理論と広告効果研究	30
6	社会心理学理論と広告効果研究	21
7	表現手法と広告効果に関する研究	34
8	広告意識に関する研究	13
9	受け手と広告効果の研究	32
10	消費者行動と広告の研究	47
11	広告法規・規制の研究	17
12	広告費・広告予算に関する研究	12
13	広告・広告物の歴史的研究	10
14	広告と社会・文化に関する研究	31
15	広告効果の研究	34
16	広告の経済学的研究	17
17	企業文化、CI、CC、広報に関する研究	19
18	広告会社、広告主に関する研究	5
19	広告言語に関する研究	6
20	マーケティングに関する研究	20
21	その他	53

（出典）仁科・嶋村［2000］より作成。

「広告効果研究の系譜」として，「概要」「売上 / 市場シェア」「イメージとブランド・エクイティ」「計量モデル開発等」「広告のマクロ的効果」「コミュニケーション」「広告効果の研究動向」がある。他のテーマとして，「消費者行動と広告研究」「広告業についての研究」「媒体計画についての研究」「広告の社会的役割」「マーケティングと広告」「企業イメージ，CI，CC，企業広告の研究」がある。これらのまとめは宮原［2003］を参照されたい。

以上，3つの研究は，今風にいうと「キュレーション・メディア（まとめメディア）」としての役割を果たしている。これらを読み返してみることで，第二次世界大戦後から急速に普及，進化していった日本の広告研究の系譜や展開が手に取るように理解できる。ちょうど2000年（ミレニアム）の頃に，こうした広告研究の過去を取りまとめることが複数行われたことには大変意義深いものがある。

4. 2000〜2020年までの『広告科学』掲載論文の統計

次に2000年以降の『広告科学』第40集から第67集までの掲載論文等の統計を示しておこう。論文等の総数は174本，巻頭言，追悼文，座談会（以下，巻頭言等）が5本，計179本の原稿が収録されている。論文等の執筆者総数は285名，巻頭言等は9名で，延べ執筆者総数は294名である。所属の内訳は大学191名，広告会社・調査会社40名，大学院生40名，研究所118名，海外の大学8名，海外の広告会社2名である。

5. 研究ジャンル別にみた広告関連論文の動向

『広告科学』掲載論文等の分類では，研究ジャンルとして主ジャンルと副ジャンルを設定した。主ジャンルの分類キーワードとしては，広告概念，広告表現，広告媒体，広告費・予算，広告効果，広告産業，広告種類，広告規制・倫理，マーケティング・コミュニケーション，クチコミ，コーポレート・コミュニケーション，マーケティング，その他，である。さらに副ジャンルとして，論文等のタイトルや内容から適宜分類キーワードを設定した。分類した結果は，表2のとおりである。なお，紙幅の関係上，マーケティングとその他に分類さ

表2　研究ジャンル別論文等分類

主ジャンル	副ジャンル	論文等種別	著者	『広告科学』集数	ページ
広告概念	方法論	論文	菅原正博ほか［2002］	43	1-16
			高井俊次ほか［2004］	45	52-73
			福田敏彦［2001］	42	1-15
		特別論文	小林保彦［2006］	47	177-192
		研究ノート	水野由多加［2001］	42	113-122
		資料	巽健一［2004］	45	140-152
	広告教育・研究	論文	趙炳亮［2000］	40	1-12
広告表現	表現	論文	浅川雅美［2002］	43	33-51
			佐藤達郎［2008］	49	1-14
			佐藤達郎［2009］	51	1-16
			佐藤達郎［2010］	53	1-14
			佐藤達郎［2012］	57	1-16
			ピヤ，ポンサピタックサンティ［2008］	49	82-93
			村尾俊一［2016］	62	13-32
			李津娥［2008］	49	29-45
		研究プロジェクト報告	池内裕美・前田洋光［2012］	55・56	51-70
		研究ノート	浅川雅美・岡野雅雄［2012］	55・56	13-24
		資料	伊藤孝一［2000a］	40	203-209
	描写	論文	有馬明恵［2000］	40	77-91
			有馬明恵［2001］	42	71-85
			山中正剛［2000］	40	61-75
		資料	柏尾眞津子ほか［2002］	43	79-97
	制作	論文	加藤雄一郎［2003a］	44	13-25
			河島伸子［2005］	46	30-45
			川村洋次［2004］	45	122-139
			川村洋次［2005］	46	46-61
			川村洋次［2006］	47	33-48
			川村洋次［2009］	50	16-32
		研究プロジェクト報告	岡田庄生・小川豊武［2016］	63	31-42

広告表現	制作	研究プロジェクト報告	川戸和英ほか［2011］	54	99-115
			川村洋次ほか［2013］	58	23-43
			高橋重喜ほか［2007］	48	115-133
			田中洋ほか［2000］	40	243-265
			村尾俊一・佐藤達郎［2016］	63	17-30
広告媒体	テレビ	研究ノート	吉本圭介［2005］	46	90-103
		研究プロジェクト報告	岸谷和広・水野由多加［2008］	49	109-126
	モバイル	研究ノート	植田康孝［2003］	44	101-112
		研究プロジェクト報告	岡崎伸太郎・田中三恵［2010］	52	59-70
			勝倉章博ほか［2006］	47	135-154
	媒体接触	研究プロジェクト報告	広瀬盛一・岡崎伸太郎［2008］	49	173-186
	フリーペーパー	資料	井徳正吾・松井陽通［2009］	50	99-113
	屋外	研究ノート	近藤暁夫［2010］	53	62-73
	エンターテイメント	研究ノート	中川和亮［2012］	55・56	38-50
	プランニング	論文	熊倉広志・大西浩志［2004］	45	1-14
			小迫大ほか［2011］	54	33-49
		研究ノート	益子拓也・坂本真樹［2012］	55・56	25-37
広告費･予算	広告費	論文	小泉眞人［2001］	42	101-111
広告効果	広告表現	論文	浅川雅美・岡野雅雄［2010］	53	31-47
			浅川雅美・岡野雅雄［2016］	62	1-12
			金井明人・加藤雄一郎［2001］	42	87-100
			坂本真樹［2009］	51	17-31
			野澤智行［2000］	40	93-99
			李津娥［2001］	42	59-69
		研究プロジェクト報告	津村将章・福田怜生［2017］	64	21-26
			和田充夫ほか［2001］	42	137-154
			呉伽科・大内秀二郎［2019］	66	15-19
		研究ノート	呉伽科ほか［2016］	62	33-45
		資料	浅川雅美・岡野雅雄［2009］	50	91-98
	消費者行動	論文	浅川雅美・岡野雅雄［2014］	60	1-15
			石崎徹［2003］	44	27-46

広告効果	消費者行動	論文	石崎徹［2005］	46	1-14
			伊藤直史［2000b］	40	45-59
			加藤雄一郎［2001］	42	33-44
			加藤雄一郎［2003b］	44	81-99
			加藤雄一郎［2006］	47	1-16
			加藤雄一郎・往住彰文［2000］	40	29-44
			峯尾圭［2017］	64	1-19
			柳臻亨・金敏基［2000］	40	13-27
		研究プロジェクト報告	碇朋子ほか［2003］	44	179-200
			石崎徹ほか［2011］	54	81-97
			石崎徹ほか［2002］	43	99-124
		研究ノート	泉水清志［2010］	52	47-58
			堀内圭子［2003］	44	113-126
		資料	田中知恵・村田光二［2005］	46	104-117
	ブランド	論文	鈴木宏衛・望月裕［2005］	46	15-29
			竹内淑恵［2004］	45	15-30
			前田洋光［2005］	46	62-75
	インターネット	論文	浅川雅美・岡野雅雄［2011］	54	50-64
			西村洋一［2010］	52	15-30
			根本則明・福田成美［2009］	50	1-15
			福田成美・根本則明［2008］	49	15-28
		研究プロジェクト報告	川上和久・細井勉［2000］	40	229-241
			坂田利康・鷲尾和紀［2016］	63	43-62
			広瀬盛一ほか［2015］	61	29-48
			李景煥・金洛均［2006］	47	155-176
		研究ノート	浅川雅美・岡野雅雄［2013］	59	33-44
			川村洋次・小方孝［2000］	40	181-192
			澁谷覚［2000］	40	173-180
		資料	正田達夫［2000］	40	193-202
			正田達夫［2001］	42	123-135
			正田達夫［2002］	43	67-77
			正田達夫［2003］	44	127-143
			那須幸雄［2003］	44	145-159
	分析手法	論文	鈴木宏衛［2003］	44	1-12

広告効果	分析手法	研究プロジェクト報告	竹村和久ほか［2004］	45	153-172
		研究ノート	柴田仁夫［2012］	55・56	1-12
広告産業	組織	研究ノート	伊吹勇亮［2006］	47	101-112
		論文	唐沢龍也［2016］	63	1-15
	国際	論文	宮麗潁［2007］	48	1-15
		研究プロジェクト報告	金敏基ほか［2001］	42	173-188
			八巻俊雄ほか［2001］	42	155-172
		研究ノート	唐澤龍也［2012］	57	47-60
	地域	研究ノート	五十嵐正毅［2012］	57	33-46
	歴史	論文	竹内幸絵［2018］	65	1-22
		研究プロジェクト報告	土屋礼子・竹内幸絵［2014］	60	17-34
		研究ノート	木原勝也［2012］	57	60-72
広告種類	環境広告	論文	八木田克英・西尾チヅル［2009］	51	50-66
		研究プロジェクト報告	大橋照枝・藤井大拙［2003］	44	161-177
	求人広告	論文	渡邉嘉子［2000］	40	163-172
		研究ノート	川原信宏・渡邉嘉子［2006］	47	126-134
	原子力広告	論文	北田淳子［2006］	47	17-32
			多田恭之・永野光朗［2000］	40	151-162
広告規制・倫理	広告規制	論文	梁瀬和男［2015］	61	1-16
		研究プロジェクト報告	高橋重喜ほか［2000］	40	211-228
	広告倫理	論文	国分峰樹［2006］	47	49-66
			国分峰樹［2008］	49	94-108
			国分峰樹［2010］	53	15-30
			水野由多加［2000b］	40	113-126
		研究プロジェクト報告	中尾麻衣子・国分峰樹［2008］	49	127-149
マーケティング・コミュニケーション	IMC	論文	下村直樹［2001］	42	45-58
			菅原正博［2000］	41	1-13
			松井陽通［2000］	41	15-25
			水野由多加［2000a］	41	27-40

マーケティング・コミュニケーション	IMC	論文	矢嶋仁ほか［2000］	41	41-53
			姜京守［2009］	51	32-49
		研究プロジェクト報告	陶山計介ほか［2010］	52	71-88
		研究ノート	中尾麻衣子［2006］	47	113-125
	SP	論文	田部渓哉［2013］	59	17-32
		研究プロジェクト報告	水川毅・光延洋太［2009］	50	113-132
	人的販売	論文	林英夫［2009］	50	65-78
	プレイスメント	論文	木村めぐみ［2011］	54	16-32
			畠山仁友［2012］	57	17-32
		研究ノート	木村めぐみ［2010］	53	74-88
	ユーザー創造製品	論文	岡田庄生［2020］	67	1-19
クチコミ	インターネット	論文	宮田加久子ほか［2007］	48	16-32
		研究プロジェクト報告	雨森和信・池田重信［2005］	46	119-136
	クチコミ	論文	安藤和代［2013］	59	1-16
コーポレート・コミュニケーション	評判・信頼	論文	小具龍史［2007］	48	95-113
			畠山仁友ほか［2020］	67	21-49
			松本大吾ほか［2011］	54	1-15
		研究ノート	薗部靖史［2009］	50	79-90
	ブランド	論文	宮川清［2002］	43	17-32
			宮川清［2006］	47	67-83
		研究プロジェクト報告	内藤俊夫・神郡克彦［2005］	46	137-158
マーケティング	ブランド	論文	岡山武史［2011］	54	65-79
			加藤雄一郎［2007］	48	48-65
			坂田英ほか［2010］	53	48-61
			古川隆・梅本春夫［2007］	48	33-47
		研究プロジェクト報告	八巻俊雄ほか［2004］	45	173-188
			岡山武史・髙橋広行［2013］	58	1-22
		研究ノート	羽藤雅彦［2019］	66	1-14
	消費者行動	論文	大西茂・神山進［2008］	49	62-81
			久保田進彦［2009］	50	50-64

	消費者行動	論文	李炅泰［2006］	47	84-100
マーケティング	リレーションシップ	論文	久保田進彦［2007］	48	80-94
			久保田進彦［2010］	52	31-46
			久保田進彦・松本大吾［2010］	52	1-14
			高橋昭夫・福田康典［2000］	40	127-136
	分析手法	論文	加藤雄一郎［2004］	45	106-121
			加藤雄一郎［2005］	46	76-89
			加藤雄一郎・金井明人［2004］	45	31-51
			川村洋次［2001］	42	17-32
		研究ノート	綿貫真也［2002］	43	53-65
	インターネット	研究プロジェクト報告	大橋照枝・藤井大拙［2008］	49	150-172
		研究ノート	羽藤雅彦［2015］	61	17-28
	コーズ	論文	世良耕一［2004］	45	90-105
			世良耕一［2007］	48	66-79
			世良耕一［2008］	49	46-61
			世良耕一［2009］	50	33-49
その他	情報源	論文	根本則明［2000］	40	137-149
			根本則明［2003］	44	63-80
			根本則明［2004］	45	74-89
	普及過程	論文	巽健一［2003］	44	47-61
	マクロ研究	論文	巽健一［2000］	40	101-112
		巻頭言	小林保彦［2009］	50	i - ii
		追悼文	岸志津江［2013］	58	i
			小林保彦［2010］	53	i
		シンポジウム	故森内豊四氏シンポジウム発言要旨	53	ii
		座談会	亀井昭宏ほか［2020］	67	51-80

れた論文等のまとめは省略する（より詳細な表を本書サポートページで提供する）。

5.1. 広告概念

広告概念は，広告の捉え方，広告および類似行為，広告の定義，広告教育・研究などを議論した論文等を分類した。ホリスティック・アプローチによる広告の捉え方に関する研究（菅原・平山・川中［2002,］小林［2006］），広告と類似概念（広報，PR，宣伝）の関係（巽［2004］），書籍にみる広告の扱われ方の日米比較（水野［2001］），東洋思想やカルチュラル・スタディーズから広告を捉えた研究（福田［2001］，高井ほか［2004］），韓国における広告教育と広告研究について（趙［2000］）があり，多様な側面から広告を捉えようとしている。

5.2. 広告表現

広告表現は，広告クリエイティブの研究，広告クリエイティブの捉え方，広告表現要素の研究，広告クリエイティブの分析手法などを議論した論文等を分類した。

広告クリエイティブの捉え方や概念を扱ったものとして，ブランデッド・コンテンツの研究（佐藤［2008］），ブランドの意志（WILL；佐藤［2009］），非広告型広告（佐藤［2010］），ソーシャル・クリエイティビティ（佐藤［2012］），クリエイティビティの定義（村尾［2016］）がある。佐藤達郎による一連の研究成果は，広告あるいは広告クリエイティブの捉え方を拡張していくこととなった。

広告表現方法に着目した研究としては，カンヌ広告祭における日本と海外のCM表現比較（伊藤［2000a］），テレビ広告における社会・文化的差異の日本とタイの国際比較（ピヤ［2008］），食品広告の表現要素や訴求語に着目した研究（浅川［2002］，浅川・岡野［2012］），広告のバリアフリー化に向けた課題の検討（高橋ほか［2007］），政治広告に関する研究（李［2008］），苦情から分析した広告表現の許容範囲に関する研究（池内・前田［2012］）がある。

また，広告で描かれる人物像については，高齢者像に焦点を当てた研究（山中［2000］），ジェンダーに着目した研究（有馬［2000，2001］，柏尾ほか［2002］）がある。

広告表現の制作面において，広告産業の観点を有している研究としては，クリエイティブ・ブリーフおよびトップ・クリエイターに関する国際比較やグローバル・スタンダードを求めた研究（田中ほか［2000］，川村ほか［2013］，村尾・佐藤［2016］），広告クリエイティブ・マネジメントやクリエイターに着目した研究（川戸ほか［2011］，岡田・小川［2016］），広告表現の低迷と広告会社との関係に着目し，新たな広告会社の戦略を提言している研究（河島［2005］）がある。

制作面では，広告映像修辞に着目した一連の研究も集中して行われている。

広告映像修辞とは「広告目標に基づき，クリエイターが映像技法を組み合わせること」である（川村［2004］）。これに基づき，広告映像制作支援情報システムの構築を試みている（川村［2004, 2005, 2006, 2009］）。効果的なコンシューマー・インサイトに向けた制約条件理論（TOC）の適用（加藤［2003a］）などもあり，広告クリエイティブの世界に科学的な制作システムを導入することが提案された。

5.3. 広 告 媒 体

広告媒体の研究としては，広告媒体としての CS テレビに関する研究（吉本［2005］），テレビ番組における広告類似行為の日米比較（岸谷・水野［2008］），モバイル・メディアに関する研究（植田［2003］，勝倉ほか［2006］，岡崎・田中［2010］），消費者の情報関与と媒体接触との関係に関する研究（広瀬・岡崎［2008］），フリーペーパーに対する広告主の評価（井徳・松井［2009］），屋外広告に掲載される地理情報に関する研究（近藤［2010］），音楽イベント，芝居，スポーツ競技会などのライブ・エンターテイメントを広告媒体と捉える研究（中川［2012］），メディア・プランニングにおける到達回数分布の管理（熊倉・大西［2004］），TV 番組と TVCM の類似性の算出に関する研究（小迫ほか［2011］），ニュースサイトの記事から受ける印象を考慮した広告挿入手法の提案（益子・坂本［2012］），がある。

広告媒体そのものの研究は意外と少なく，広告表現や広告効果とあわせて研究されている場合が多い。

5.4. 広告費・予算

広告費・予算に関する研究は，広告宣伝費の安定的支出が企業業績に及ぼす影響を 20 年間の時系列で追った研究が 1 つのみであった（小泉［2001］）。小泉眞人は広告宣伝費の安定的支出と企業業績との関係について継続的に研究を進めている。広告費・予算の運用と広告効果との関係は実務的には非常に高い関心があると考えられるが，研究面であまり目が向けられていないのは残念である。広告学会で力を入れるべき分野の 1 つであろう。

5.5. 広告効果

広告効果のジャンルは，広告表現効果，消費者行動視点からの広告効果，ブランドと広告効果，インターネット上の広告効果，広告効果の分析手法などを対象としている論文等を分類した。

広告表現効果としては，広告表現要素としてのタレントによる広告効果に関する研究（野澤［2000］，浅川・岡野［2009］，坂本［2009］），広告表現におけるユーモアと広告態度との関係に関する研究（李［2001］）や広告における笑いに着目して地域性を考慮した研究（和田ほか［2001］），刺激特性がAadに影響を及ぼすこととどのような表現形式が刺激（面白さ）を生じさせるのかに関する研究（浅川・岡野［2010］），広告効果を高めるための伝達内容を食品広告で分析した研究（浅川・岡野［2016］），広告の物語性を広告映像修辞で分析した研究（金井・加藤［2001］）や受け手が物語をどのように心的に表象しているのかを検討するイベント・インデックス・モデルを用いた研究（津村・福田［2017］），拡張現実（AR）に関する研究（呉ほか［2016］，呉・大内［2019］）がある。

消費者行動視点からの広告効果研究としては，TF（think & feel）マトリックスを用いた製品類型別の広告効果に関する研究（伊藤［2000b］），広告の受容性と類似性に関する日韓比較を行った研究（柳・金［2000］），認知的感情理論に基づく広告理解プロセスモデルに関する研究（加藤・往住［2000］），広告情報処理における消費者のゴール・プラン知識とブランド学習プロセスに関する研究（加藤［2001］），消費者満足と広告表現記憶との関係に関する研究（石崎ほか［2002］），さまざまなメディアを通じた消費者の銘柄意思決定メカニズムに関する研究（加藤［2003b］），医療機関の広告が消費者（患者）の意思決定過程に与える効果に関する研究（碇ほか［2003］），ヘビーユーザー，ミドルユーザー，ライトユーザー，ノンユーザーなどのユーザー段階別の広告効果に関する研究（石崎［2003］），広告を楽しむことに焦点を当てた研究（堀内［2003］），感情状態と広告メッセージの精緻化との関係に関する研究（田中・村田［2005］），高次情報処理の特性を考慮した広告効果モデルに関する研究（加藤［2006］），広告から喚起される不確実なポジティブ気分に関する研究（泉水［2010］），広告効果としてのメディア・エンゲージメントの測定に関する研究（石崎ほか［2011］），食品広告の訴求内容と視聴者の選択基準の一致度と広告に対する態度との関係に関する研究（浅川・岡野［2014］），第三者機関による推奨と消費者の態度および製品評価との関係に関する研究（峯尾［2017］）がある。

広告効果とブランドとの関係を扱っているものとしては，短期的広告効果とブランド・パワーとの関係を分析した研究（竹内［2004］），広告によるブランド知識形成メカニズムの研究（鈴木・望月［2005］），ブランド・エクイティが広告の短期的効果に及ぼす影響に関する研究（前田［2005］）がある。

インターネット上の広告効果としては，ウェブサイトに関する研究（川村・小方［2000］，澁谷［2000］，正田［2001，2002，2003］，福田・根本［2008］，根本・福田［2009］，浅川・岡野［2011，2013］），インターネット・ユーザーに着目した研究（川上・細井［2000］，正田［2000］，那須［2003］，李・金［2006］，西村［2010］），O2O（online to offline）研究（広瀬ほか［2015］）がある。

広告効果の分析手法としては，自然言語解析による広告効果測定の研究（鈴木［2003］），広告受容の心理数理モデルとデータ解析法の開発を提案している研究（竹村ほか［2004］），言語学の分野の関連性理論による広告コミュニケーション効果測定の研究（柴田［2012］）がある。

広告効果に関する研究は，アプローチの方法が多面的である。広告研究に関する論文等は何らかの形で広告効果研究を含んでいるといっても過言ではない。また，多くの広告効果研究では，表現面に対する反応を分析対象にしている。これは広告素材がテレビ広告や静止画の広告であっても，ウェブサイトであっても同様である。本章では広告効果の副ジャンルを広告表現，消費者行動視点，ブランドとの関係，分析手法とに分類したが，いずれも何らかの形で表現要素や表現に対する反応を測定したり分析対象としたりしている。広告効果研究の王道は，広告表現に対する効果研究ともいえそうだ。

一方で，現在主流となりつつあるインフルエンサー・マーケティングやブランデッド・エンターテイメント，多様なメディアでの広告展開，SNSによる拡散効果など，広告効果研究の対象となる活動はさまざまである。どうしても広告効果研究の対象は，ある広告物をみせて反応を測定するということになりやすいが，こうしたよりダイナミックな活動をどのように捉え，どのように測定し分析するかということが，広告効果研究上の課題である。

5.6. 広告産業

広告産業のジャンルは，広告主，広告会社，広告関連会社などの組織，および組織間関係などを対象としている研究を分類した。

広告会社の組織研究としては，広告会社の競争優位確立戦略のための組織システムとしてのアカウント・プランニングの研究（伊吹［2006］），プロジェクト組織におけるネットワーク構造の特性から広告会社の役割を明らかにした研究（唐沢［2016］）がある。

グローバルあるいは地域を対象とした広告産業研究としては，中国広告主の広告管理体制を調査した研究（八巻ほか［2001］），日本企業の広告コミュニケーション活動を分析し，韓国での利用可能性を提唱した研究（金ほか［2001］），中国における広告会社の発展状況を捉えた研究（宮［2007］），日系広告会社の中国への知識移転についての戦略的課題を掘り下げた研究（唐澤［2012］），福岡県における広告プレイヤーの市場認識に関する研究（五十嵐［2012］）がある。

広告産業の歴史に関する研究としては，萬年社の創業録を発掘し，広告代理業黎明期の状況を明らかにした研究（木原［2012］），萬年社，電通，博報堂のOBに対する聞き取り調査により戦後日本の広告産業の歴史についてまとめた研究（土屋・竹内［2014］），明治末期から大正初期のショーウィンドー黎明期を調査した研究（竹内［2018］）がある。

広告産業に関する研究は，組織論をベースにした研究，グローバル研究，社会ネットワーク分析を用いた研究など多面的に研究が行われ，2000年代には，中国や韓国の会員による日本の広告産業への関心の高さが特徴的である。また広告産業の歴史研究も行われ，広告代理業の黎明期の記録や，戦後日本の広告産業の状況などが明らかにされている。

5.7. 広 告 種 類

広告種類は特定の種類の広告を対象としているジャンルである。環境広告に対する評価における日本とドイツの比較（大橋・藤井［2003］），環境コミュニケーションの観点からリデュース行動における情報提供とエコプロダクト使用経験の効果に関する研究（八木田・西尾［2009］），求人広告について1999年の改正男女雇用機会均等法施行による変化を対象とした研究（渡邉［2000］），インターネットにおける求人広告のパワーに関する研究（川原・渡邉［2006］），原子力発電の広告や広報に関する研究（多田・永野［2000］，北田［2006］）がある。

環境広告に関してはもっと研究成果があってもよさそうだが，この分野を専門とする研究者が少ないことが考えられる。今後はSDGs（持続可能な開発目標）関係で増加してくることが予想される。

5.8. 広告規制・倫理

広告規制の研究としては，自主規制の観点を秩序維持型と自立・創造型から捉え，日本の広告自主規制がどちらの観点をベースに構築されたものであるのかを実証的に明らかにした研究（高橋ほか［2000］），テレビCMの著作権問題に明確な結論を出した知財高裁判決「テレビCM原版事件」を分析した研究（梁瀬［2015］）がある。

広告倫理の研究としては，「広告の意図せざる結果」を視野に入れ広告倫理概念の拡張を提唱した研究（水野［2000b］），広告の嘘に対する倫理的責任（国分［2006］），アメリカ広告実務家の広告倫理観（国分［2008］），広告主と広告会社の実務家の倫理観について調査を行った研究（中尾・国分［2008］），広告と社会的比較の倫理的論点について問題提起した研究（国分［2010］），がある。

広告規制に関する研究がわずかであるのは，法律の専門家が広告学会において少ないためだと考えられる。一方，広告倫理に関する研究成果もどちらかというと少ない。広告倫理に関する研究が少ない理由として，水野［2000b］は

> 「倫理がテーマとして馴染まないのではなくいわば焦点付けのしにくさからである。単に「虚偽，誤導，不公正」な広告物を対象とするのではなく，子供への影響，ステレオタイプの助長，有名人の推奨広告への利用，など広告の集合的また文化的社会情報的な「広告の意図せざる結果」を視野に入れ広告倫理概念の拡張を行う余地があり，議論や運動を促す研究の必要がある

と述べている。このことは，インターネット，SNS全盛の現代にも，さらに広告倫理研究の必要性が高まっていることにつながった。

5.9. マーケティング・コミュニケーション

マーケティング・コミュニケーションのジャンルは，IMC（integrated marketing communications；統合型マーケティング・コミュニケーション），SP（sales promotion；セールス・プロモーション），プロダクト・プレースメントなどを対象としている論文等を分類した。

IMCに関する論文等は8本あるが，その内の4本は「IMC特集号」である

第41集に掲載されている。第41集は，産業界理事として広告学会の発展に多大な貢献をされた故矢嶋仁氏（アーチャー代表取締役社長）を記念して発行されたものである。「IMC特集号」となったのは，矢嶋氏がIMC問題の理論的構築を目指していたことによる。

論文等としては，広告会社の視点からメディア・サプライチェーンとIMC戦略を考察した研究（菅原［2000］），日本における広告会社，広告主のキャンペーン実例から日本のIMC戦略を分析した研究（松井［2000］），単線形の段階的な広告効果モデルでは扱い難かった「マーク」「断片記憶」「認知的反応」「受け手の能動性」を検討し，IMC効果のフレームワークを提示した研究（水野［2000a］），さらに，日本におけるIMCの採用状況について，矢嶋氏を中心に日本広告学会第27回，第28回，第29回全国大会で発表したものを再構成した，日本の広告主，外資系企業，日本の広告会社を対象に調査を行った研究（矢嶋ほか［2000］）がある。

他には，企業広告とIMCとの関係に関する研究（下村［2001］），グローバルIT産業におけるIMCの状況について，日本IBMとマイクロソフトのケースを分析した研究（中尾［2006］），韓国ウィニアマンドのキムチ冷蔵庫ブランド「ディムチェ」のIMC戦略を分析したケース研究（姜［2009］），ホリスティック・マーケティングやブランド・コンタクト・ポイントの視点から小売店舗内外におけるブランド・コミュニケーション実証分析に関する研究（陶山ほか［2010］）がある。

SPに関する研究は，複数の異なる業種の企業とポイントを活用するポイント・プロモーションに対する消費者の意識に関する研究（水川・光延［2009］），モバイル・クーポンの利用頻度と利用行動との関係に関する研究（田部［2013］）がある。

人的販売に関する研究としては，店員の配置が売り場の雰囲気と印象にどのような影響を及ぼすかの研究（林［2009］）がある。

プロダクト・プレースメントの研究に関する研究としては，映画の撮影地の観光現象をプロダクト・プレースメントの観点から考察した研究（木村［2010, 2011］），実際の地域がアニメの舞台モデルになることで，当該地域への訪問者が増える現象を分析した研究（畠山［2012］）がある。

また新たな領域として，ユーザー創造製品における情報表示と消費者の製品選択との関係に関する研究（岡田［2020］）がある。

IMC は1990年代初頭にノースウェスタン大学の故ドン・シュルツ教授やコロラド大学のトーマス・ダンカン教授らによって提唱，普及がなされ，90年代から2000年代にかけて，日本の広告会社における試行錯誤しながらの採用や，広告学会において研究成果が発表されてきた。しかし，2010年代以降，マーケティング・コミュニケーションの中心がインターネットや SNS を活用した展開に移行してきたのに伴い，IMC を冠した研究自体が減少してきたものと考えられる。一方で，2010年代にはオンライン・クーポンの研究やプロダクト・プレースメント観点の研究が新たに出てきており，インターネットを中心としたマーケティング・コミュニケーションやブランデッド・エンターテイメントに研究の関心がシフトしてきていると考えられる。さらには，消費者発信型のコミュニケーション研究も今後より注目されていくことだろう。

5.10. クチコミ

クチコミのジャンルとしては，ネット・コミュニティにおける情報の流れに関する研究（雨森・池田［2005］），オンライン・クチコミの多様性について検討した研究（宮田ほか［2007］），他者へのクチコミの影響ではなく，ポジティブなクチコミ発信が送り手自身にもたらす影響に着目した研究（安藤［2013］）がある。

クチコミ研究は今や独立した研究分野として，日本商業学会や日本消費者行動研究学会などの関連学会で盛んに研究報告や研究論文が発表されている。『広告科学』では件数は少ないが，広告研究としてもクチコミ研究は重要な分野である。クチコミとの関係でいえば，インスタグラマーやユーチューバーを活用したインフルエンサー・マーケティングは，実務上で新たな広告展開として捉えられており，今後は学術研究の対象として多くの成果が発表される必要がある。

5.11. コーポレート・コミュニケーション

コーポレート・コミュニケーションのジャンルは，レピュテーション研究などの企業の評判・名声に関する研究と，企業イメージやブランディングに関する論文等を分類した。

企業の評判・名声に関する研究としては，企業評判の評価とその特徴に関する分析をした研究（小具［2007］），企業の社会貢献活動と企業の信頼性向上に関する研究（薗部［2009］），コーポレート・コミュニケーションの情報源とレピュテーションとの関係に関する研究（松本ほか［2011］），危機対応における謝罪と企業の信頼回復に関する研究（畠山ほか［2020］）がある。

ブランド関連の研究としては，企業理念，企業資質，企業表現，企業展望がレピュテーションを高め，企業イメージを向上させるとした研究（宮川［2002］），お詫び広告によるブランディングの実証研究（内藤・神郡［2005］），企業理念とブランド構築との関係に関する研究（宮川［2006］）がある。

この分類は別の観点からみると，レピュテーションを高める要因研究，レピュテーションが企業イメージを向上させる研究，危機対応の研究という整理も可能である。直接的に広告に触れていない研究も多いが，企業レベルのコミュニケーションも広告学会として高い関心を有しているといえるだろう。

おわりに

本章では，『広告科学』第 40 集（2000 年）～第 67 集（2020 年）に掲載された論文等を研究ジャンル別に分類し，研究動向をまとめる試みをした。レビュー論文のように何らかの研究テーマに則して過去の研究をレビューしたものとは異なり，論文等のタイトルや内容を検討して分類したものである。したがって，各論文等の分析結果や発見事項，結論などの検討までは及んでいない。

しかしながら研究ジャンル別に論文等を分類することで，この約 20 年間にどのような研究がされてきたのかをまとめてみることができるのは，研究動向を探るうえで有意義だと考えられる。また，研究ジャンル別に論文等を検索したり，どのような研究があるのか，逆にどのような研究が不足しているのかを把握するのにも便利である。このような活用がされれば幸いである。

＊　本章は，2019 年度専修大学長期国内研究員の研究成果の一部である。このような機会を提供していただいた専修大学に感謝申し上げたい。

引用・参考文献

40 年史編集委員会編集［2009］『日本広告学会 40 年史』日本広告学会

雨森和信・池田重信［2005］「ネット・コミュニティにおける情報の流れとヴァイラル・マネジメントの可能性への考察」『広告科学』第 46 集

安藤和代［2013］「ポジティブなクチコミ発信が語り手自身にもたらす影響」『広告科学』第59集
有馬明恵［2000］「テレビ広告におけるジェンダー描写に対する人々の期待と評価」『広告科学』第40集
有馬明恵［2001］「テレビ広告におけるジェンダー描写に対する受け手の期待類型と受け手のジェンダー属性との関係」『広告科学』第42集
浅川雅美［2002］「テレビCMの表現・制作的要素の実証研究――食品CMの特性に関する多次元分析から」『広告科学』第43集
浅川雅美・岡野雅雄［2009］「テレビCMに登場するタレントに対する態度を決定する要因の分析――自由記述のテキストマイニング」『広告科学』第50集
浅川雅美・岡野雅雄［2010］「『刺激』特性を生じさせるテレビCMの表現・制作的要素」『広告科学』第53集
浅川雅美・岡野雅雄［2011］「Webサイトに対する『視聴印象』の分析」『広告科学』第54集
浅川雅美・岡野雅雄［2012］「『食品選択基準』の視点からみた食品・飲料CMの訴求語分析」『広告科学』第55・56集
浅川雅美・岡野雅雄［2013］「Webサイトに対する『視聴印象』の多次元的特性の分析」『広告科学』第59集
浅川雅美・岡野雅雄［2014］「食品広告の訴求内容と視聴者の選択基準の一致度が広告に対する態度に及ぼす影響」『広告科学』第60集
浅川雅美・岡野雅雄［2016］「食品広告の情報的価値が広告に対する注目に及ぼす影響――アイトラッキングによる分析」『広告科学』第62集
趙炳亮［2000］「韓国の広告教育および広告研究の現状と展望」『広告科学』第40集
福田成美・根本則明［2008］「広告の視点からのホームページ（特にトップ画面）の評価要因と，広告としての効果を向上させる制作的課題の研究」『広告科学』第49集
福田敏彦［2001］「試論・広告の陰陽理論へ向けて」『広告科学』第42集
古川隆・梅本春夫［2007］「臨床現場における医療用医薬品のブランド指定とDTCマーケティングに関する調査の考察」『広告科学』第48集
宮麗頴［2007］「中国における広告会社の発展――機能の変遷及び発展の傾向を中心に」『広告科学』第48集
畠山仁友［2012］「アニメの舞台化が地域に及ぼすプロモーションとしての効果――P.A.WORKS『花咲くいろは』と湯涌温泉『ぼんぼり祭り』を事例として」『広告科学』第57集
畠山仁友・大瀬良伸・武谷慧悟［2020］「危機対応広告における謝罪のメッセージ選択が企業の信頼回復に与える影響」『広告科学』第67集
羽藤雅彦［2015］「ネット・コミュニティにおける発言の多様性――電子書籍専用端末に関する内容分析」『広告科学』第61集
羽藤雅彦［2019］「ブランド・コミュニティにおける相互作用――じゃがり校を事例として」『広告科学』第66集
林英夫［2009］「店員の配置が売り場の雰囲気と印象に及ぼす影響」『広告科学』第50集
広瀬盛一・岡崎伸太郎［2008］「消費者の情報関与が媒体接触に与える影響について」『広告科学』第49集
広瀬盛一・田部渓哉・峯尾圭［2015］「O2Oにおける広告コミュニケーションの機能と役割」『広告科学』第61集

堀内圭子［2003］「『広告を楽しむ』とはどういうことか——消費者行動理論に基づく考察」『広告科学』第44集
伊吹勇亮［2006］「組織システムとしてのアカウント・プランニング——広告会社の競争優位確立戦略」『広告科学』第47集
五十嵐正毅［2012］「福岡広告ビジネスにおけるプレイヤーの市場認識——探索的インタビューより」『広告科学』第57集
碇朋子・橋本栄里子・和田ちひろ［2003］「医療機関の広告・広報が消費者（患者）の意思決定過程に与える効果の継続的比較——医療法改正前・後の母親の産科選択行動を中心に」『広告科学』第44集
池内裕美・前田洋光［2012］「広告苦情の類型化と広告表現の許容範囲に関する実証的研究」『広告科学』第55・56集
石崎徹［2003］「ユーザー段階別広告反応の分析」『広告科学』第44集
石崎徹［2005］「ブランド・リレーションシップの強度が広告反応に及ぼす影響」『広告科学』第46集
石崎徹・水野由多加・広瀬盛一［2002］「消費者満足と広告表現記憶に関する研究」『広告科学』第43集
石崎徹・中野香織・松本大吾・五十嵐正毅・朴正洙［2011］「広告効果としてのメディア・エンゲージメントの測定」『広告科学』第54集
井徳正吾・松井陽通［2009］「フリーペーパーに対する広告主の評価」『広告科学』第50集
伊藤孝一［2000a］「カンヌ国際広告祭にみる日本と海外のCM表現比較」『広告科学』第40集
伊藤直史［2000b］「『TFマトリックス』を用いた製品類型別ブランド戦略・広告戦略」『広告科学』第40集
亀井昭宏・小林保彦・岸志津江・嶋村和恵・石崎徹［2020］「日本広告学会50周年記念対談」『広告科学』第67集
金井明人・加藤雄一郎［2001］「広告映像修辞が受け手の認知プロセスに及ぼす影響」『広告科学』第42集
姜京守［2009］「韓国企業のIMC戦略とその発展——ウィニアマンド社の事例を中心として」『広告科学』第51集
唐澤龍也［2012］「日系広告会社の国境を越える知識移転の戦略的課題——アサツーディ・ケイの中国オペレーションの事例を中心に」『広告科学』第57集
唐沢龍也［2016］「プロジェクト組織における広告会社の役割——ミラノ・サローネ出展プロジェクトのネットワーク分析を中心に」『広告科学』第63集
柏尾眞津子・土肥伊都子・神山進［2002］「ジェンダー・フリーな男性ファッションに関する研究——フェミ男の写真評定による実証的検討」『広告科学』第43集
加藤雄一郎［2001］「広告情報処理において，消費者のゴール・プラン知識がブランド学習プロセスに及ぼす影響について」『広告科学』第42集
加藤雄一郎［2003a］「効果的なコンシューマー・インサイトに向けた制約条件理論（TOC）の適用」『広告科学』第44集
加藤雄一郎［2003b］「さまざまなメディアを通じた消費者の銘柄意思決定メカニズム——広告キャンペーン期間中の日記調査に基づく探索的IMC考察」『広告科学』第44集
加藤雄一郎［2004］「消費ゴール類型化の試み」『広告科学』第45集

加藤雄一郎［2005］「購入銘柄の条件――顧客価値モデルに基づく購入銘柄の特徴」『広告科学』第46集
加藤雄一郎［2006］「高次感性処理の特性を考慮した新しいコミュニケーション効果モデル」『広告科学』第47集
加藤雄一郎［2007］「地域ブランド開発におけるプロジェクト方針設計の枠組み」『広告科学』第48集
加藤雄一郎・金井明人［2004］「マルチエージェントアプローチによるブランド知識構築メカニズム解明の試み」『広告科学』第45集
加藤雄一郎・往住彰文［2000］「ブランド知識形成における感情の役割について――認知的感情理論に基づく広告理解プロセスモデル」『広告科学』第40集
勝倉章博・岡崎伸太郎・西山守［2006］「モバイルメディアにおけるブランディングの研究」『広告科学』第47集
川原信宏・渡邉嘉子［2006］「NET求人広告の“人動かす力”」『広告科学』第47集
川上和久・細井勉［2000］「インターネットユーザーの広告情報接触パターンに関する研究」『広告科学』第40集
川村洋次［2001］「製品広告に基づく製品技術モデルの分析――製品開発シナリオ・プランニングシステムの構築に向けて」『広告科学』第42集
川村洋次［2004］「広告映像の修辞の分析――広告映像制作支援情報システムの構築に向けて」『広告科学』第45集
川村洋次［2005］「広告映像の修辞に対する反応実験――広告映像制作支援情報システムの構築に向けて」『広告科学』第46集
川村洋次［2006］「ビールとパーソナルコンピュータの広告映像修辞の分析――広告映像修辞の記号化によるアプローチ」『広告科学』第47集
川村洋次［2009］「広告映像の内容技法と編集技法の分析――広告映像制作支援情報システムの構築に向けて」『広告科学』第50集
川村洋次・川戸和英・佐藤達郎・伊吹勇亮［2013］「トップ・クリエイターにとっての望ましいクリエイティブ・マネジメントに関する国際比較研究」『広告科学』第58集
川村洋次・小方孝［2000］「芸能人イメージマーケティングシステムのための芸能プロダクションのホームページの分析」『広告科学』第40集
河島伸子［2005］「広告表現の低迷――創造性を取り巻く構造と変化するビジネス環境への考察」『広告科学』第46集
川戸和英・伊吹勇亮・川村洋次・妹尾俊之［2011］「広告クリエイティブ・マネジメントの成功要因と組織能力の探究」『広告科学』第54集
木原勝也［2012］「広告代理業黎明期の知られざる記録――『萬年社創業録』の『発掘』とその史的価値」『広告科学』第57集
金敏基・徐範錫・成統烈・柳臻亨［2001］「日本企業の広告コミュニケーション活動の韓国での利用可能性」『広告科学』第42集
木村めぐみ［2010］「プロダクト・プレイスメント手法に示唆を得た映画の撮影地における観光現象に関する一考察――広告媒体としての映画の可能性」『広告科学』第53集
木村めぐみ［2011］「広告効果としてのロケーションツーリズム――プロダクト・プレイスメント効果に関する先行研究に示唆を得た映画の効果測定法の考案」『広告科学』第54集

岸志津江［2013］「小林太三郎先生と『広告科学』への想い」『広告科学』第 58 集
岸谷和広・水野由多加［2008］「テレビ番組における広告類似行為の現状と課題――日米比較を中心に」『広告科学』第 49 集
北田淳子［2006］「広報パンフレットの効果測定に関する研究――パンフレットの構成要素が態度変容に及ぼす効果」『広告科学』第 47 集
小林太三郎監修／嶋村和恵・石崎徹共著［1997］『日本の広告研究の歴史』電通
小林保彦［2006］「ホリスティック・アプローチから日本の広告が見えてくる」『広告科学』第 47 集
小林保彦［2009］「『広告科学』第 50 集発行を記念して」『広告科学』第 50 集
小林保彦［2010］「森内豊四氏を偲んで」『広告科学』第 53 集
小泉眞人［2001］「広告宣伝費の安定的支出が企業業績に及ぼす影響――20 年間における有力企業 204 社の広告費分析」『広告科学』第 42 集
国分峰樹［2006］「広告の嘘に対する倫理的責任についての一考察」『広告科学』第 47 集
国分峰樹［2008］「アメリカ広告実務家の広告倫理感についての一考察――Drumwrigt=Murphy 研究にみる『モラル近視眼』と『モラルの沈黙』」『広告科学』第 49 集
国分峰樹［2010］「広告と社会的比較の倫理的論点に関する一考察」『広告科学』第 53 集
故森内豊四氏シンポジウム発言要旨「統一論題：『広告の現在と未来――危機的状況を乗り越え，新たなパラダイムを求めて』」『広告科学』第 53 集
近藤暁夫［2010］「屋外広告上に掲載される地理情報の空間展開――中京大都市圏北西部を事例として」『広告科学』第 53 集
小迫大・宮林卓郎・坂本真樹［2011］「コンテンツ情報に着目した TV 番組と TVCM の類似性算出に関する研究」『広告科学』第 54 集
久保田進彦［2007］「顧客リレーションシップにおける相互作用パターンの概念的分析」『広告科学』第 48 集
久保田進彦［2009］「アイデンティフィケーションとしてのエンゲージメント」『広告科学』第 50 集
久保田進彦［2010］「同一化アプローチによるブランド・リレーションシップの把握」『広告科学』第 52 集
久保田進彦・松本大吾［2010］「ブランド・リレーションシップ研究における同一化アプローチの可能性」『広告科学』第 52 集
熊倉広志・大西浩志［2004］「メディアプランニングにおける到達回数分布の管理――広告効果の最適化に向けて」『広告科学』第 45 集
李津娥［2001］「ユーモア広告のタイプと広告態度」『広告科学』第 42 集
李津娥［2008］「2007 年参院選広告に見る政党の『争点提示』と『イメージ構築』戦略」『広告科学』第 49 集
李景煥・金洛均［2006］「日本と韓国のネットコマース利用者における消費者行動に関する研究――PC およびモバイルインターネットショッピングを中心に」『広告科学』第 47 集
李炅泰［2006］「複合的原産地情報とブランド名がデジタル・カメラの製品評価に及ぼす影響――効果的な広告戦略の立案に向けて」『広告科学』第 47 集
前田洋光［2005］「ブランドエクイティが広告の短期的効果に及ぼす影響」『広告科学』第 46 集
益子拓也・坂本真樹［2012］「ニュースサイト記事から受ける印象を考慮した広告挿入手法の提案」『広告科学』第 55・56 集
松井陽通［2000］「日本における IMC 戦略」『広告科学』第 41 集

松本大吾・五十嵐正毅・広瀬盛一［2011］「コーポレート・コミュニケーションの情報源がコーポレート・レピュテーションに与える影響——永続的関与を考慮して」『広告科学』第 54 集
峯尾圭［2017］「第三者機関による推奨が消費者の態度と製品の評価に与える影響——機能性食品広告の文脈において」『広告科学』第 64 集
宮原義友［2003］「日本における広告研究の系譜——総括と課題」日経広告研究所『日経広告研究所報』第 207 号
宮川清［2002］「IT 時代における企業イメージの構築——『コーポレート・パフォーマンス（CP）と 4CP』の提案」『広告科学』第 43 集
宮川清［2006］「『企業理念』と『ブランド構築』——その現状と課題」『広告科学』第 47 集
宮田加久子・小林哲郎・池田謙一［2007］「オンライン口コミの多様性の検討」『広告科学』第 48 集
水川毅・光延洋太［2009］「複数企業間におけるポイントプロモーションと，その消費者意識に関する実態調査」『広告科学』第 50 集
水野由多加［2000a］「IMC とその効果に関する論点——来るべき『IMC 効果論』に向けての一視点」『広告科学』第 41 集
水野由多加［2000b］「広告倫理の新論点——我が国における認識と概念拡張への一試論」『広告科学』第 40 集
水野由多加［2001］「広告言説に関する日米比較——書籍（book）にみる広告の扱われ方からの考察」『広告科学』第 42 集
村尾俊一［2016］「広告クリエイティビティの特徴と現在の変化——クリエイティビティの定義とクリエイター・プランナーインタビュー」『広告科学』第 62 集
村尾俊一・佐藤達郎［2016］「戦略プランニングにおけるクリエイティブブリーフの国際比較」『広告科学』第 63 集
内藤俊夫・神郡克彦［2005］「企業ガバナンスとコンプライアンス——『お詫び広告』から見た“リ・ブランディング”構築の実証研究」『広告科学』第 46 集
中川和亮［2012］「ライブ・エンタテインメントの可能性——媒体としての考察」『広告科学』第 55・56 集
中尾麻衣子［2006］「グローバル IT 産業における IMC の現状」『広告科学』第 47 集
中尾麻衣子・国分峰樹［2008］「広告主と広告会社の間に生じる倫理的問題の研究——広告実務家はいかに広告の倫理を認識しているか」『広告科学』第 49 集
那須幸雄［2003］「インターネットショッピングの動向と情報入手——web 上の調査によるショッピングサイトのユーザー，ノンユーザー比較」『広告科学』第 44 集
根本則明［2000］「生活の分野に対する価値評価と情報源に対する価値評価」『広告科学』第 40 集
根本則明［2003］「生活における情報源の信頼性について」『広告科学』第 44 集
根本則明［2004］「生活における情報源の信頼性についてII」『広告科学』第 45 集
根本則明・福田成美［2009］「『ホームページを消費者視点から広告として評価する実証研究』からの提言」『広告科学』第 50 集
西村洋一［2010］「インターネット利用者が検索連動型広告を回避する要因の検討——広告への態度の影響」『広告科学』第 52 集
仁科貞文・嶋村和恵監修［2000］『昭和・平成期の広告研究論文——助成研究成果の総括』吉田秀雄記念事業財団
野澤智行［2000］「タレント・キャラクターがテレビ CM 認知および評価に及ぼす影響」『広告科学』

第 40 集
小具龍史［2007］「国内企業における企業評判の評価とその特徴に関する分析」『広告科学』第 48 集
岡田庄生［2020］「ユーザー創造製品の情報表示が消費者の製品選択に与える影響――新奇性と有用性の媒介効果に着目して」『広告科学』第 67 集
岡田庄生・小川豊武［2016］「広告クリエーターはいかにして企業課題を発見しているのか――クリエーターによる経営者への課題ヒアリング場面の分析」『広告科学』第 63 集
岡山武史［2011］「NB と PB の特性と便益に関する考察と広告」『広告科学』第 54 集
岡山武史・髙橋広行［2013］「小売企業のブランド構築とコミュニケーション――ネットスーパーへの拡張を求めて」『広告科学』第 58 集
岡崎伸太郎・田中三恵［2010］「モバイル広告・プロモーションにおける情報不安に関する研究」『広告科学』第 52 集
大橋照枝・藤井大拙［2003］「環境広告は日本の生活者にどう評価されているか――ドイツの環境広告と日本の環境広告を比較して」『広告科学』第 44 集
大橋照枝・藤井大拙［2008］「インターネットの CGM の急拡大は商品購入への“ブランド”意識をどう変えているか」『広告科学』第 49 集
大西茂・神山進［2008］「『心理的財布』を指標にした消費者の価値変遷」『広告科学』第 49 集
ピヤ，ポンサピタックサンティ［2008］「テレビ広告における社会・文化的差異――日本とタイの比較から」『広告科学』第 49 集
坂本真樹［2009］「タレントの特性を活かした広告コミュニケーションの可能性について」『広告科学』第 51 集
坂田英・小迫大・坂本真樹［2010］「ブランド知識におけるネットワーク構造の組み換え手法に関する実験的検討――大学の否定的イメージを肯定的イメージに転換する方法」『広告科学』第 53 集
坂田利康・鷲尾和紀［2016］「エンゲージメント獲得に向けたユーザーの情動とポストの広告コミュニケーション分析――メーカー，小売業，サービス業の Facebook ポストの実証研究」『広告科学』第 63 集
佐藤達郎［2008］「広告クリエイティブの，フロンティアを探る。――“広告クリエイティブ”から“ブランデッド・コンテンツ”へ」『広告科学』第 49 集
佐藤達郎［2009］「広告コミュニケーションは，WILL 中心型へ。――はじめにブランドの“意志＝WILL”ありき」『広告科学』第 51 集
佐藤達郎［2010］「“非広告型広告”という方法論――広告らしいカタチをしていないことの，意味と優位性」『広告科学』第 53 集
佐藤達郎［2012］「“広告表現におけるクリエイティビティ”の現在――ソーシャル・クリエイティビティ，そして一回性と真正性」『広告科学』第 57 集
泉水清志［2010］「広告から喚起される不確実なポジティブ気分の影響」『広告科学』第 52 集
世良耕一［2004］「コーズ・リレイテッド・マーケティング評価に影響を与える要因に関する一考察――『消費者とコーズの関係』からのアプローチ」『広告科学』第 45 集
世良耕一［2007］「コーズ・リレイテッド・マーケティングのサンプリング促進効果に関する一考察――『消費者と支援先コーズの関係』を中心にして」『広告科学』第 48 集
世良耕一［2008］「コーズ・リレイテッド・マーケティングにおける寄付表記がもたらす影響に関する一考察」『広告科学』第 49 集
世良耕一［2009］「コーズ・リレイテッド・マーケティングの検証における効果に関する一考察」『広

告科学』第 50 集
柴田仁夫［2012］「関連性理論による広告コミュニケーション効果測定モデルの検討」『広告科学』第 55・56 集
澁谷覚［2000］「Web サイトとマス広告の連動による新たな広告プロモーション・モデルの可能性」『広告科学』第 40 集
下村直樹［2001］「企業広告と IMC――その考え方と実際の活動」『広告科学』第 42 集
正田達夫［2000］「インターネット・ユーザーとノンユーザーの相違点――JNN データバンク調査の分析」『広告科学』第 40 集
正田達夫［2001］「懸賞サイトで募集したオンライン・ショッパーとノンショッパーの比較」『広告科学』第 42 集
正田達夫［2002］「ウェブサイトの評価とインタラクティブ性」『広告科学』第 43 集
正田達夫［2003］「広告としてのウェブサイトとインタラクティブ性――企業のウェブサイトの現状と問題点」『広告科学』第 44 集
薗部靖史［2009］「企業の信頼を向上させる企業の社会貢献活動の属性」『広告科学』第 50 集
菅原正博［2000］「次世代型広告会社のメディア・サプライチェーンと IMC 戦略――システム的考察」『広告科学』第 41 集
菅原正博・平山寿邦・川中美津子［2002］「消費生活文化意味性のホーリスティック・モデル――マチュア消費者のポストモダニスム的考察」『広告科学』第 43 集
陶山計介・梅本春夫・後藤こず恵［2010］「小売店舗内外におけるブランド・コミュニケーションミックスと広告効果モデルの研究――2007-2008 年日本広告学会研究プロジェクト報告」『広告科学』第 52 集
鈴木宏衛［2003］「自然言語解析を用いた広告効果測定とコミュニケーション開発の提案」『広告科学』第 44 集
鈴木宏衛・望月裕［2005］「広告によるブランド知識形成のメカニズム研究と広告表現」『広告科学』第 46 集
田部渓哉［2013］「モバイルクーポンの利用頻度が利用行動に与える影響――技術受容モデルからのアプローチ」『広告科学』第 59 集
多田恭之・永野光朗［2000］「原子力発電テレビ CM の効果測定に関する心理学的研究」『広告科学』第 40 集
高橋昭夫・福田康典［2000］「企業と消費者の長期的関係形成に影響を与える要因――消費財市場における満足と信頼の影響を中心として」『広告科学』第 40 集
高橋重喜・小笠原正仁・西道実・上山武司［2000］「グローバリゼーション下における広告業界の自主規制システムの課題」『広告科学』第 40 集
高橋重喜・瀧川忠昭・小笠原正仁・木村正彦・西道実［2007］「広告のバリアフリー化に向けた課題の検討――障害者と広告を中心に」『広告科学』第 48 集
高井俊次・辻本由美・中西眞知子［2004］「現代の語りとしての広告――文化の観点から」『広告科学』第 45 集
竹村和久・若山大樹・堀内圭子［2004］「広告受容の数理心理モデルとデータ解析法の開発――消費者の判断と意思決定の心理実験と調査研究を通じて」『広告科学』第 45 集
竹内淑恵［2004］「短期的広告効果とブランド・パワーの分析」『広告科学』第 45 集
竹内幸絵［2018］「広告史としての『ショーウィンドー』の黎明――明治期末期から大正初期の近代

広告への覚醒」『広告科学』第 65 集
田中洋・小林保彦・趙涓珍［2000］「広告マネジメントとクリエーティブにおけるグローバルスタンダードを求めて」『広告科学』第 40 集
田中知恵・村田光二［2005］「感情状態が広告メッセージの精緻化に及ぼす影響――TV 広告を用いた検討」『広告科学』第 46 集
巽健一［2000］「ポスト消費社会の到来――広告を取り巻く社会的経済的環境の変化」『広告科学』第 40 集
巽健一［2003］「普及過程の時系列モデル」『広告科学』第 44 集
巽健一［2004］「『広告』とその類縁概念（広報，PR，宣伝）の関係についての資料」『広告科学』第 45 集
土屋礼子・竹内幸絵［2014］「聞き取り調査による戦後日本広告史の基礎研究」『広告科学』第 60 集
津村将章・福田怜生［2017］「イベントインデックスモデルを用いたテレビ広告の分析」『広告科学』第 64 集
植田康孝［2003］「モバイル TV によるテレビ広告効果の可能性の拡大」『広告科学』第 44 集
和田充夫・三浦俊彦・川又啓子・碇朋子・澁谷覚・岡本慶一［2001］「『笑い』の文化の地域性と消費者の広告コミュニケーション消費の差異――『笑い』広告の効果と機能に対する消費者の生育環境の地域性による影響に関する検討」『広告科学』第 42 集
渡邉嘉子［2000］「'99 改正男女雇用機会均等法と“求人広告”の変化」『広告科学』第 40 集
綿貫真也［2002］「『ブランドのゲシュタルト』生成過程に関する SOM アルゴリズムによる自己組織化意味ネットワークモデルによる検討」『広告科学』第 43 集
呉伽科・船谷浩之・川村洋次［2016］「拡張現実（AR）技術における重畳表示のコミュニケーション効果に関する実証研究」『広告科学』第 62 集
呉伽科・大内秀二郎［2019］「拡張現実（AR）技術による情報提供が情報探索や記憶に与える影響に関する実験」『広告科学』第 66 集 40 年史編集委員会編集［2009］『日本広告学会 40 年史』日本広告学会
八木田克英・西尾チヅル［2009］「リデュース行動における情報提供とエコプロダクト使用経験の効果」『広告科学』第 51 集
矢嶋仁・大木英男・佐藤晴彦・中山勝己・清水公一［2000］「わが国における IMC 採用状況」『広告科学』第 41 集
山中正剛［2000］「日本のテレビ広告における高齢者像」『広告科学』第 40 集
梁瀬和男［2015］「知財高判『テレビ CM 原版事件』（平成 24 年（ネ）第 10008 号）から判明した広告界の問題点と解決策の提言」『広告科学』第 61 集
八巻俊雄・梶山皓・馬亦農・範志国［2001］「中国広告主の広告管理体制」『広告科学』第 42 集
八巻俊雄・朱磊・金洛均［2004］「ブランド意識の国際比較――日，中，韓，米を中心に」『広告科学』第 45 集
吉本圭介［2005］「広告媒体としての CS テレビ――その現状と課題」『広告科学』第 46 集
柳臻亨・金敏基［2000］「異文化間の広告グローバル・スタンダード（AdGS）――商品と広告の受容性と類似性を中心にした日・韓研究」『広告科学』第 40 集

第10章 デジタル広告研究の展開

広瀬 盛一

はじめに

マスメディアの登場とともに，マスコミ媒体を中心として発達してきた広告は，インターネットの普及などによって大きな転換を遂げてきた。インターネットが，広告媒体として認識されるようになったのは1990年代中頃のことである。検索エンジンに代表されるインターネット上のサービスには，利用者への広告露出を前提としたビジネスを展開しているものが多く，利用者は使用料を払うことなくサービスやアプリを使うことができるようになった。インターネット・ビジネスが発達した背景には，インターネット上の広告ビジネスの発展があったといっても過言ではない。

その動きは，2000年代に入って顕著になり，単にインターネットという新しい媒体を活用した広告という捉え方にとどまらず，双方向性（interactivity）といったインターネットのもつ可能性についての議論が盛んになった。学界ではデジタル広告を扱う *Journal of Interactive Advertising* が2000年に創刊され，産業界では1996年に設立された *Internet Advertising Bureau* が2001年に *Interactive Advertising Bureau* へと名称を変更した。2000年代中頃には，フェイスブックやツイッターなどのソーシャル・メディアが産声を上げ，電子的なクチコミが注目されるようになった。デジタル広告という概念は，パーソナル・コンピュータ（PC）やスマートフォンのようなインターネットにアクセス可能な端末だけを媒体として捉えているのではない。むしろ最新のデジタル広告の議論では，インターネットはデジタル広告の1つの要素にすぎなくなっている。マスコミ媒体や屋外広告などの既存の広告媒体についても，デジタル広告はさまざまな影響を及ぼしており，多くの消費者にとって，ますます身近な存在となっている。

広告業界におけるデジタル広告の存在も急速に高まっている。Wood［2020］は，国際広告調査センター（world advertising research center：WARC）のデータを用いて1980年から2020年までの世界の広告費の変遷についてまとめている。そこでは，インターネットやデジタル広告が広告業界に与えた影響をみることができる。1980年から順調に成長を遂げてきた印刷媒体は，アメリカにおいて世界金融危機が発生する前の2007年の約1250億ドルをピークに下落に転じており，2020年の広告費は1980年代の中盤程度の水準に留まっている。同様に，成長を遂げてきたテレビも2014年に約2450億ドルをピークに急激な下落基調を示している。この背景には，ソーシャル・メディアやオンライン・ビデオへの広告の増加があり，テレビへの広告支出は，これから数年間にわたって減少するとみられている。一方で，2020年にかけてソーシャル・メディア，動画，eコマース，検索エンジンに関連する広告は，印刷媒体やテレビの動向に反して高い伸び率を示している。2015年に1560億ドルだったインターネット関連の広告費は，2019年には2990億ドルに達しており，広告費全体の半分以上を占めるまでになった。しかし，デジタル広告にも変化はある。検索エンジンはデジタル広告の主要媒体ではあるものの，2010年代には成長が鈍化しており，ソーシャル・メディアとeコマースが伸びているとされる（Wood［2020］）。

また，Wood［2020］は，消費者の変化についても指摘している。スマートフォンやタブレットなどの携帯型端末の普及により，画面の前で過ごす時間が増えてきた。従来であれば，画面の前にいるのは自宅か職場などに限られていた。しかし，スマートフォンなどが普及したことによって，時間や場所を気にしなくてもよくなった。とくに，スマートフォン向けのアプリに広告費が振り向けられるようになっている。

一方，日本では，インターネット広告費が2009年に新聞を抜き，2019年にテレビを抜いたとされている（電通［2021］）。媒体の分類方法が異なるために世界的な広告費との比較はできないが，2020年ではマスコミ四媒体の構成比が36.6%であったのに対してインターネット広告費は36.2%と，その差はわずかとなっている。インターネット広告費のうち，構成比の多いものから，検索連動型広告が38.6%，ディスプレイ広告が32.6%，動画広告が22.0%となっており，広告の種類が多様化していることがわかる。また，ソーシャル・メディア上の広告も5687億円と急速に伸びており，インターネット広告費のなかで

32.4%を占めるまでになっている。

このような広告を取り巻く大きな環境変化に伴って，広告研究の領域でも広告の定義や広告研究の方向性についての議論が進められている。インターネットの普及とそれに伴う技術的革新は，広告業界を大きく変えてきた。1994 年にインターネットで最初の広告が展開されてからおよそ四半世紀が経過した。インターネットの通信速度は格段に上がり，大容量のデータを送信できるようになった。消費者のインターネット・アクセスは，デスクトップ型コンピュータから，ノート型コンピュータ，そしてスマートフォンへと端末の小型化と多様化が進んできた。また，通信速度が向上した結果，デジタル広告に音楽や動画といったリッチなコンテンツが含まれるようになった。ソーシャル・メディアの出現やゲームなどの新たなインターネット・サービスの出現により，デジタル広告の媒体も広がりをみせている。広告を掲出するための技術や手続きも，従来の広告媒体とは大きく異なる。ターゲットが媒体にアクセスするとすぐに広告が掲出される仕組みや，人工知能を活用したパーソナライゼーションなどの仕組みが，広告ビジネスにも大きな影響を与えている。

インターネットに関連した広告は，インターネット広告，インタラクティブ広告，オンライン広告，そしてデジタル広告といったように，学界や産業界において複数の言葉が使われてきた。Lee & Cho［2020］は，デジタル広告がオンライン広告やインターネット広告の組み合わされた概念として使われてきたと指摘したうえで，デジタル広告はメディアにおけるインタラクティブな技術を用いてマーケターが強化されたブランド経験の提供を可能にするものと述べている。研究者は，それぞれの概念を明確にしようと試みてきた。たとえば，Leckenby & Li［2000］は，双方向性という概念がインターネットだけに応用されるものではなく，広告文や全体に浸透すべき概念だと指摘したうえで，インタラクティブ広告を「明示されたスポンサーが消費者と生産者との間で相互に作用する媒介的な手段を通じて行う製品，サービス，アイディアに関する有料もしくは無料の提示やプロモーション」と定義している（p. 3）。また，Ha［2008］は，インターネットへのアクセスを前提としているために，双方向性がオンライン広告の前提とはならないとして，オンライン広告とインタラクティブ広告とを区別したうえで，オンライン広告の定義を「インターネットへのアクセスを通じて利用可能な検索エンジンやディレクトリを含む第三者のウェブサイトに掲載される意図的なメッセージ」としている（p. 31）。PC，スマートフォン，タブレットといった情報端末に加えて，インターネットに接続可能なスマートテレビやデジタル・サイネージ，VR（仮想現実）やAR（拡張現実）といった新しい技術の出現などにより，デジタル広告の領域は広がりをみせているため，デジタル広告という概念を明確に定義するのは困難になっている。

デジタル広告が広告ビジネス全体においても大きな位置を占めるようになり，消費者とデジタル広告の関わりも大きくなってきた。当然のように広告研究におけるデジタル広告の興味関心も高まっている。デジタル広告研究の高まりから，2000年に*Journal of Interactive Advertising*が発行された。デジタル広告についての研究をまとめてレビューした論文やデジタル広告をテーマとした特集号も出版されており，デジタル広告の実務や研究の発展経過がまとめられてきた。これらの論文では，研究の意義や可能性についても議論がされている。そこで，本章ではレビュー論文やデジタル広告の特集号の巻頭言などを中心に，デジタル広告研究が発展してきた経緯，研究領域における主要な議論などを紹介しながら，今後のデジタル研究の方向性について考察する。

1．初期のデジタル広告研究

デジタル広告の論文については，研究論文をおよそ10年間にわたって包括的にまとめたレビュー論文がある。これらの論文は2000年代後半と2010年代後半のものに区分できる。たとえば，2008年にはKim & McMillan［2008］とHa［2008］が，それぞれレビュー論文を書いている。これらの論文は，初期のデジタル広告研究を知るうえで貴重なものである。

1.1．新しいメディアとデジタル広告

研究領域の動向を把握する方法としては，関連する主要論文がどのようなテーマを扱っているのか，研究者がどの論文を参考にしているのかを調べるものがある。このような分析は，新しい研究領域の発生や研究動向の変化をみるうえで有効である。

Kim & McMillan［2008］は，過去10年間，インターネット広告の研究分野がどのように発展してきたのかを分析するために，広告をテーマとした主要な

学術誌に掲載された論文を計量的に分析している。彼らの研究目的は，①インターネット広告の分野において影響のある文献，②扱われているテーマ，③論文引用のネットワークを明らかにすることであった。引用された回数が多い文献（被引用文献）を分析すると，主要な変数として双方向性を取り上げている論文が多く，また相互に引用されている頻度が多いことからも，双方向性がインターネット広告研究における中心的な存在であったことがうかがえる。主要なテーマとしては，①インターネット広告の効果，②双方向性，③電子商取引，④広告処理，⑤サイト・広告・ブランドに対する態度，⑥従来型メディアとの比較という 6 つが明らかにされている。

初期の研究では，インターネット広告が伝統的な広告の延長線上で解釈されようとしていたため，引用ネットワークの中心的な存在にはなっておらず，引用数も少ない。また，引用ネットワークにおける最初の論文は 2000 年に発表されたものであり，デジタル広告に関連するネットワークが構築されるのに一定の時間を要していたこともわかる。この時期の論文の理論的な背景としては，精緻化見込みモデル（elaboration likelihood model：ELM；第 1・2 章参照），広告に対する態度（attitude toward the ad：Aad），利用と満足（uses and gratification），イノベーションの普及（diffusion of innovation）といった理論や概念が用いられており，マーケティングやコミュニケーションにおける理論が，インターネット広告研究に貢献してきたことも明らかになっている。

また Ha［2008］は，オンライン広告研究の概念的な基盤や理論や実務における貢献を明らかにし，最先端のオンライン広告研究の現状を把握し，将来的な研究の方向性を明らかにするために，1996 年以降に広告関連の学術誌に掲載されたオンライン広告研究をレビューしている。レビューの対象期間はおよそ 10 年間であるが，この間にみられた主要な研究テーマとしては，①消費者や実務家のオンライン広告への態度，②インターネット広告におけるメディア・プランニング，③オンライン広告における表現や双方向性などのクリエイティブの要素，④オンライン広告の情報処理，⑤大学のカリキュラムにおけるオンライン広告などがある。

態度についての代表的な研究としては，Ducoffe［1996］や Li et al.［2002］などがある。Ducoffe［1996］は，デジタル広告における広告価値（advertising value）という概念を展開し，情報性（infomativeness），エンターテイメント性

(entertainment)，いらつき（irritation）を広告価値の先行要因としてウェブ広告への態度につながるという広告価値モデルを提案した。Edwards et al.［2002］は，デジタル広告が普及する経過において，広告が頻繁に出現するようになったり，画面を覆い尽くすような大きさのポップアップ広告が増えてきたことから，そのような広告活動への知覚として押しつけがましさ（intrusiveness）という概念を提案している。Sheehan & Gleason［2001］の研究では，インターネット広告のプライバシーについて言及している。従来の媒体と異なり，当時のインターネットは広告についての規制が未整備であった。これらの研究は，デジタル広告独自の問題を扱っており，その後のデジタル広告研究にも影響を与えている。

デジタル広告の効果について扱った研究では，双方向性という媒体特性が広告効果におよぼす影響の議論から，2000 年頃からは，デジタル広告における消費者情報処理を取り上げた研究が増えてくる。Rodgers & Thorson［2000］の提案したインタラクティブ広告モデル（interactive advertising model：IAM）は，インターネットのような双方向性の高い環境における情報処理が，消費者によるインターネット利用への動機づけとなる「機能」と，広告主が提供する広告の「構造」に依存すると考えた。そして①消費者が統制可能な要因としてのインターネットの利用動機と情報処理，②広告主が統制可能な要因としての広告の種類，広告の形式，広告の表現特性，③消費者が統制可能な要因である消費者反応という 3 つの段階からなる包括的なモデルを構築した（第 2 章図 1 参照）。Rodgers & Thorson［2000］の提案したモデルは，豊富な先行研究のレビューに基づいた概念モデルであり，その後のデジタル広告研究においてさまざまな形で応用され，この分野の研究に大きな影響を与えている。

1.2. デジタル広告におけるパラダイム・シフト

インターネットの普及や技術的な進歩などによりデジタル広告が発展し，それに伴ってデジタル広告研究の成果も蓄積が進んでいった。その結果，新しい媒体としてのインターネットやデジタル広告の可能性やその特性である双方向性についての議論から，デジタル広告に対する消費者の反応に対する注目が高まっていった。

Ha［2008］はおよそ 10 年間の対象期間で，媒体への信頼性，利用動機，表現特性，オーディエンスのタイプといったインターネットという新しい広告媒体の特性や動機づけへの注目から，クリック・スルー，再生，再認，購買意図，知覚リスク，製品評価，覚醒，注目などの広告効果への着目という研究上のパラダイム・シフトが起きたと指摘した。

このようにオンライン広告の初期には，広告媒体としてのインターネットがどのように受け入れられているかが議論されている。新しい媒体であるインターネットは，今とは違って通信速度なども限られていたため広告表現などにも制約があり，媒体としての可能性に対する限界を指摘する声もあった。そのため，消費者だけでなく，実務家が新しい媒体をどのように捉えているのか，また広告の表現様式として印刷媒体などとの類似性も議論されている。初期のデジタル広告は，バナー広告が中心であったため，広告の形状による効果なども研究されていた。

一方で，検索連動型の広告については相対的な重要性が高まっているにもかかわらず，研究成果が少なかったことがわかる。また，デジタル広告の効果について，学術的な研究者は双方向性を重視していたが，実務的な研究者は効果指標としてインプレッションを重視していた。2000年頃からは，プライバシーについても議論が始められるようになっている。Kim & McMillan〔2008〕でも指摘されているように，この時期は既存の広告研究理論が応用されており，製品関与，限界容量や精緻化見込みモデルといった情報処理理論を中心とした心理学的な理論が用いられていた。

そして，レビューの結果からHa〔2008〕は，将来的な研究の可能性として9つの領域を提案している。すなわち，①オンライン広告の経済効果，②オンライン広告の社会的影響，③オンライン広告の形状と他の新しい媒体との比較，④製品やサービスのデジタル化の可能性とオンライン広告，⑤オンライン広告において広告主が管理可能な要素と消費者が管理可能な要素との相互関係，⑥オンライン広告の効果についての評価，⑦国際的な広告の実施とオンライン広告のグローバルな影響，⑧偶発的・意図的な広告露出，⑨方法論研究（サンプリングや実験のデータ収集方法）である。このように，インターネットという新しい広告媒体が，単に新しい広告媒体の1つという認識から，マスメディアに次ぐ存在として認識されるようになり，インターネットの特性を前提とした広告の存在が議論され，研究の範囲や可能性が拡がってきた。

2. デジタル広告研究の現在

2000年代中頃には，ネットワーキング・サイト，ソーシャル・メディア，ユーザー生成コンテンツ・サイトが成長を遂げてきた。インターネットの普及が進み，通信速度も上がり，検索エンジンが広告媒体として存在感を示すようになってきた。また，2007年にはスマートフォンが市場導入された。素早い広告出稿を可能にするリアルタイム・ビディング（real time bidding：RTB）といったメディア・バイイングの仕組みがデジタル広告に導入され，デジタル広告の変化が広告業界全体にみられるようになってきた。

2.1. デジタル広告の体系化

デジタル広告におけるさまざまな環境変化に対して Taylor〔2009〕は，①消費者の懸念の理解に関する原理，②表現に関する原理，③その他の原理という3つの視点からなるデジタル広告研究の6つの原理を提案している。

消費者の懸念の理解に関する原理は，①マーケティング担当者は，プライバシーや迷惑メールについての懸念に敏感でなければならない，②消費者は信頼しているマーケターからのデジタル広告を受け入れる可能性が高い，③消費者は，自分に関係のある商品のデジタル広告には，より反応しやすいというものであった。決まった時間に消費されていた従来のメディアと異なり，携帯電話などの小型情報端末は，常に電源が入った状態であることから，消費者はモバイル端末を個人的なスペースの一部と見なしており，不要な広告を露出させることは消費者との関係を悪化させることにつながるとしている。また，反対に信頼関係が構築された企業との間や広告メッセージと消費者の関連性が高いと見なされた場合に，消費者が広告を受け入れやすくなる傾向にあることも指摘している。

表現に関する原理としては，④双方向性を取り入れたデジタル・アプローチは効果的となる可能性が高い，⑤エンターテイメント性のある広告メッセージはデジタルの文脈で成功する可能性が高いというものがある。双方向性の高いものとしては，位置情報などを用いたメディアの存在が挙げられている。また，双方向性とエンターテイメント性の両者をあわせもつものとしてアドバゲームなどのゲーム要素をもつ活動が挙げられている。そして最終的な原理として，⑥長期的には，新しいメディアにおいて効果的なメッセージを展開するためには，ブランド構築が必要であるとしている。

インターネット環境では，広告を見た消費者が，企業やブランドについて知ったり，親しみや好ましさを抱くためのエンターテイメント・コンテンツに触れるといった行動に移ることができる。このような関係構築機能を利用してブランド構築につなげることが，広告活動において重要であると指摘している。スマートフォンの普及は，利用者の詳細なターゲティングを可能にし，デジタル広告の可能性を拡大させると同時に，プライバシーなどの新しい課題ももたらすようになっていった。

たとえば，Bruner & Kumar［2007］は，GPS 機能付き携帯電話の普及により，位置情報に基づく広告（location-based advertising：LBA）の可能性が期待できるとして，LBA への態度を測定する尺度を開発した。また，Okazaki et al.［2009］は，スマートフォンが普及する以前から日本をはじめとする一部の市場において高速でインターネットに接続可能な携帯電話のサービスが普及していたことから，携帯電話を活用した広告において広告主によるプライバシー利用に対する懸念（information privacy concerns）やユビキタス感（perceived ubiquity）という概念に着目して，いつでもどこでも使える携帯端末の利便性とプライバシーの問題について検討している。

ソーシャル・メディアの出現や携帯電話やスマートフォンなどの携帯型情報端末の普及などでデジタル広告の多様化が進み，色々な研究テーマが扱われるようになってきたと同時に，これまでに蓄積された研究成果が概念的にも整理されるようになってきた。研究の蓄積と整理によって，デジタル広告の範囲が徐々に明らかにされてきた。

2.2. 新たなデジタル広告の領域と効果

2010 年代の中頃以降，デジタル広告についてまとめた論文が集中的に出版されている。この頃は，IT 企業によるデータの収集分析が盛んに行われるようになり，パーソナライゼーションやビッグデータなどの概念が意識されるようになってきた。そして，これまでのデジタル広告研究を振り返る論文が出版された。

Liu-Thompkins［2019］は，先に挙げたKim & McMillan［2008］とHa［2008］による2つのレビュー論文を受けて，2008年以降のオンライン広告研究をレビューしている。レビューの結果，①オンライン広告の効果，②オンライン広告のメカニズム，③オンライン広告における表現要素，④オンライン広告における文脈の役割，⑤オンラインのパーソナライゼーション，⑥検索型広告，という6つの領域が明らかにされた。それぞれの研究領域については，いつ（表1参照），どの学術誌に掲載されたのか，主要な発見は何であったのか，研究上の課題は何かといったことがまとめられている。広告の効果やメカニズムは，2008年の先行研究に引き続いて主要な研究領域であることがわかったが，パーソナライゼーションが付け加えられたり，モバイル広告の普及を背景としてオンライン・ビデオやアドバゲームを取り上げた研究が確認されるようになった。

Boerman et al.［2017］は，広告主がターゲットのオンライン行動から導き出されたデータを利用して，広告をパーソナライズしたりターゲットを絞ったりする機会を得ているとして，オンライン行動広告（online behavioral advertising：OBA）の文献レビューを通じてOBAの知見を整理している。Boerman et al.［2017］によれば，OBAとは「人々のオンライン行動を監視しながら，集めたデータを使って個別にターゲティングされた広告を表示すること」と定義される（p. 364）。彼らは，Rodgers & Thorson［2000］がデジタル広告の効果につ

表1　オンライン広告の変遷

年	2008	2009	2010	2011	2012	2013	2014	2015	2016	2017	2018
効　果	1	3	6	4	6	9	9	4	10	9	5
メカニズム	2	7	4	3	6	10	9	3	7	3	5
表現要素	5	15	9	7	6	3	8	8	3	10	9
文脈効果	4	1	3	2	4	1	3	8	5	5	4
パーソナライゼーション	0	2	1	5	3	6	4	2	3	5	3
検　索	3	2	2	10	3	1	6	3	1	3	1
レビュー	1	4	1	2	0	1	1	0	1	2	0
他のトピック	1	4	1	4	0	0	4	2	2	3	3

（出所）Liu-Thompkins［2019］より作成。

いてまとめたIAM（第1節，第2章図1参照）に基づいて，①広告主が管理可能な要因，②消費者が管理可能な要因，③成果という3つの視点を用いながら，OBAに対する消費者の反応を説明するフレームワークを提案した。広告主が管理可能な要因には，広告の特性とOBAの透明性という変数があり，消費者が管理可能な要因には，知識と能力，知覚，消費者特性といった変数が含まれ，成果には広告効果とOBAの需要と抵抗という変数が含まれている。さらに，それぞれの変数には，下位概念とされる変数が含まれており，OBAに関連する変数間の関係性が示されており（図1参照），OBA研究で用いられている理論についても別に整理されている（図2参照）。OBA全体を説明する包括的な理論的枠組みはなく，説得知識モデル（persuasion knowledge model：PKM），心理的リアクタンス理論，社会契約理論の3つの理論が複数の論文で用いられていたことが明らかになった。今後の研究課題として，Boerman et al.［2017］は，OBAにおける理論的枠組みの強化，OBAの需要と抵抗に対するさらなる理解，消費者の知識強化，ビッグデータなどを用いた新しい方法論によるアプローチを提案している。OBAはデジタル広告の一部ではあるが，包括的な効果の枠組みと変数に加えて理論的背景についてもまとめられており，この領域の研究をするうえで重要な情報を提供しているといえよう。

Liu-Thompkins［2019］もBoerman et al.［2017］と同様に，理論的な強化の必要性を訴えている。さらに，従来の実験室的な調査から抜け出して，より現実的な状況での調査を実施したり，神経科学など他分野で用いられている幅広い手法の活用の必要性も主張している。デジタル広告における理論的枠組みの強化と手法の多様化は，デジタル広告研究の学際的な広がりとともに強調されるようになってきたと考えられる。

2.3. ソーシャル・メディアと広告

デジタル広告におけるソーシャル・メディアの存在感も高まっている。ソーシャル・メディアに関連する広告研究は細分化されており，広告の研究者だけでなくマーケティングやコミュニケーション分野の研究者による研究も含まれる学際的な領域のため，多くの研究成果が明らかにされている。Knoll［2016］は，2006年から2014年にかけて行われたソーシャル・メディアにおける実証的な広告研究を，詳細かつ体系的にまとめている。調査対象とされた論文の多

図1　OBA の概念的フレームワーク

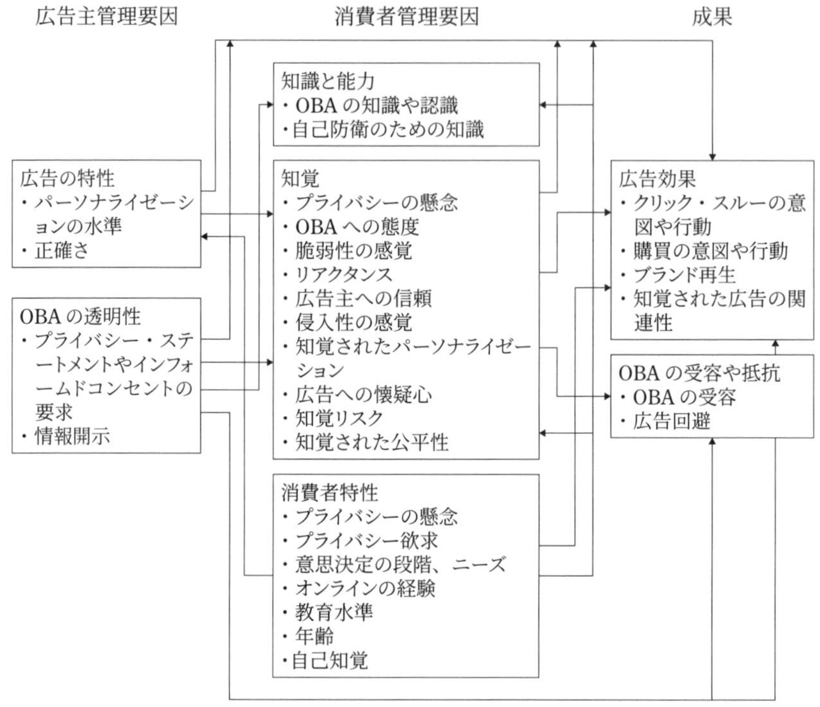

（出所）　Boerman et al.［2017］より作成。

図2　OBA の理論的背景

広告主管理要因	消費者管理要因	成果
OBA の特性 ・選択理論 ・心理的リアクタンス理論 ・心理的オーナーシップ理論 ・自己知覚理論	知識と能力 ・説得知識モデル ・メンタルモデル ・第三者の知覚	広告効果 ・SOR（刺激・生活体・反応）モデル
OBA の透明性 ・社会契約理論 ・期待違反理論	知覚 ・プライバシー計算 ・社会的好感理論 ・獲得取引効用理論 ・情報境界理論 ・社会的存在感理論	OBA の受容や抵抗 ・相互主義
	消費者特性 ・解釈レベル理論	

（出所）　Boerman et al.［2017］より作成。

くが，2011年以降に出版されていることからも，この研究領域がまだ新しいことがわかる。

レビューの結果，①ソーシャル・メディアにおける広告の利用，②広告に対する態度と広告露出，③ターゲティング，④広告におけるユーザー生成コンテンツ（user-generated contents：UGC），⑤広告における電子的なクチコミ（electronic word-of-mouth：eWOM），⑥消費者生成広告，⑦さらなる広告効果といった7つの研究領域が明らかにされている。企業がソーシャル・メディアをどのように活用しているのかについては，あまり明らかにされていない。広告に対する態度と露出については，広告全般とブランドのページに対する態度に細分化されており，フェイスブックやユーチューブといったプラットフォームによる違いやブランドページにおける双方向性の影響が利用者の態度に影響することが明らかにされている。

ターゲティングに関する研究では，ターゲティングの方法が必ずしも効果的に行われていないという問題意識から，プライバシーの取り扱いも含めた適切なターゲティング手法などが議論されている。ユーザーによって生成されたUGCと結果としてユーザーに伝達されたeWOMは，ソーシャル・メディアにおいて密接な関わりにある。UGCはソーシャル・メディア広告において広告のメッセージに影響を及ぼす重要な役割を果たしており，UGCへの態度やUGCの発信者と受信者との関係性が広告効果に影響を及ぼすことが明らかにされている。一方，eWOMについては，消費者とメッセージ両者の特性がeWOMを促進することが明らかになっており，eWOMがオフラインのクチコミに影響を及ぼす可能性も指摘されている。消費者生成型広告（consumer-generated advertising：CGA）については多くの研究がなされており，広告が実務家ではなく消費者によって制作されていることに焦点が当てられている。その多くがユーチューブを念頭に置いて，発信者と受信者との関係性や発信者の信頼性や専門性が，広告への態度などに影響することが明らかにされている。

ソーシャル・メディアにおける広告研究では，半数以上の研究で理論的背景が明確ではないことも指摘されている。これは，ソーシャル・メディアが比較的新しい現象であったために，探索的な研究が含まれていたことも考えられる。社会的アイデンティティ理論や社会的影響理論が中心的な理論として使われることが多く，広告や説得に関する精緻化見込みモデルや計画的行動理論，ソーシャル・ネットワークに関する社会的交換理論や社会的資本理論なども用いられることがある。この分野の研究では，ユーザーのコメントなどを用いた内容分析が行われることもあり，研究手法の可能性が期待されている。分析には態度など広告研究における標準的な広告効果が用いられているが，クリックやログインといった具体的な行動を扱う研究も行われるようになっている。

Knoll〔2016〕は，この分野の研究が学生サンプルを対象に行われていることや限られた状況のなかで調査が行われていることから，より一般的な状況での調査結果を導くために一般消費者を対象にした調査の実施やより多くの変数を用いた包括的な関係性を明らかにするべきだと主張している。この論文では，7つの研究領域について今後の課題も示しており，この分野に関心のある研究者にとって有益な情報を提供している。

2.4. 人工知能とデジタル広告

2010年代中頃から終わりにかけて，広告業界における人工知能（artificial intelligence：AI）の活用が進み，より高度なパーソナライゼーションが行われるようになったり，プログラマティック広告の導入などが進んだ。同時に，欧米におけるデータ保護意識が高まってきたことから，個人情報とデジタル広告についての議論が盛んに行われるようになってきた。また，デジタル広告は，PCやスマートフォンなどの端末での議論が中心であったが，テレビなどの端末でもインターネットを活用することができるようになり，従来とは異なるデジタル広告としてのテレビ広告についても議論されるようになってきた。

たとえば，Malthouse et al.〔2018〕は，広告媒体の売買にはマスメディア広告とコンピュータを活用した広告（computational advertising）という2つのアプローチがあると指摘している。

マスメディア広告では，メディアの営業を通じて大規模なオーディエンスを，視聴率などのデータによって意思決定を行う広告主に販売し，低コストで多くのオーディエンスに広告を露出させることをめざす。それに対して，コンピュータを活用した広告では，端末，クッキー（cookie），世帯に関するあらゆるデータを用いて，個々のユーザーに対する露出となる表示枠を購入し，ダイレクト・マーケティングなどがめざしていた長期的な関係性をめざすとしている。

コンピュータを活用してプログラミングされたプログラマティック広告では，

配信（delivery），広告在庫（advertising inventory），データ（data）の３つの要素（DAD）が最適化され，連動して機能する必要がある。テレビが配信を中心とする視聴（over the top：OTT）に移行すると，アマゾンやネットフリックスなどの配信事業者やプログラマティック広告の取引をする運営業者などの新たな関係者が登場することになる。ここでやりとりされるデータは，PC やスマートフォンですでに展開されているプログラマティック広告のものと近く，過去の行動，世帯特性，家庭内メディア消費などのデータが含まれる。DAD をまとめて把握する企業は限られるため，DAD を巡って広告業界で関連企業の提携や買収なども発生している。テレビなどの OTT が進んでいくと視聴者がテレビ以外にも PC やスマートフォンなど複数の画面をみていることを想定せねばならず，広告主は複数のメディアにまたがった広告効果の検討が求められるようにもなる。このような状況に加えて，消費者はアド・ブロッカーを使ったり，定額制サービスを使って広告を回避することもできる。そのため，Malthouse et al.［2018］は，ターゲットに広告を露出させるためには，多様なマーケティング・コミュニケーション手法の活用をすべきだとしている。テレビにおけるプログラマティック広告は，技術的にも商業的にも発展の余地が大きく，実務上も研究上も多くの課題が残されている。

このような状況を踏まえて Li［2019］は，広告における人工知能の問題についてまとめ，AI を用いたインテリジェント広告を，デジタル広告の新たな段階と指摘している。ソフトウェア，データ，アルゴリズムを用いてデジタル広告を自動的に売買できるプログラマティック広告は，双方向性と自動化という属性を有している。最近の AI を搭載したアプリが利用可能な状況では，利用者の状況にあったニーズが把握され，押しつけがましさを低減する形でパーソナライズされた広告を展開することも可能になってくると指摘した。そして今後のインテリジェント広告研究の方向性として，①広告において AI を導入する要因，② AI が広告業界に与える影響，③ブランディングや販売に AI が効く新しいモデル，④ AI が個人のニーズやウォンツを予測する方法，⑤ブランド・メッセージ作成における AI の論理性，⑥広告アルゴリズムの解明，⑦ AI 時代におけるデータのプライバシーという７つを示している。

また，Taylor［2009, 2019］も，OTT，インターネットに接続され OTT を可能にするテレビであるコネクテッド・テレビ（connected TV：CTV），従来のパーソナライズされた広告とは異なりユーザーを特定して広告を提示するアドレッサブル広告の可能性を指摘すると同時に，その背後にあるAIの存在と欧州連合で議論が進んでいる一般データ保護規則（General Data Protection Regulation：GDPR）といったプライバシー保護との関係性についても検討の必要性を述べている。

AIは，すでに広告業界で活用されており，消費者のパーソナライゼーションのために用いられているだけでなく，番組や広告の配信，デジタル広告の売買やクリエイティブの作成などにも利用されている。それにもかかわらず，デジタル広告におけるAIの影響や仕組みについての研究は少ない。AIを利用するためには，消費者について多くのデータを収集する必要があることから，データを収集する企業を含めた幅広い範囲でプライバシーに関する議論が必要にもなっている。

このように，現在のデジタル広告では，初期のデジタル広告研究を発展させる形で行われている消費者情報処理の研究に加えて，AIやデータ保護がデジタル広告に与える影響についても検討を加えるようになっている。

おわりに：結びに代えて

デジタル広告の範囲が拡張されてきたことで，広告研究においてデジタル広告の占める割合も大きくなってきているといえる。デジタル広告を巡る議論は，既存の広告媒体に対する新しい媒体としての位置づけや双方向性という議論から，OBAなどの広告効果測定モデルの精緻化，ソーシャル・メディア広告などのデジタル広告の多様化，広告におけるAIの役割の検討といったように展開してきた。AIのさらなる進化やそれに伴う規制の問題は，まだ議論がされているところであるし，米IT大手企業の対応もこれからである。企業や政府の対応は，これからの広告業界にも影響を及ぼすだろう。携帯電話がインターネットにつながったり，ソーシャル・メディアが成長を遂げたり，スマートフォンが出現したときのように，消費者がそれと気づくようなデジタル広告の変化はみえにくくなってきているかもしれない。しかし，デジタル・サイネージやOTTなどでみられるように，さまざまな媒体がインターネットにつながるようになり，その背後で高度なAIが動いているというような状況は，これからもっと進んでいき，着実に広告業界に変化をもたらしていくであろう。

このような議論を受けて，Lee & Cho［2020］は，デジタル広告の現状と今後の課題についてまとめている。デジタル広告を理解するためには，特性としての双方向性に対する理解が必要であり，デジタル広告の応用範囲がPCだけでなく，スマートフォン，OTTが可能な端末，デジタル・サイネージ，AIスピーカーなどの幅広いメディアを含んだものであるべきだと主張している。また，Taylor & Carlson［2021］も，広告研究の将来的な方向性を示すなかで，デジタル広告全般，ソーシャル・メディア広告，eWOMなどを主要な研究テーマとして挙げている。デジタル広告研究の領域は，消費者中心の視点から，AIを取り込んだ広告ビジネス，データの取り扱いについての規制といった領域にまで拡張している。このような状況のなかでデジタル広告研究は，どのように展開されるべきだろうか。

まず，研究の位置づけを明確にする必要がある。デジタル広告の範囲が拡大していることに加えて，新しいデジタル広告の種類や手法が発展していくことが予測される。研究領域はさらに拡大していくだろう。デジタル広告研究には，デジタル広告全般への態度，広告効果，広告ビジネス，広告規制といった大きな枠組みがある。新しいデジタル広告が生まれれば，それだけ研究の可能性も増える。新しい事象に対して，研究にどのような意味づけをもたせるのかは研究者の独自性が発揮される。たとえまったく新しい事象と思えることであっても，過去の研究の延長線上に位置づけることがデジタル広告研究への貢献を明確にすることになる。

つぎに，この分野における大きな課題として，研究の理論的な背景の強化や研究手法の精緻化がある。AIなどを活用したデジタル広告の仕組みに対して，既存の研究は十分に対応できているとはいえない。たとえデジタル広告の背後で動く仕組みが複雑になろうとも，Kim & McMillan［2008］，Ha［2008］，Liu-Thompkins［2019］が明らかにしてきたように，デジタル広告に対して消費者がどのように考えているのか，パーソナライゼーションなどの影響をどのように捉えているのか，広告効果の枠組みをどのように考えれば良いのかといった既存の研究領域は，これからも必要となるだろう。Rodgers & Thorson［2000］の提案した概念モデルであるIAMやBoerman et al.［2017］がIAMに基づいてまとめたOABの概念モデルは，デジタル広告研究に既存の研究アプローチを用いたとしても，明らかにすべき関係性や理論的枠組みが数多く残されていることを示している。

さらに，デジタル広告研究には研究手法についての余地が大きく残されている。AIに関連する分野については，データの入手可能性などの問題や分析方法といった研究アプローチの問題がある。大手IT企業が行っているようにデータを収集して分析することは難しい。しかし，インターネットの世界ではAIを用いた分析ツールなどを研究者が利用する可能性も高まっている。たとえ企業の行っているような規模でないとしても，データを収集して分析することができれば，デジタル広告に関する理論構築につながるかもしれない。その意味では，この分野における産学連携も重要となろう。広告業界への影響については，経済的な影響やデータ保護規制の問題が含まれる。この分野における研究は限られているが，これから各国での議論が盛んになっていくこと，第三者的な立場での検証が求められることを考えれば，学術的な研究の余地は大きいと考えられる。

デジタル広告を取り巻く変化は激しいので，研究においても目の前の変化を捉えることに注意が向きがちである。しかし，研究は，既存の研究成果の理解があって初めて成り立つ。本章で取り上げた論文は，巻頭言やレビュー論文などが中心で，限られたものでしかないが，デジタル広告研究の分野についてのまとまった知識を提供している。デジタル広告研究に取り組むときの手がかりにしてほしい。

引用・参考文献

Boerman, S. C., S. Kruikemeier and F. J. Z. Borgesius [2017] "Online Behavioral Advertising: A Literature Review and Research Agenda," Journal of Advertising, vol. 46.

Bruner II, G. C. and Kumar, A. [2007] "Attitude Toward Location-Based Advertising," Journal of Interactive Advertising, vol. 7.

電通［2021］「電通ニュースリリース『2020年 日本の広告費』」https://www.dentsu.co.jp/knowledge/ad_cost/2020/

De Pelsmacker, P. ed. [2016] Advertising in New Formats and Media: Current Research and Implications for Marketers, Emerald Group Publishing.

Ducoffe, R. H. [1996] "Advertising Value and Advertising on the Web," Journal of Advertising Research, vol. 36.

Ha, L. [2008] "Online Advertising Research in Advertising Journals: A Review," Journal of Current Issues & Research in Advertising, vol. 30.

Kim, J. and S. J. McMillan [2008] "Evaluation of Internet Advertising Research: A Bibliometric Analysis of Citations from Key Sources," Journal of Advertising, vol. 37.

Knoll, J. [2016] "Advertising in Social Media: A Review of Empirical Evidence," International Journal of Advertising, vol. 35.

Leckenby, J. D. and H. Li [2000] "From the Editors: Why We Need the Journal of Interactive Advertising," Journal of Interactive Advertising, vol. 1.

Lee, H. and C.-H. Cho [2020] "Digital Advertising: Present and Future Prospects," International Journal of Advertising, vol. 39.

Li, H. [2019] "Special Section Introduction: Artificial Intelligence and Advertising," Journal of Advertising, vol. 48.

Li, H., S. M. Edwards and J. H. Lee [2002] "Measuring the Intrusiveness of Advertisements: Scale Development and Validation," Journal of Advertising, vol. 31.

Liu-Thompkins, Y. [2019] "A Decade of Online Advertising Research: What We Learned and What We Need to Know," Journal of Advertising, vol. 48.

Lombard, M. and J. Snyder-Duch [2001] "Interactive Advertising and Presence: A Framework," Journal of interactive Advertising, vol. 1.

Malthouse, E. C., E. Maslowska and J. U. Franks [2018] "Understanding Programmatic TV Advertising," International Journal of Advertising, vol. 37.

Okazaki, S., H. Li and M. Hirose [2009] "Consumer Privacy Concerns and Preference for Degree of Regulatory Control," Journal of Advertising, vol. 38.

Rodgers, S. and E. Thorson [2000] "The Interactive Advertising Model: How Users Perceive and Process Online Ads," Journal of Interactive Advertising, vol. 1.

Sheehan, K. B. and T. W. Gleason [2001] "Online Privacy: Internet Advertising Practitioners' Knowledge and Practices," Journal of Current Issues & Research in Advertising, vol. 23.

Taylor, C. R. [2009] "Editorial: The Six Principles of Digital Advertising," International Journal of Advertising, vol. 28.

Taylor, C. R. [2019] "Editorial: Artificial Intelligence, Customized Communications, Privacy, and the General Data Protection Regulation (GDPR)," International Journal of Advertising, vol. 38.

Taylor, C. R. and L. Carlson [2021] "The Future of Advertising Research: New Directions and Research Needs," Journal of Marketing Theory and Practice, vol. 29.

Wood, T. [2020] "Visualizing the Evolution of Global Advertising Spend (1980-2020)," https://www.visualcapitalist.com/evolution-global-advertising-spend-1980-2020/

第11章　広告会社の歴史的変容

河島 伸子

はじめに

近代的広告業が20世紀初頭に生まれてからの100年は，いま思い起こせば緩やかな変化の時期であったが，21世紀に入ってからの20年あまり，この産業，業界，各社の変容は未曾有のものである。その背景には，メディアの多様化とデジタル変革，経済のグローバル化，消費行動の変化などが複雑に絡み合っている。21世紀の広告会社を論じるには，何をもって「広告」と呼ぶのか，「広告会社」はどこまで含めるのか，など根本的な問いにも向かい合わなければならないほどである。本章ではこうした広告会社の歴史的変容をコンパクトに概観する。

1. 広告会社と広告産業に関する研究

田中［2017］に広告会社組織の基本が描かれているが，一歩進んで，広告産業，広告会社の組織やビジネスを論じる学術的文献は非常に乏しい。以下，本章の第2節で引用する小林［1998］はわかりやすい整理を示している貴重な文献であり，湯淺［2020］はデジタル変革期の広告会社を取り巻く環境を俯瞰し，今後のあり方を提言する大著であり参考になる。

本章のテーマに本格的に取り組むには，本来は，「広告会社（産業）の果たす役割，機能，それへの期待は，どのような社会的要請に応じてどのように変化してきたのか」「広告会社（産業）が扱う事業領域とそれを遂行する組織はどのように変化してきたのか」「広告会社（産業）が効率的に業務を遂行するためには，どのような経営管理，人材管理，組織間関係が望ましいのか」などを問う研究の蓄積が必要とされよう（伊吹［2015］）。しかし，こうした経営学の文献は，英文文献も含めてあまり見当たらない。紙幅の関係上，本格的な文献レビューはできないが，伊吹［2015］が述べるように組織論の観点から広告会社を取り上げる研究が，そもそも蓄積に乏しいのである。コンサルティング会社や会計事務所などの「知識集約型サービス産業」についても同様である（西井［2013］)。広告会社をこのような産業の1つと考えると，当然のことなのかもしれない。

広告会社に関する研究蓄積としては，例外的に，第1に広告を知識集約型プロフェッショナル・サービス産業とみて，「知識」の種類，広告会社のグローバル化（ここでは，一社が海外拠点を増やしていくことを意味する）と知識移転のあり方について論じた経営学の文献がある（たとえば唐澤［2012］)。近接領域で，広告業にフォーカスし，知識生産と地理的空間・場との関係がどのようになっているかを論じる経済地理学の文献（たとえばGrabher［2001］，Faulconbridge et al.［2011］）もある。

第2の例外は，クリエイティブを管理する組織，経営の研究（川戸ほか［2011］，川村ほか［2013］，伊吹［2017］）である。文化的創造物でありながら，商品・サービスの販売促進，ブランディングという商業的目的をもつ広告表現を制作する人材のクリエイティブ能力をいかに育成・促進できるかは，広告会社にとって重要な競争力となりうる。その管理のあり方は同じ広告会社のなかでも他のセクションとはやや異なるため（たとえばクリエイターの勤務時間，服装，仕事に関するモチベーションの構造などにみられる)，これ自体興味深い。広告のデジタル化が本格化する以前のCMプランナーが望む創造的ビジネス環境を論じた河島［2005］は，経営学研究ではないが，問題意識として伊吹［2017］と共通する部分がある。創造的人材，アート思考，デザイン思考の重要性が説かれるなか，広告という分野を例にとりながら経営学の組織論全般に対する示唆をもちうる点，研究に値するのであろう。

しかしこうした例外を除くと，とくに広告会社に特徴的でありながら，より普遍的に経営学への貢献があるような事象に乏しく，広告会社は，研究対象としてはあまり魅力的ではないのかもしれない。

本章のテーマに関する学術的研究の現状は，ざっと上述のとおりである。本書の趣旨にしたがい，早速，広告会社の変容を歴史的に追っていこう。

2. 広告会社の誕生と 20 世紀における発展

2.1. 代理業の始まりと発展

小林［1998］および湯淺［2020, 37-44 頁］にある日本の広告業界の歴史的変遷の説明を，ここではごく簡単にまとめる。広告自体は，近代以前であっても，たとえば呉服商（三越などの百貨店の前身）が，取り扱う商品に関する看板，暖簾，チラシ，ビラなどを作っていた（小林［1998］6 頁）。新聞やテレビのようなマスメディアが未発達であった時期でも，売上を伸ばすためのセールス・プロモーション活動があったということになる（これを広告と呼ぶかどうかは，広告の定義次第であるが，広義には含めてよいと思われる）。

産業革命，工業社会への移転を経て，大量生産時代が訪れ，新聞，ラジオのようなメディアが登場した 19 世紀末から 20 世紀初頭には，これらのメディアが広告枠を売るようになり，その販売を代行する形で広告会社が生まれた。この時点ではあくまでもメディアの「取次」であったことより，「広告取次業」としての広告会社第 1 世代が育っていった。メディアの代理という出自は，この後の「広告会社」のあり方に大きな影響を持ち続けるので留意しておこう。

第二次世界大戦後，マスメディアが急速に拡大したこと，消費社会がいっそう発展し，広告主の広告需要が高まったこともあり，媒体社の代理にとどまらず，広告主と媒体社との間に立つブローカーになる「広告代理店」（第 2 世代）になった。メディアと広告主の双方にとっての代理となり，取次業から若干の進化があったといえる。「代理店」と呼ばれる時代は長く続き，今日でも違和感なく受け止められているが，次に第 3 世代「広告会社」への移行があった。

2.2.「広告会社」，そして「コミュニケーション会社」へ

1970～80 年代に広告会社という言い方に移行した理由は，おそらく，広告枠の取引仲介だけではなく，より幅広く，広告主のためにマーケティング調査を行ったり，広告表現の制作も請け負うようになり，提供するサービスに幅が出てきたからである。したがって，「広告会社」と同時に「総合広告代理店，総合広告会社」という言い方も重要で，さまざまなサービスを一手に引き受け

る会社が多くあった。ちなみに，この時期の海外では，メディア・バイイングとその他の業務がすでに分離しており，PR，ダイレクト・マーケティング，セールス・プロモーション，クリエイティブなど各専門領域に特化したものが発達し，それらをまとめる持株会社としてのグローバルなネットワーク（たとえばWPP）が次々と形成されていった。

日本での実態としては，広告枠の販売に伴いメディア企業から受け取るコミッション（販売額に対する一定比率のコミッション＝手数料）が大きく，広告主向け各種サービスにかかる人件費やそれにかかる実費以上のコストを支えてきた。日本の広告会社はこの時期，高度経済成長，消費社会の恩恵を受け，年々伸びる広告費により十分に潤っていた。大手広告主企業においては，宣伝部が広告宣伝予算をもち，部の裁量で，どのメディアにどのくらい投下するか，どのタレントを起用してCMをつくるか，などを決定していた。広告効果を客観的に測定して示すことは難しいものの，売上は経済成長に合わせて伸びている状況下，社内で厳密に広告費の投資効果を問われることもなく，各社宣伝部，広告会社とも，よき時代を謳歌していた。

1980年代においては，小林［1998］は，広告会社が第4世代に入り「コミュニケーション会社」になったと分類している。それは広告会社にとってのクライアントが一般企業に限らず，政府や自治体，その他公的組織などにも広がり，広報的な要素も含むようになったこと，また扱う仕事がマスコミ四媒体への広告出稿に限らず，社のコーポレート・アイデンティティ（CI）策定や，博覧会やスポーツ試合，その他イベントの実施・運営などにも広がり，これらをまとめると，クライアントのコミュニケーション活動を支援する企業といえるように業態が変化したからである。電通も1985年から87年に自社のCIを刷新し，「コミュニケーション・エクセレンス電通（CED）」と位置づけてこの3つのアルファベットを組み込んだ社のシンボルマークをつくった。

小林の分類では，第4世代広告会社は「経営オーガナイザー機能」[1]をもったというが，顧客企業の「経営」そのものに関与する事例は限られている。むしろこの頃より，多くの顧客企業において広告の地位が下がり，宣伝部はかつてのような独立したスタッフ部門ではなくなり，事業部のマーケティング機能の一部に組み込まれてしまい，独自に予算配分や広告戦略を決められなくなってしまった。

このように歯がゆい部分はあったものの，広告会社は顧客企業にとってのコミュニケーション上のソリューションを提供することができる，と自らのポジションを定め，広報，広告，ブランディング，社会へのコミュニケーションといった領域に専門性をもつコンサルティング的な業務内容をもつ会社になろうとしていった。

2.3. 世代を通じて試行錯誤された3つの制度

第2〜3世代の広告会社，業界において，導入の必要が議論され，実際に部分的にあるいは一部の会社において試された仕組み，制度が3つあることにもふれておかねばならない。

アカウント・プランニング

第1は，アカウント・プランニング制度（以下AP）である。上記に引用してきた小林保彦がイギリス，アメリカにあるAPを紹介し，日本におけるAPの必要性につき1980〜90年代を通じて論じてきたこともあり，業界内では一定の認知を得て，話題とされていた。アカウント・プランニングとは一言でいうと，アカウント・プランナーが，（とくに定性的な情報に基づく）コンシューマー・インサイトに基づいてクリエイターへのブリーフィングを行うことであり，クリエイターが効果的な広告物を制作するためのステップとして位置づけられる。APは広告表現制作において消費者を大衆として一塊にみるのではなく，より個別なレベルでの消費者に対する理解を深め，それを広告表現に反映させていく効果をもつと考えられた（小林［1998］）。伊吹［2006］によれば大広が組織的にこの仕組みを取り入れていたが，当時も業界関係者間では「そういうことは自分は昔から実践している，APとわざわざ騒ぐ必要はない」「広告会社社員皆がAP的になる必要があり，特定人物に負わせるべき職務ではない」（伊吹［2006］1頁，小林［1998］175頁）といった意見があったようである。

このような業界の反応どおり，実際にはマーケティング・リサーチ，クリエイティブ，営業などの複数部門においてその本質的重要性と機能はある程度浸透したが，独立した社内組織としての定着が進んだとはいえない。なお電通では1998年にアカウント・プランニング本部制を設立したが，これはアカウント＝得意先に関する各種機能を1つにまとめた複数の「本部」を置くことにより「広告主企業のニーズにより的確・迅速に対応すること」を目的としていた

（電通100年史発行委員会［2001］411頁）。海外から紹介されたAPの概念からは変異していることがわかる。

総合型マーケティング・コミュニケーション

第2は，統合型マーケティング・コミュニケーション（IMC）である。アメリカ，イギリスから1990年代の日本に紹介された概念であり，よく理解されないまま業界での会話に飛び交う傾向がみられた。最も狭い理解としては，さまざまなメディアやプロモーション戦略を通して，一貫性のあるメッセージ，ビジュアル・イメージを採用することを意味するが，もう少し丁寧に広義に考えていくと，広告，販売促進，PRなどの多様なコミュニケーション活動の戦略的役割を評価し，効果が最大限になるよう組み合わせることをいう。より進んだ理論では，消費者重視のマーケティング・コミュニケーションをとり，消費者とブランドが長期的関係を構築することをめざすものであり，ひいては消費者以外のステークホルダーとの関係性の統合までをめざす，一種の経営哲学であるという（岸［2017］）。

このようなアプローチは，21世紀の，広義の広告活動においてますます重要性を増しているが，最初に紹介された1990年代前半当時の広告業界でどの程度理解され，実践に移されていたかは疑問である。とくにテレビを通じたマス広告が依然として大きな収益源であり，広告主としてもテレビ広告の効果に十分満足していた時代であった。1980年代末のアメリカではマスメディア広告の相対的重要性が低下してIMCの台頭に結びついたわけであり，依然として地上波テレビ優勢であった日本では，この概念（あるいはそれを会社組織で体現化すること）の必要性は薄かったと思われる。また実務面では，アメリカのように専門が分化したエージェンシーが発達しているわけではなく，「総合広告代理店」であったから，広告主との連絡調整役である営業が，クリエイティブ，マーケティング，メディア，セールス・プロモーションなどの各担当を集めてチームを組んでおり，IMCは当然のこととして実践しているという自負もあった。

フィー制度

第3に，20世紀広告業界・会社の制度あるいは取引構造に関連する話題としては，フィー（報酬）制度の導入が話題となっていた（小泉［2000］，田中［2017］89-91頁）。従来より日本の広告会社はメディアの代理人である側面が強く，またこのコミッション率が15%と高水準で保たれてきたことより，広告主に対して実費（プラス営業管理費）以上のものを請求することは少なく，サービスは実質的に無償という慣習があった。これを揺るがせたのが1990年代に始まった，外資系広告企業の，日本への参入であった。彼らはメディア・バイイングに必要なコネクションに弱く，しかしクリエイティブの質の高さや企画力により優位性をもとうとしていた。これらの会社は媒体購入のコミッションをとることができない代わりに，業務に対するフィーを請求した。広告主の側では一般に抵抗があったが，外資系のグローバル広告主においては，コミッションは最低限にし，むしろ企画と発想に対して適切な対価を支払いたいという意向もあり，一部では定着した。

また，1990年代後半にはクリエイティブ・エージェンシーという，広告制作を専門にする会社が，電通や博報堂から独立する形で生まれ，クリエイティビティを武器にしてクライアント企業を獲得していった。この発達にフィー制度が必要であることはいうまでもない。もともと大手広告会社では広告表現のアイディア自体（あるいはその企画にかかる人件費）に対価を要求することは商慣習上困難であったが，別会社であるだけに，特定のスター・クリエイターとダイレクトに契約し，一定のキャンペーン企画費用を支払うシステムを生み出す余地が生まれた。これらのエージェンシーの多くは，少なくとも当初は電通，博報堂などと専属契約を結び，メディア・バイイングのルートを確保していたこともあり，個別に顧客企業が獲得できた面もあるが，フィーの支払いという，新たな取引形態が生まれたことは興味深い現象であった。クリエイティブ戦略，媒体計画の立案といった専門的サービスへの対価を徴収することによる，広告会社のステイタス向上願望に応える面もあった。

AP，IMC，フィー制度という3つの制度の背景には，広告主が，消費者の心理・行動に対するより深い理解に基づいた，メディア・ニュートラルなマーケティング・コミュニケーションを求め始めたことが共通して見出せる。すなわち，日本の広告会社がマスメディア・バイイングにおける手数料収入に収益の基盤を置く仕組みが軋み始めていたと読めなくもない。2000年代に加速的に変化したメディア環境の変化，デジタル時代の到来と急速なテクノロジーの発達と普及は，マーケティング・コミュニケーションの進展とそれに対応する広告会社の変容を図らずも促進することとなったのである。

3. 21世紀における広告会社の大変容

1990年代後半になると，広告業界においてもデジタル，インターネットのもたらす影響について議論が起こり始めてはいたが，当時，今日のように企業のマーケティング活動全般がこれほど変容を遂げるとは誰も予想もできなかった。検索エンジンやSNS, eコマース空間などとくにGAFA（グーグル，アマゾン，フェイスブック，アップル）のプラットフォームが情報インフラとして世界を席巻するなか，インターネット広告全般，消費者の行動履歴・データを活用したプロモーション活動とパーソナライズされた広告出稿，消費者が発する情報とコンテンツ，企業が自社メディア（ウェブサイト，ソーシャル・メディアにおける公式アカウントなど）を使いコミュニケーション活動を展開すること，店舗などの実空間とネット空間の行動データが統合され活用されることなど，驚くばかりの新たな現象続きである。アド・テックとマーケティング・テックの発展がもたらした変化は広告産業百数十年の歴史のなかで未曾有のものである。

このなかで，広告会社も当然組織的に変容せざるをえない。以下，6つの面から論じていきたい。

3.1. インターネット広告市場と新規広告会社の参入

第1に，インターネット広告市場に新たな企業が次々と参入し，従来型の総合広告会社の相対的優位性に翳りが生じたことがある。従来は基本的にマスコミ四媒体という広告媒体は有限であり，これへのアクセスを押さえている会社は，いわば勝ち組であった。しかし，いまや広告媒体は，ソーシャル・メディア，検索エンジン，ウェブサイトなど無限に広がっている。厳密には広告とはいえないかもしれないが，クチコミの影響力，インフルエンサーという「人」を媒体としたプロモーションなども重要性を増している。従来型のマスメディアへの出稿は自由な競争市場であったとはいえ，日本では取引の実績と資金力の大きさから，実際のところは大手広告会社が半分ほどを占め，その他は数多くの広告会社が扱う寡占的な市場であった。マスメディアとの関係はデジタル時代になっても消えはしないものの，ネット広告の世界においては，無限に広がる広告のチャンスを求めて，多くのテクノロジー企業が新規参入してきた。代表的な企業としてはヤフー，サイバーエージェント，デジタル・アドバタイジング・コンソーシアム（DAC）などがある。ディスプレイ広告に絞っても，その「カオスマップ」にはアドサーバー，アドネットワークその他データの統合や広告効果計測などを専門に行う会社も含まれ，広告主・広告会社・媒体社という三者が主な構成要因であった従来の広告産業とは様変わりしている。

このような動きのなか，電通，博報堂ともデジタル広告の領域に進出し，それぞれ子会社の設立に至った。博報堂，ADK，第一企画等で設立したデジタル広告会社はいまや大手のDACに結実している。電通の場合も子会社の設立・統合等を経て，いまでは広告に限らずデジタル・マーケティングすべてを扱う電通デジタル（2016年設立）が，電通の国内グループのなかでは成長株となった。2021年前半時点で，同社は，検索連動型，ディスプレイ型，ソーシャル・メディア上の広告などデジタル広告全般のプランニング，運用を1000名体制で行うとうたっているが，これはデジタル・マーケティング専門会社である同社の事業領域の一部でしかない。ほかにも，顧客企業のeコマース，データとテクノロジーを利用したマーケティング活動のサポート，さらには顧客企業のデジタル・トランスフォーメーションのコンサルティングまである。社員の職種も多岐にわたるが，AIエンジニア，データ・サイエンティストなど，従来の広告会社には存在しなかったようなものも含み，給与水準も年功序列というよりはその人の能力に応じて決まる。流動性の高い労働市場であるため，中途採用も多く，同社で培った能力を活かして次のキャリアに進む人も多く，従来の電通本社とは企業文化も異なる。

3.2. データの所有へ

第2に，マーケティング全般はもちろんのこと，広告もデジタル市場が高度に発達しているなか，これを単に専門の子会社に任せておけばよいわけではなく，全社を挙げてさまざまな対応を進めている。その代表的な動きは，広告会社において，消費者に関するデータベースの構築とデータの分析・活用を組織的に進めるようになったことである。消費者の属性，興味・関心の対象，オンライン・オフラインでの行動履歴に関するオーディエンス・データを大量に取得，分析し，各企業がマーケティング戦略を立案し，施策の実行に移すことが肝要となっている。そこで広告会社においても，顧客企業にとって有用な大きなデータを取得し，それと顧客企業がもつファースト・パーティ・データと融合することで初めて，顧客企業にとって有益な戦略の提案が可能になる。

電通ではDMP（データ・マネジメント・プラットフォーム）を独自に開発，随時拡充し，業務に活用するデータ・テクノロジーセンター（局に匹敵する部署）を2015年に設置し，この方向を本格化させた。博報堂はこれに先駆けて同様の組織をつくっているが，この上位2社以外は自社単独で開発する体力がなく，続く数社が連合をつくり構築をしている。まさに横山と榮枝［2014，第2章］が，今後の広告会社には独自のDMPが必要だと力説していたとおりである。といっても，広告会社はBtoBのサービス企業であり，消費者との直接的な接点が日常的に大量にあるわけではないため，データを購入したり，各企業と連携を組んだり，データ保有企業（たとえばアマゾン）の環境のなかで使うというやり方をとっている。電通では，DMPを構築するデータ・テクノロジーセンターが，データマーケティングセンターを通じ社内の各営業担当にこの活用を推進，サービスを提供する形をとるが，同時に営業や媒体局の社員をインターンとして一定期間受け入れ，実地で研修を行い知識の浸透を図っている。人材はデータ・サイエンティストなどが多く，理系の博士号取得者も含む点，やはりこれまでの広告会社とは異質な部分が生まれている。

3.3. 高度なケイパビリティの拡充へ

第3は，このようにデジタル化が加速するなか，広告会社の業務範囲がひろがると同時に高い専門性も求められるようになり，広告会社の組織と人材の配置にも大きな変化が生じたことである。その1つの表れが，顧客企業に直接向き合う営業職の役割の変化である。20世紀終わりに至るまで，営業職には，経験に基づくノウハウと，顧客や媒体関係者と良好な人間関係を保つことが重視され，社内においては，顧客に提供するサービスを完結するために必要な担当者を集めたプロジェクトチームを編成し，連絡調整を行うアセンブリー機能が主な業務であった。

しかしながら，21世紀に入り今日に至るまで，顧客企業からの注文，要求，期待は高まる一方である。とくにデジタル広告，マーケティングについても，顧客企業によっては非常に高い専門知識を有しており，広告会社の顧客担当チームが期待するレベルでソリューション方法を議論し提供できないのであれば，その広告会社は顧客から不要といわれてしまう。電通では，顧客担当部署が「営業局」から「ビジネスプロデュース局」と名称変更し，サービスの高度化をめざしている。他にも高度な専門性や先進的なサービス開発を担うかのような，カタカナ名称の組織を次々に創設し，総合広告会社ならではの特徴を活かすよう，顧客の幅広い要求に応えていく組織変容を加速させているようである。

広告会社のケイパビリティの高度化は，媒体担当組織においても必要とされる。たとえば2021年に日本経済新聞社が呼びかけた「日本版ウェルビーイング・イニシアチブ」には，不動産，食品，金融，その他多くの業種にわたる大手企業が参画している。SDGs（持続可能な開発目標）の先にあるといわれるウェルビーイングというキーワードは各社にとっての「パーパス」の追求にも関係する。パーパスを打ち出す広告表現が増えていることは本書の第8章にもあるが，これは広告だけの話ではなく，企業が社会的存在としてどうあるべきかを，新しい重要な経営指標に位置づけたいという意気込みが感じられるプロジェクトである。広告会社の関与があり，この呼びかけは大きな反響を呼び，参画企業は直ちに集まったという。

従来より，新聞社の編集部門と広告部門が連携して，社会的メッセージの発信紙面を制作し，広告会社が企業協賛を集める仕組みはあった。しかし今日では，先進的な経営モデル，ビジネスモデル，新しい社会システムや政策提言に至るまで，メディアを起点としたプロジェクトのテーマや規模は拡大しており，ウェブセミナー，国際カンファレンス，調査，研修など，活動内容も多様化している。

広告会社において媒体社を担当する組織や人材には，広告を通じて顧客企業と媒体社をつなぐだけではなく，公的機関，NPO，大学・研究機関などと広く連携して，上記のようなアライアンス型のプロジェクトを企画・運営する力が求められているわけである。

3.4. 異業種との競合

このように，総合広告会社がデジタルにも手を広げると同時に，総合性と専門性に磨きをかける一方で，第4の新たな動きとしては，異業種から広告産業への参入がみられるようになり，競争が激しくなったことが挙げられる。世界的にそもそもGAFAなどのプラットフォーマーたちは収益の大部分を広告から得ている。検索サイトやソーシャル・メディアの運営，eコマースやデジタル端末機器の提供など，それぞれを代表するビジネスは一見広告メディアにはみえないが，たとえばグーグルをとると，検索結果の上位にあるスポンサー・サイトになるために広告費を支出する事業者は数知れない。また，中小企業や個人事業などは，「グーグル広告」にアカウントを設定し，サポートを受けながら，予算に応じた広告出稿とサイトの最適化，広告効果の確認などもすべて自分でできるようになっている。後者では従来の広告会社は飛ばされる脱中間業者現象（dis-intermediation）が起きている（あるいはグーグルが広告メディアであり中間業者でもあるといえる）。

電通や博報堂レベルの広告会社にとってさらに深刻な脅威となっているのは，グローバルに事業展開するコンサルティング会社の存在である。すでに数年にわたり，カンヌ（Cannes Festival of Creativity）においてもコンサルティング会社がプレゼンスを高めていることに象徴されるように，これはグローバルな現象である。アクセンチュア，PwCなどは企業の経営戦略に関するコンサルティングを専門としているが，近年は企業のデジタル・トランスフォーメーション促進に注力している。そうするなか，実務面ではマーケティング戦略（そして広告コミュニケーション戦略）の領域にも助言するようになり，ここで広告会社と競合することとなった。実際，コンサルティング会社は2010年代半ばより海外の広告会社（とくにクリエイティブ・エージェンシー）を次々と買収しており，アクセンチュアがドローガというアメリカで近年最もクリエイティブ面で受賞回数の多いエージェンシーを買収した際には業界全体を驚かせた。アドエイジの調べでは，ここ数年，デジタル広告市場における収益ランキングで，アクセンチュア・インタラクティブ，デロイト・デジタル，IBM iX, PwCデジタル・サービスがトップを占め，その次にようやくピュブリシスやWWPといった伝統的な広告やマーケティング・エージェンシーのグループ傘下の会社が登場するほどである。

こうして，広告会社とコンサルティング会社は競合するのか，という議論が数年にわたり展開されてきた。欧米と日本では広告会社の事業ドメインや規模が違うため，単純に国際的潮流が日本にも押し寄せるとはいえないかもしれない。これを前提としつつ，1つの説としては，「両者は，経営という川上から始まるコンサルと，広告という川下から始まる広告会社という大きな違いがある」，また「コンサル会社はあくまで助言をするが実装まで請け負うことがない，これに対して広告会社は新たな施策の提案のみならず，それを実行に移す力がある」から，「重なる部分はあるかもしれないが，競合はしない，棲み分けがある」というものがある。

これに対して両者の対立は不可避だという説もある。ペイド・メディアを通じた広告がもはやマーケティング活動の一部でしかなく，とくにデジタル・マーケティングの比重が高まる今日，先述した電通デジタルの業務範囲はクリエイティブを買収したコンサルティング会社の業務内容に含まれるものばかりである。システムやIT関連のコンサルティング，メディア・バイイングといった，両者がまったく重ならない領域はもちろんあるものの，クライアント企業において「マーケティングそのものが経営と近くなっている」（アドバタイジングウィーク・アジア2017［2017］）今日，「得意分野が少し違うが同じことを目指す会社同士」（電通デジタル社長鈴木禎久，同上）であることは確かである。

デジタル・マーケティングの専門家である徳力［2016］は，日本でもコンサルティング会社と総合広告代理店の激突は避けられないと明言していた。実際，顧客企業側において，デジタル・マーケティングに特有の内容（たとえばDMPの質）も含めた形で競合プレゼンを実施し，この点で弱いと広告会社はコンサルティング会社に負けてしまう。本来広告会社はクリエイティブ表現の制作の点でコンサルティング会社に対する優位性を有していると考えられていたが，それが中心となる競合プレゼンは減っており，先述のようにクリエイティブ力は企業買収で担保されていく。データドリブン（data-driven）・マーケティングの顧客支援において先行し，必要とされるケイパビリティを次々と獲得し，顧客企業の経営層に直接アプローチできるコンサルティング会社は広告会社にとって脅威の存在であろう。もはや「棲み分け」は存在せず，顧客企業にとって満足できるサービスを提供できない広告会社は不要な存在だとみられてしまうのである。

今後もこの論争は続き，実態としても厳しい闘いが繰り広げられるのではないかと思われる。もっとも，コンサルティング会社がメディア・バイイングの機能をもちたいと願うことは今後もまったくなさそうである。むしろ，広告会社が伸ばしたい事業領域であるといえる，「顧客企業の売上増加に貢献するマーケティング」を中心とするサービス提供という場面で両者がかなり重なっているということである。クリエイティブ・エージェンシーの買収で垂直的統合さえすればうまくいくというものでもなさそうであり，顧客企業が広告会社に対して，戦略の提案などの知的成果物にフィーを支払う習慣が今後どの程度根づくかにもよる（徳力［2016］）。

また，デジタルの世界では，競合と協業との境界が曖昧化している。従来の広告市場において，電通と博報堂は明らかにライバルであったが，デジタルの世界では企業間の関係は固定化せず流動的である。顧客企業にとっての最適化をめざしコンサルティング会社と広告会社が役割分担をしつつ連携することも実はあり，一方，昨日までジョイント・ベンチャーを立ち上げようと話していた相手との関係が急に悪化したり，個々の企業が業務領域を迅速に変えていくこともある。誰が敵で誰が友人なのかはますますわかりにくい，「フレネミー（friend and enemy）」の時代なのである。

なお，前述のアドバタイジングウィーク・アジアにおけるパネル（アドバタイジングウィーク・アジア 2017［2017］）では，PwC コンサルティング PwC デジタルサービス日本統括の松永エリック・匡史が，

> われわれはどちらかというと，顧客[2]視点よりも，市場や外部的な要因から解を導くことをしてきた。（中略）生活者の体験を基点にするという広告会社の考え方に学びたい。

という興味深い発言をしている。たしかにデジタル・マーケティングの世界でいうところのデータとは，消費者の属性，関心，行動履歴であるる。また，博報堂の DMP は「生活者データ・マネジメントプラットフォーム」という名前である。電通の場合は PC やスマートフォン由来のオーディエンス・データ，テレビの視聴ログデータ，ウェブ広告接触データ，OOH 広告接触データ，ラジオ聴取ログ，パネルデータ，購買データ，位置情報データ等を合わせ，「人」基点で活用する DMP を「People Driven DMP」と名づけている。コンサルティング会社の DMP がこうしたデータに基づかないとは考えにくいが，メディアの利益を代表しがちであった広告会社が，広告主側の視点に立ち，しかも生活者のインサイトを中心に置くことの重要性を打ち出していることは，1980〜90 年代の広告会社 AP 制，IMC をめぐる議論とも通じている。

3.5. 自らリスクをとる時代

従来の広告会社は「代理店」という前身があったために，顧客企業等の受注案件をその勘定の範囲で行う業務形態が中核であり続けた。そのなかで，積極的にリスクをとる例としては，新聞やテレビの特定の広告枠を広告会社があらかじめ買い切り，顧客への販売を自ら一手に行うという仕組みが以前から存在した。また，広告出稿を取りたいという思惑もあり，映画，アニメやスポーツイベントなどのコンテンツ事業に自ら出資することもあった。しかしながら，一般事業会社のように常にさまざまな事業領域に投資し収益を拡大しようという経営姿勢は，きわめて限定的であったといえる。

1990年代あたりから，ITをはじめとするベンチャー・ブームが興ると，広告会社も本業とは距離のある事業領域への投資に目を向けるようになった。博報堂DYグループでは2010年から社内公募型ベンチャー・ビジネス（AD+VENTURE）を組織的に進めており，いくつかの事業は博報堂に事業移管するという成果を出している。電通でも，必ずしも自社事業に関係なくとも，ベンチャー・ビジネスとして成長が見込める，革新性があると思うものに対してリターンを求めて投資する。自らリスクをとることで，あらゆるビジネスの最先端への感度を高めることも狙いの1つである。市場が成熟した既存の広告産業内にとどまっていては，新たな成長の機会が見出しにくいという事情が影響していることはいうまでもない。

一方，広告ビジネスの発展形として，従来からの重要顧客企業と出資をし，共同事業に取り組む例も現れた。2021年1月，電通グループとトヨタ自動車との資本業務提携によって，マーケティング改革とモビリティ・ビジネス創造を目的とする合弁会社トヨタ・コニック・ホールディングスが発足した。この傘下のトヨタ・コニック・プロでは，トヨタの100%子会社だった広告会社デルフィスが母体となり，電通のトヨタ担当人材が参加してスタートした事業会社である。同社は「従来の広告代理店という枠組みを超え」，トヨタ・ブランドのコミュニケーション，および時代の変化を先取りした新たなマーケティングへの変革，モビリティ社会でのビジネスへのチャレンジを追求していくという（電通［2020］）。また，トヨタの成長と，CASE（connected, autonomous, shared and electric；コネクティッド，自動化，シェアリング，電動化），MaaS（mobility as a service；サービスとしての移動）といった自動車業界を取り巻く大変化を視野においた新ビジネス創出に深くコミットし，その成果の一部を貢献度に応じて受け取っていくという。顧客企業の広告宣伝費を予算として預かり，メディアやソリューションのアウトプットを顧客に提供するという，従来の広告会社の業態とはまったく異なる次元をめざしていることがわかる。

JR東日本企画，東急エージェンシー，読売広告社も，次世代の広告会社像を「広告代理業から事業開発パートナーへ」と描いている（宣伝会議［2017］）。

3.6. グローバル化

最後に，紙幅の関係上，ごく簡単に述べるが，日本の広告会社もグローバル戦略を本格化させ，20世紀までの単なる国際拠点づくりとはまったく異なる次元での展開が始まった。国内広告市場の成長はインターネット関連に限られており，国内の顧客企業がグローバル化を進めるなか，いっそうの成長を遂げるには広告会社も海外に出るしか選択がないことは20世紀終わりにはみえていた。電通，博報堂とも長らく株式非公開の会社であったが，東証一部に上場するという大変革を遂げた。これにより，買収に必要な資金を直接，資本市場から調達する仕組みを整え，特定の国で有力な広告会社，あるいは国際的ネットワークを買収し，そちらでの成長を手中に収めることが可能となったのである。

とくに電通は2013年に，イギリスに本拠地があり，アイソバー，カラなどの有力ネットワークを傘下にもつイージスというグローバルなネットワークを約4000億円を投じて買収し，WPPやオムニコムなどの，グローバルネットワークをもつメガ・エージェンシーと初めて肩を並べるようになった。買収後には何度もグループ全体の組織再編を行ったり，いくつもの会社を統合・整理したり，と統合後の経営における苦労も絶えないものの，電通グループ全体の売上や収益ではいまや海外が半分以上を占める。デジタルの売上が大きいことも，海外ネットワークに負うところが大きい。博報堂DYホールディングスとしてもとくにアジアを中心に20の国と地域にビジネスを展開し，またグループ内の「kyu」という戦略事業組織ではユニークな専門性が高いデザイン・イノベーション会社など10社をまとめ，欧米を中心にサービスを提供している（博報堂［2019］）。

おわりに

メディアの広告取次業として生まれ，第二次世界大戦後，消費社会の発展のなか，広告主の側にも立ち，メディアとの間を取り持つ広告代理店は大きく発展していった。業務内容がクリエイティブ制作，マーケティング・サービス，企業アイデンティティ刷新，ブランディングなどの領域にも広がるなか，公的団体や非営利組織等のコミュニケーション，事業まで範囲を広げ，広告会社，コミュニケーション会社として発展を続けた。発展途中ではメディア取次の出自を保ちつつも，広告主側が重視したい生活者へのインサイトを重視するAP，統合的メッセージを発するIMC，メディア・コミッションに頼りすぎないフィー制度の可能性などが業界の課題として浮かび上がった。

21世紀にはインターネット広告，デジタル・マーケティングが急速に発展したことに伴い，大手総合広告会社においては未曾有の変化をいくつも経験してきた。広告会社のケイパビリティの向上・拡充は急ピッチで進められているが，業界以外から競合他社が急に現れる今日，業界トップの電通副社長が「われわれはもはや広告会社ではない」（井上［2020］）と宣言するに至る状況である。データ・ドリブンな経営，デジタル・トランスフォーメーションが顧客企業において日々刷新されるなか，大量のデータから得られる生活者への深い理解に基づき，戦略提案をしていく必要がある。上位2社は株式公開，グローバル化，自らリスクをとっての事業創造にも乗り出しており，絶え間ない組織変革と新たな人材の確保に迫られている。

＊　執筆にあたっては、本書の執筆者でもある佐藤達郎・丸岡吉人両氏および電通関係者（上原拓真、山岸紀寛、谷尚樹の3氏）、日本アドバタイザーズ協会常務理事（資生堂より出向中）の小出誠氏にオンラインでそれぞれ60〜90分程度取材をして情報を得た。取材に応じ、原稿の確認もしてくれた各氏には、この場を借りて感謝したい。また、日本広告学会で開催してきたデジタル・シフトセッションでの報告と議論、資料（学会員外には未公表）も参照した。

なお、本章に現れる固有名詞に伴う組織名・職名は記事等掲載当時のものである。

注

1　これが正確に何を意味するのか，小林［1998］からは読み取れない。

2　顧客企業ではなく一般消費者・生活者を指すと思われる。

引用・参考文献

アドバタイジングウィーク・アジア 2017［2017］「広告会社とコンサル会社――その未来は競争か，協業か」https://dentsu-ho.com/articles/5293

電通［2020］「電通，トヨタ自動車とともに マーケティング変革とモビリティビジネス創造を目的とした新会社を発足」2020 年 9 月 16 日（2020 年 12 月 11 日追加情報を含む）https://www.dentsu.co.jp/news/release/2020/0916-010136.html

電通 100 年史編集委員会編［2001］『電通一〇〇年史』電通

Faulconbridge, J., J. V. Beaverstock. C. Nativel and P. J. Taylor [2011] The Globalization of Advertising: Agencies, Cities and Spaces of Creativity, Routledge.

Grabher, G. [2001] "Ecologies of Creativity: The Village, the Group and the Heterarchic Organisation of the British Advertising Industry," Environment and Planning A, vol. 33.

博報堂［2019］「なぜ kyu なのか？」https://www.hakuhodo.co.jp/magazine/56785/

伊吹勇亮［2006］「組織システムとしてのアカウント・プランニング――広告会社の競争優位確立戦略」『広告科学』第 47 巻

伊吹勇亮［2015］「経営組織論からの広告理解」水野由多加・妹尾俊之・伊吹勇亮編『広告コミュニケーション研究ハンドブック』有斐閣

伊吹勇亮［2017］「『猫の世話』としてのクリエイティブ・マネジメント」『商経学叢』第 64 巻第 2 号

井上大智［2020］「【電通】我々は，もはや広告会社ではない」https://newspicks.com/news/5391740/body/

唐澤龍也［2012］「日系広告会社の国境を越える知識移転の戦略的展開――アサツーディ・ケイの中国オペレーションの事例を中心に」『広告科学』第 57 巻

川村洋次・川戸和英・佐藤達郎・伊吹勇亮［2013］「トップ・クリエイターにとっての望ましいクリエイティブ・マネジメントに関する国際比較研究」『広告科学』第 58 巻

河島伸子［2005］「広告表現の低迷――創造性を取り巻く構造と変化するビジネス環境への考察」『広告科学』第 46 巻

川戸和英・伊吹勇亮・川村洋次・妹尾俊之［2011］「広告クリエイティブ・マネジメントの成功要因と組織能力の探究」『広告科学』第 54 巻

岸志津江［2017］「IMC 概念を再考する――進化と課題」『マーケティングジャーナル』第 36 第 3 号

小林保彦［1998］『広告ビジネスの構造と展開』日経広告研究所

小泉秀昭［2000］「広告会社の報酬制度の現状（日本および米国）」『青山社会科学紀要』第 29 第 1 号

西井進剛［2013］『知識集約型企業のグローバル戦略とビジネスモデル』同友館

宣伝会議［2017］「次世代の広告会社像『広告代理業から事業開発パートナーへ』2017 年 11 月号

田中洋［2017］「マーケティング・コミュニケーション組織」岸志津江・田中洋・嶋村和恵『現代広告論』［第 3 版］有斐閣

徳力基彦［2016］「総合広告代理店とコンサル会社は，日本でも激突することになる」https://www.advertimes.com/20160412/article222611/

横山隆治・榮枝洋文［2014］『広告ビジネス次の 10 年』翔泳社

湯淺正敏［2020］『広告会社からビジネスデザイン・カンパニーへ』ミネルヴァ書房

第12章 SNSのブランドページを研究する

竹内 淑恵

はじめに

ブランドページは，特定のブランドに興味をもつ消費者が集まるネットワーク上のブランド・コミュニティ[1]である。しかしながら，企業のサイト内にあるブランド・コミュニティやオフラインのブランド・コミュニティとは異なる面もあり，ブランドページ特有の特徴がある。ブランドページは，新たなマーケティング・コミュニケーション・ツールとして積極的に活用されるようになった。したがって，これを研究対象とし，コミュニケーション効果を検討することは，広告効果の理論上，また，実務の課題解決に向け，重要といえる。

1. ブランドページの特徴

コミュニケーション手段としてのブランドページの現状と研究課題を検討したシチリア，パラソンとロペスは，ブランドページと他のネットワーク上のブランド・コミュニティを比較し，ブランドページの特徴を整理している（Sicilia et al.［2016］p. 173）。

①オープン・アクセスである。そのため，ブランドページへの参加も離脱も簡単にでき，労力も，ブランドへの高い関与も，コミュニティへの義務感なども必要がない。②閲覧者が幅広いという特徴もある。フェイスブックやツイッターなどのネットワーク上のブランドページでは，企業のサイトに設置されたブランドページでは抱えられないほど多くのファンを獲得できる。③情報拡散の点でも秀でている。「いいね！」を押したり，コメントを投稿したりすると，その情報がネットワーク全体に配信される。相互作用性も他のブランド・コミュニティとは異なる。チャット・ルームやフォーラムなどのブランド・コミュ

表１　主要な SNS のフェイスブック，ツイッター，インスタグラムの機能・特徴の比較

	フェイスブック	ツイッター	インスタグラム
アクティブ・ユーザー数	2600 万人	4500 万人	3300 万人
利用年齢層	老若男女，40 代，50 代の利用が多い	10〜20 代の男女を中心に幅広い	10〜30 代の女性に人気がある
投稿の気軽さ	やや敷居が高い	気軽に投稿可	中程度
匿名性	低い，実名登録	非常に高い	やや高い
表現の範囲	文字・写真・動画	文字（140 字）	写真
いいね機能	いいね！	いいね	いいね
コメント機能	可能	可能	可能
シェア機能	シェア	リツイート	なし，拡散性弱い
投稿が届く範囲	公開範囲を設定可	誰にでも	フォロワーのみ

（注）ツイッターは 2017 年以降アカウント数に関する発表を行っていない。
（出所）ソーシャルメディアラボ編集部［2021］より作成。

ニティでは仮名参加が可能であるが，フェイスブックでは基本的に実名での登録である。そのため，e クチコミの信頼性にもプラスの効果がもたらされる。

表１は，主要な SNS であるフェイスブック，ツイッター，インスタグラムについて，利用年齢層，投稿の手軽さ，表現の範囲などの観点から特徴を一覧としてまとめたものである。このような特徴を踏まえたうえで，企業がマーケティング・コミュニケーション・ツールとしてブランドページを活用する場合のメリットとデメリットを検証する必要がある。

2. フェイスブックページを対象とした研究の枠組み

本節では，マーケティング・コミュニケーション・ツールとしてのフェイスブックページを対象とし，図１を研究の枠組みの１つとして例示する。ここでの考え方の概要を説明する。

まず時間軸についてである。①短期効果としてのエンゲージメント行動とは，「いいね！」をする，コメントを書く，シェアすることを指す。これらのエンゲージメント行動は１度の閲覧によって生じることもあるので，短期効果といえる。ただし，長期的に形成されたリレーションシップやロイヤルティによる影響を受けることも想定できるため，短期効果と長期効果の間には双方向の関係を仮定する。②リレーションシップとは，信頼や相互作用が培われることに

図1 フェイスブックページを研究するための枠組み

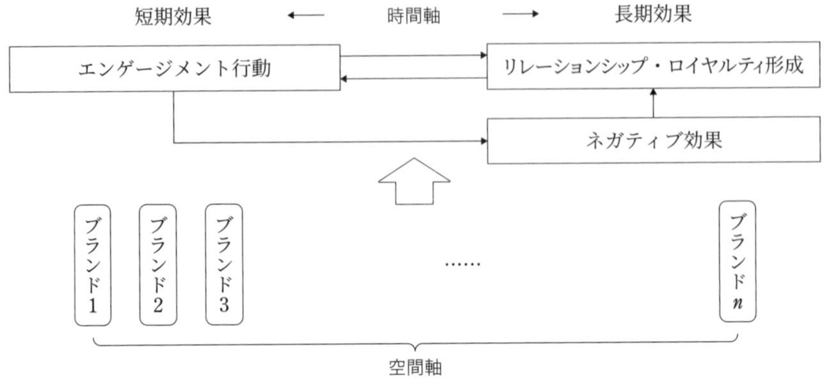

よるコミットメントの形成を指し，これらリレーションシップの形成によって，ロイヤルティが築かれることを長期効果と位置づける。③ネガティブ効果とは，フェイスブックページを閲覧することに伴う情報過負荷，苛立ち，プライバシーへの懸念が発生し，自らが選択したフェイスブックページへの後悔の念，すなわち読まなければよかったという気持ちが生じるとともに，長期効果であるリレーションシップやロイヤルティへ悪影響を及ぼすことを指す。ネガティブ効果は，短期効果であるエンゲージメント行動による影響を受ける可能性も仮定する。

次に空間軸については，分析対象を1つのブランドに限定することもできるし，2つ，あるいはそれ以上のブランドを比較する，さらに多数のブランドを対象とし，ブランド間の異質性を明示的に組み込んだモデルでの分析も可能である。

次節では，時間軸として3事例，空間軸として1事例を取り上げる。

3. 実証研究事例――アプローチと検証結果

以下4つの実証分析の概要について論じる。ただし，いずれの事例においても紙幅の制約上，分析アプローチや結果の一部を解説し，先行研究の成果や課題，データ収集方法や結果の詳細を割愛する。詳しくは竹内［2018, 2019, 2020, 2021］を参照されたい。

3.1. 短期効果：エンゲージメント行動

フェイスブックページでは，「いいね！」やコメント，シェアといったエンゲージメント行動によって，情報がネットワーク全体に配信されるのみならず，投稿に対する態度が表明され，企業はダイレクトな反応を把握できる。そうした意味でエンゲージメント行動の検証は重要である。しかしながら，エンゲージメント行動がなぜ発生するのかという理由と，3つのエンゲージメント行動間の差異については解明されておらず，これを明らかにすることはコミュニケーション効果の理論的な発展，また，実務への貢献という観点から意義がある。

エンゲージメントという概念

エンゲージメントは社会学，政治学，心理学，教育心理学，組織行動などの分野に由来し，特定の学問分野内でそれぞれ概念化されている。マーケティング分野に限定しても，顧客エンゲージメント，顧客エンゲージメント行動，顧客ブランド・エンゲージメント，消費者エンゲージメントなどが提案され，統一見解には至っていない。また，測定尺度の開発，実証研究も行われているが，時間の経過を忘れるほど夢中になったり，没頭したり，楽しんだりするという消費者心理の側面に焦点を当て，実際に起こす具体的な行動，すなわち，「いいね！」，コメント，シェアを対象にしている研究事例は少ない。そこで本項では，エンゲージメント行動に焦点を当てた先行研究（Pletikosa & Michahelles［2013］，Su et al.［2015］）と同様の立場を採り，その促進要因を解明する。

エンゲージメント行動とは，投稿内容に対してブランドページとの結びつきや絆を感じた結果生じる「いいね！」行動やコメント行動，シェア行動，あるいは，「いいね！」意図やコメント意図，シェア意図と定義する。ここで，その行動をしようという「意図」をも含めて定義するのは，たとえば，アンケート調査を実施した場合，実際の行動を測定することは困難であり，その際には「意図」を代理指標とすることが可能だからである。

エンゲージメント行動モデルの分析枠組みと仮説

分析枠組みを図2に示す。説明変数は，どのような便益を求めて参加するのかという動機となる3つの便益，リレーションシップ変数である信頼，相互作用，コミットメント，ロイヤルティ変数である推奨意図などを取り上げる。従属変数は「いいね！」意図，コメント意図，シェア意図とし，ロジスティック回帰モデルを用いて，説明変数による影響を分析する。

図2　エンゲージメント行動モデルの分析枠組み

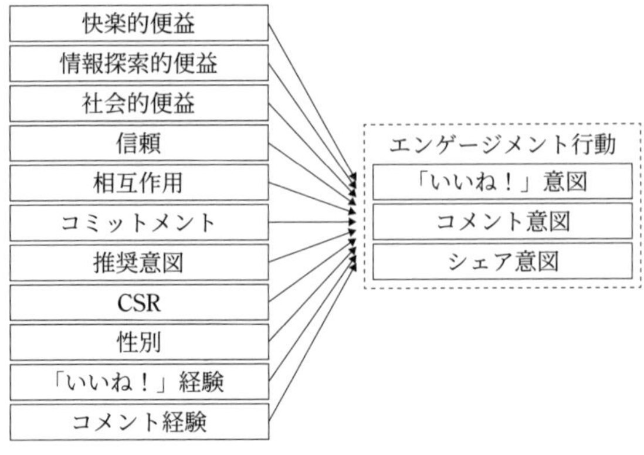

$$\log\left(\frac{p}{1-p}\right)=\beta_0+\beta_1 x_1+\beta_2 x_2+\cdots+\beta_r x_r$$

上式で，p は従属変数（「いいね！」意図，コメント意図，シェア意図）の確率，$x_1, ..., x_r$ は説明変数，すなわち，快楽的便益，情報探索的便益，社会的便益，信頼，相互作用，コミットメント，推奨意図，CSR（corporate social responsibility；企業の社会的責任），性別ダミー，「いいね！」経験ダミー，コメント経験ダミーであり，$\beta_0, \beta_1, ..., \beta_r$ はパラメータである。

エンゲージメント行動の促進要因に関する分析結果

(1)「いいね！」意図の結果

快楽的便益の推定値＝0.524（オッズ比 1.689，95%信頼区間 1.244－2.293，p＝0.001），信頼＝0.596（1.814，1.377－2.461，p＝0.000），コミットメント＝0.630（1.877，1.422－2.478，p＝0.000），推奨意図＝0.672（1.959，1.480－2.592，p＝0.000），「いいね！」経験＝1.033（2.810，1.966－4.017，p＝0.000）となった。快楽的便益は「いいね！」に対してのみ有意であり，後述のコメント意図，シェア意図では有意ではない。モデルの正判別率は「いいね！」無で 86.8%，有で 73.7%，全体では 81.8%と高い水準である。

(2) コメント意図の結果

信頼に関しては有意ではなかったが，相互作用＝0.494（1.639，1.223－2.197，p＝0.001），コミットメント＝0.412（1.510，1.066－2.137，p＝0.020），

推奨意図＝0.895（2.446，1.677－3.567，$p=0.000$），コメント経験＝0.995（2.706，1.738－4.212，$p=0.000$）となった。性別＝－0.534（0.586，0.374－0.919，$p=0.020$）であり，男性の場合，影響することが見出された。また，10％水準ではあるものの，社会的便益＝0.219（1.245，0.969－1.600，$p=0.086$）となった。正判別率はコメント有でやや低いが（64.6％），無で94.3％，全体では87.8％と高い水準である。

(3) シェア意図の結果

「いいね！」とコメントの中間的な結果である。信頼＝0.713（2.040，1.420－2.930，$p=0.000$），相互作用＝0.278（1.320，1.020－1.709，$p=0.035$），コミットメント＝0.923（2.516，1.813－3.493，$p=0.000$），推奨意図＝0.698（2.009，1.453－2.778，$p=0.000$），コメント経験＝0.489（1.631，1.052－2.528，$p=0.029$）となった。正判別率はシェア有でやや低く（67.0％），無で92.0％，全体では85.1％と高水準である。

上記のとおり，過去に「いいね！」やコメント経験があり，リレーションシップやロイヤルティを感じさせることがエンゲージメント行動を促進させるうえで重要である。また，エンゲージメント行動間には異同があるため，どのような動機をもって参加してもらいたいのか（快楽的便益なのか，社会的便益なのか）を明確にして，情報を提供する必要がある。

3.2. 長期効果：リレーションシップ・ロイヤルティの形成

同一化という概念

リレーションシップという概念の登場によって，「交換」から「関係性」へとパラダイム・シフトが発生した。リレーションシップもロイヤルティも重要な概念ではあるが，いずれも多くの論文，書籍等[2]で取り上げられているため，詳細な説明は省略し，ここではリレーションシップ形成に先立つ要因として「同一化（identification）」について簡単に触れておく。

ブランド・コミュニティとの同一化とは，ブランド・コミュニティとの結びつきや絆によって一体感が生まれることを意味する。同一化が生じると，それが自己概念の一部となり，コミュニティとの関係性に影響を及ぼすことになる。同一化に関する先行研究を整理した宮澤［2012］は，単一次元ではなく，多次元で捉えるほうが主流であると論じている。そこで本項でも，個人の視点から

図３　参加動機・満足・同一化によるリレーションシップ・ロイヤルティ形成モデル

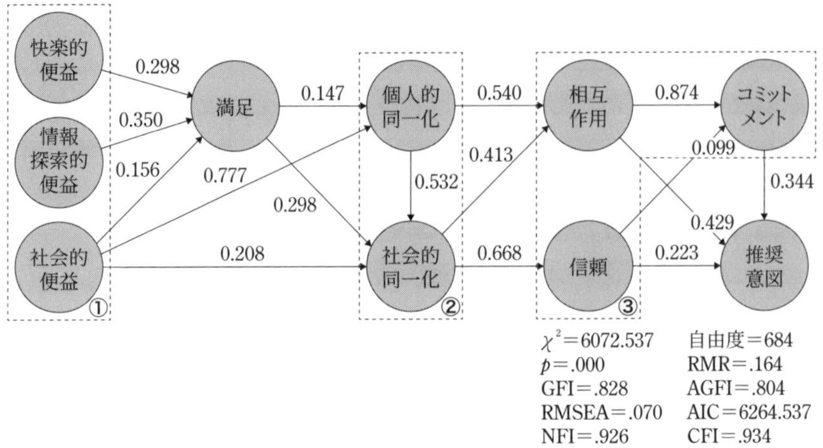

（注）　ここでは潜在変数のみを記載し，観測変数，および誤差項，外生変数間の共分散については図が煩雑になるため，省略している（後述の図４も同様である）。点線で囲んだ①は参加動機，②は同一化，③はリレーションシップの各変数を表している。

みたフェイスブックページへの所属意識，あるいは帰属感に対する認知と，逆に，個人ではなく，他のメンバーとの価値観や目的の共有という両側面から捉える。そこで，前者を個人的同一化，後者を社会的同一化と定義する。

図３は「参加動機・満足・同一化によるリレーションシップ・ロイヤルティ形成モデル」とその分析結果[3]である。①参加動機である３つの便益から満足に影響を与え，その結果，②個人的同一化と社会的同一化が形成されると仮定する。これら２つの同一化は上記の定義から推察できるように，参加動機の１つである社会的便益（他のメンバーとの関係強化，ネットワークの拡大など）から直接的な影響も受ける。また，２変数間にも関係があり，個人的同一化は社会的同一化に正の影響を及ぼすと仮定する。③同一化の２変数は，リレーションシップの基盤となる信頼と相互作用に影響を与え，コミットメント，さらには，ロイヤルティ変数である推奨意図に影響する。

リレーションシップ・ロイヤルティの形成に関する分析結果

個人的同一化は社会的便益（0.777），満足（0.147）から，一方，社会的同一化は社会的便益（0.208），満足（0.298）から正の影響がある。また，同一化の２変数間にも因果関係（個人的→社会的）が見出された（0.532）。リレーションシップの変数として設定した相互作用と信頼，コミットメントの3変数のうち，相互作用については，個人的同一化（0.540），社会的同一化（0.413）から正の影響があること，信頼は個人的同一化から直接的な影響を受けないが，社会的同一化（0.668）からの影響が強いことが見出された。また，相互作用→コミットメント（0.874）のほうが，信頼→コミットメント（0.099）より大きいことが判明した。推奨意図への相互作用（0.429），信頼（0.223），コミットメント（0.344）の正の影響も確認できた。

フェイスブックページを展開する企業の目的が，閲覧者とのリレーションシップやロイヤルティ形成であるなら，どのような動機をもって，当該ページに参加しているのかといった閲覧者の求める便益を見極めること，そのうえで満足を得るとともに，個人的・社会的同一化を強化するような施策を講じる必要があることを本研究の結果は示唆している。

3.3. ネガティブ効果：抑制と促進，その悪影響

「ネガティブ効果の発生とリレーションシップ形成モデル」の分析枠組みと仮説

われわれは情報検索のためにインターネットを利用し，手軽に，迅速に情報を入手できるようになり，その利便性を日々享受している一方，膨大な情報量に圧倒され，情報処理が自身の処理能力を超えたり，追いつかなかったり，いわゆる情報過負荷を経験している。また，個人情報の流出やセキュリティの問題なども社会的問題として取り上げられ，閲覧者はプライバシーに対する懸念をもっている。したがって，フェイスブックページにおけるコミュニケーション活動をより効果的に実施するためには，なぜネガティブ効果が発生するのか，その具体的な発生要因を解明することが重要である。逆に，発生を抑制できるのであれば，その要因を明確にすることによって，コミュニケーション効果を高めることも可能になる。また，ネガティブ効果の発生によって，どのような悪影響が及ぼされるのかについても把握しておく必要がある。こうした問題意識のもと，ネガティブ効果の発生とリレーションシップ形成モデルを構築し，実証分析を行った。分析結果を図4のモデル内に掲載する。

ポイントとして，主に以下の4点を挙げることができる。①フェイスブックページに参加する動機として，他の実証分析で用いた3つの便益を取り上げるとともに，ネガティブ効果を検討するという観点から新たに経済的便益（キャ

図4　ネガティブ効果の発生要因とリレーションシップ形成モデル

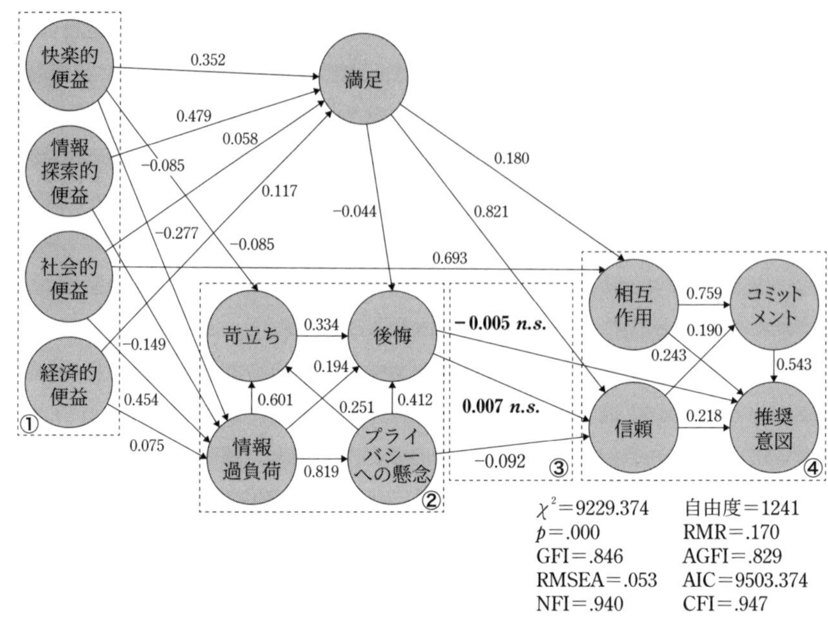

（注）後悔→信頼，後悔→推奨意図のパス係数は有意ではなく，経済的便益→情報過負荷は10%水準，それ以外はいずれも5%水準で有意である。

ンペーン告知やお得な情報など）を扱う。これら4つの便益がネガティブ効果発生の促進要因，あるいは抑制要因となると仮定する。②ネガティブな反応として，情報過負荷，苛立ち，プライバシーへの懸念，後悔の4変数を用い，これらの反応間の因果関係も仮定する。③ネガティブな反応が発生することにより，リレーションシップやロイヤルティに対して悪影響を及ぼすと仮定する。④リレーションシップやロイヤルティの変数は前述の長期効果モデルと同様に設定し，これらの変数間の関係について再確認する。なお，上述4つのポイントと図4中に点線で囲んだ枠・番号は呼応している。

ネガティブ効果の抑制・促進要因，ネガティブ効果による影響の分析結果

全データを用いた分析の結果，次の知見を得た。①快楽的便益と情報探索的便益は，ネガティブ効果を抑制し（負の影響），社会的便益と経済的便益（有意水準10%）はネガティブ効果を促進する（正の影響）。参加動機である4つの便益は，ネガティブ効果の抑制・促進に対して機能することが判明した。4つの便益から影響を受ける満足は，後悔を抑制する（負の影響）。したがって，満足度を高めることも重要である。②ネガティブ効果の要因間には因果関係がある。③プライバシーへの懸念は信頼に負の影響を及ぼすため，個人情報の漏洩には十分に注意すべきである。後悔→信頼，後悔→推奨意図は有意ではなく，仮説は棄却された。④リレーションシップとロイヤルティの関係は長期効果モデルと同様の結果となった。

③で棄却された因果関係を精査するために，男女やエンゲージメント行動の高低の2群に分割して多母集団の同時分析を行った。その結果，「いいね！」意図，コメント意図，シェア意図が低い場合，後悔は信頼に負の影響を及ぼすこと，コメント意図が低い場合，また，女性の場合，後悔は推奨意図に負の影響を及ぼすことが明らかになった。したがって，フェイスブックページへのエンゲージメントが弱い場合，後悔による信頼や推奨意図への悪影響が発生しないよう，いかにエンゲージメントを強化するかが実務上の課題になる。また，本分析のように，仮に仮説が棄却されたとしても，全データを用いたために効果が相殺されている可能性もある。そこで次なるステップとして，差異があると仮定できるグループにデータを分割して，分析を行うことが重要である。

3.4. ブランド間の異質性：変量効果を扱う必要性

マルチレベル・モデル

マルチレベルとはデータの多層性のことを意味し（清水［2014］1頁），階層的に異なった水準（レベル）で測定された変数を含む解析モデルはマルチレベル・モデルとして知られている（Kreft & de Leeuw［1998］p. 2）。主に教育学，心理学，社会学，政治学，経済学などの研究領域で活用され，なかでも階層線形モデルが多用されている。これをマーケティング・コミュニケーション分野に適用すると，閲覧者（個人レベル），ブランド（集団レベル）の階層データとして捉える（図5）ことにより，ブランド間の異質性，すなわち，変量効果を明示的に取り込むことが可能になる。本項では，多数のフェイスブックページを対象とし，リレーションシップがロイヤルティ形成に及ぼす影響を階層線形モデルの観点から検討する。世の中には数多くの企業やブランドが存在しており，この適用可能性を検討することは，ブランド・コミュニティの研究として一定の意義があるだろう。

図5　ブランドと閲覧者の2つのレベルのデータ（概念図）

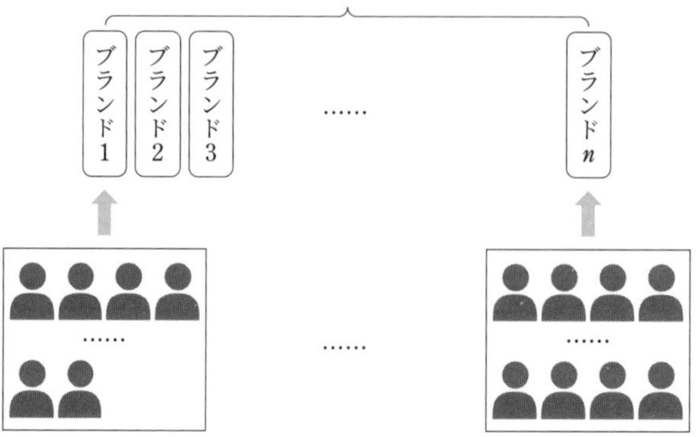

階層線形モデルの分析枠組みと仮説，モデルの定式化

図6に示すとおり，閲覧者個人レベルではフェイスブックページに対する評価を，集団レベルではフェイスブックページの特徴，たとえば，男女比率，ターゲット年齢，人気ランキング，参加動機・便益や満足度を用いる。また，作業仮説として以下の2点を設定する。

仮説1 ――個人レベルの効果に関して，フェイスブックページ間の異質性を加味しないモデルよりも，加味したモデルのほうが，独立変数（信頼，相互作用，コミットメント）による従属変数（推奨意図）に対する説明力が高い。

仮説2 ――個人レベルの効果のみならず，集団レベルの効果を扱うことにより，モデルの説明力は高まる。

次にモデルを定式化する。従属変数は推奨意図（以下，REC），個人レベルの独立変数は信頼（TRU），相互作用（INT），コミットメント（COM）の3変数，集団レベルの独立変数は社会的便益（SOC），情報探索的便益（INF），快楽的便益（HED）で例示する。Nullモデル（説明変数を含まず，切片のみで回帰するモデル）は以下の通りである。

$$\text{レベル1モデル：}\quad REC_{ij} = \beta_{0j} + r_{ij}$$

$$\text{レベル2モデル：}\quad \beta_{0j} = \gamma_{00} + u_{0j}$$

上式添え字iは閲覧者個人，jはフェイスブックページを指す。β_{0j}は独立変

図６　階層線形モデルの分析枠組み

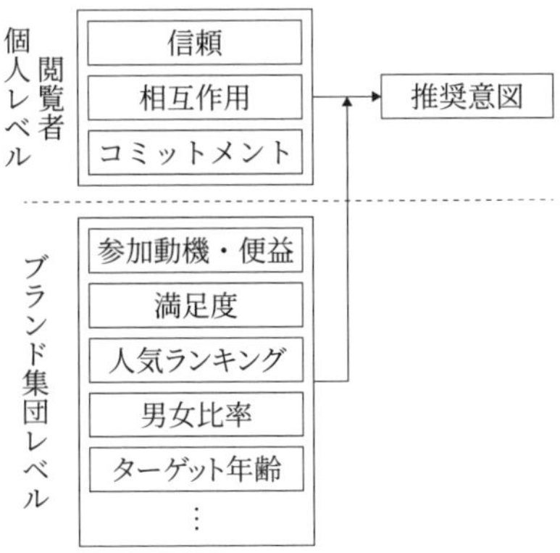

数を統制した際の全体平均を示す切片であり，固定効果 γ_{00} と変量効果 u_{0j} で構成される。r_{ij} は誤差項である。

3つの独立変数を固定効果としたモデル1は以下の通りである。

レベル1モデル：　$REC_{ij} = \beta_{0j} + \beta_{1j} \times (TRU_{ij}) + \beta_{2j} \times (INT_{ij}) + \beta_{3j} \times (COM_{ij}) + r_{ij}$

レベル2モデル：　$\beta_{0j} = \gamma_{00} + u_{0j}$

$\beta_{1j} = \gamma_{10}$

$\beta_{2j} = \gamma_{20}$

$\beta_{3j} = \gamma_{30}$

ここで β_{1j}，β_{2j}，β_{3j} は信頼，相互作用，コミットメントの傾きを示すパラメータである。レベル2では，切片に変量効果（u_{0j}）を仮定し，独立変数については仮定していない。γ_{10}，γ_{20}，γ_{30} はそれぞれ β_{1j}，β_{2j}，β_{3j} の固定効果を表すパラメータである。

次に，独立変数の傾きにグループ間変動を設定したモデル2を定式化する。上式との違いは，3つの独立変数についても変量効果 u_{1j}，u_{2j}，u_{3j} を仮定している点である。なお，レベル1は共通しているので，以降ではレベル2についてのみ記載する。

レベル2モデル：　$\beta_{0j} = \gamma_{00} + u_{0j}$

$\beta_{1j} = \gamma_{10} + u_{1j}$

$$\beta_{2j} = \gamma_{20} + u_{2j}$$

$$\beta_{3j} = \gamma_{30} + u_{3j}$$

最後のモデル3-2では，第2水準にグループ間の変動を説明する独立変数を組み込む。3変数に付記した $\_M_j$ は，データを全体平均で中心化して投入することを示している。なお，モデル3-1（表2）は，モデル3-2とχ^2検定を行うために設定した切片モデルである。

レベル2モデル：

$$\beta_{0j} = \gamma_{00} + \gamma_{01} \times (SOC\_M_j) + \gamma_{02} \times (INF\_M_j) + \gamma_{03} \times (HED\_M_j) + u_{0j}$$

$$\beta_{1j} = \gamma_{10} + \gamma_{11} \times (SOC\_M_j) + \gamma_{12} \times (INF\_M_j) + \gamma_{13} \times (HED\_M_j) + u_{1j}$$

$$\beta_{2j} = \gamma_{20} + \gamma_{21} \times (SOC\_M_j) + \gamma_{22} \times (INF\_M_j) + \gamma_{23} \times (HED\_M_j) + u_{2j}$$

$$\beta_{3j} = \gamma_{30} + \gamma_{31} \times (SOC\_M_j) + \gamma_{32} \times (INF\_M_j) + \gamma_{33} \times (HED\_M_j) + u_{3j}$$

階層線形モデルの分析結果

レベル1の変数は集団平均中心化を，レベル2の変数は全体平均で中心化をして用いる。まずデータの階層性の有無に関して判断を行う。基準についてはいくつかの説があり，①級内相関係数（ICC）が有意，② ICCが0.1以上（0.05という主張もある），③デザイン・フェクト（DE）が2以上の場合などが基準となる（清水［2014］11頁）[4]。

本研究の場合，NullモデルのICCが0.033と低く（表2），DEも1.856であるため，積極的にデータに階層性があるとは断言できないが，収集したデータが38グループという多数の集団から構成されるため，階層線形モデルによる分析を試みる。表2に示す結果が得られ，仮説1，2はいずれも支持された。フェイスブックページ間の異質性を加味したモデルのほうが，信頼，相互作用，コミットメントによる推奨意図への説明力が高いこと，個人レベルの効果のみならず，集団レベルの参加動機・便益の3変数を取り込むことにより，モデルの説明力は高まることが判明した。

多数の集団のデータを扱う場合，まずICC，DEを確認したうえで次のステップに進むことが肝要といえる。マルチレベル・モデルの考え方・理論，Mplusによる発展的分析については，尾崎ほか［2018，2019］に詳しい。これらを参照されたい。

表2　階層線形モデルの分析結果

		Null	モデル1（固定効果のみ）	モデル2（変動効果あり）	モデル3-1（便益3変数切片モデル）	モデル3-2（便益3変数）
レベル1（個人レベル）						
切片（γ_{00}）		4.378***	4.403***	4.409***	4.417***	4.414***
信頼(TRU)（γ_{10}）			0.299***	0.328***	0.316***	0.317***
相互作用(INT)（γ_{20}）			0.326***	0.302***	0.306***	0.299***
コミットメント(COM)（γ_{30}）			0.337***	0.332***	0.340***	0.342***
レベル2（集団レベル）						
切片	SOC（γ_{01}）				0.298***	0.277***
	INF（γ_{02}）				0.522***	0.481***
	HED（γ_{03}）				0.239***	0.407***
信頼	SOC（γ_{11}）					0.068
	INF（γ_{12}）					−0.174
	HED（γ_{13}）					0.433***
相互作用	SOC（γ_{21}）					0.039
	INF（γ_{22}）					−0.203 †
	HED（γ_{23}）					−0.098
コミットメント	SOC（γ_{31}）					0.075
	INF（γ_{32}）					0.154
	HED（γ_{33}）					−0.216*
ICC		0.033				
逸脱度		3236.14	2108.5	2077.97	2019.81	1999.04
χ^2値			1127.64***	30.53***	58.16***	20.77***
決定係数		0.013	0.705	0.718	0.722	0.728
自由度修正済み決定係数		0.010	0.703	0.713	0.716	0.720

（注）　*** は0.1%水準，** は1%水準，* は5%水準，† は10%水準である。

おわりに

本章では，SNSのブランド・コミュニティであるフェイスブックページを研究するための1つの分析枠組みを例示し，4つの実証分析を概説した。しかしながら，フェイスブックページを対象とした場合でもまだ多くのテーマや課題が残されている。また，SNS上のブランド・コミュニティはそれぞれ機能や特徴が異なるため，ツイッターやインスタグラムに関するモデルを構築し，コミュニケーション効果を解明する必要がある。さらに，どの企業も単独ではなく，いくつかのメディアを組み合せて用いており，クロス・メディアの観点からの検討も重要であろう。

＊　本章は科学研究費補助金（課題番号 16K03949）の助成を受けたものである。

注

1　ブランド・コミュニティとは，ブランドのファンの間で構造化された社会的関係に基づく，地理的に特化していない特殊なコミュニティのことを指す（Muniz & O'Guinn［2001］）。

2　たとえば，久保田［2012］，新倉［2019］を参照されたい。

3　本モデルは竹内［2018］をもとにしているが，本章では他の実証分析との整合性などを検討したうえで，変数名を変更し，分析についても新たに分析した結果を記載している。

4　ICC は集団間の分散（MS_B），集団内の分散（MS_W），集団内の平均的な人数（k^*）を用い，$(MS_B - MS_W)/(MS_B + (k^* - 1)MS_W)$ で算出できる（清水［2014］10 頁）。また，DE は $1 + (k^* - 1)$ ICC で算出できる。DE は集団内の平均的な人数と級内相関係数の両方を考慮した基準である（清水［2014］11，12 頁）。

引用・参考文献

Kreft, I. and J. de Leeuw [1998] Introducing Multilevel Modering, Sage Publications.（小野寺孝義編訳［2006］『基礎から学ぶマルチレベルモデル』ナカニシヤ出版）

久保田進彦［2012］『リレーションシップ・マーケティング――コミットメント・アプローチによる把握』有斐閣

宮澤薫［2012］「ブランド・コミュニティ同一化の測定に向けて――概念の整理と検討」『千葉商大論叢』第 49 巻第 2 号

Muniz, A. M. Jr. and T. C. O'Guinn［2001］"Brand Community," Journal of Consumer Research, vol. 27.

新倉貴士［2019］「ブランドロイヤルティの構図と機能」『商学論究』第 66 巻第 3 号

尾崎幸謙・川端一光・山田剛史編著［2018］『R で学ぶマルチレベルモデル［入門編］――基本モデルの考え方と分析』朝倉書店

尾崎幸謙・川端一光・山田剛史編著［2019］『R で学ぶマルチレベルモデル［実践編］――Mplus による発展的分析』朝倉書店

Pletikosa I. and F. Michahelles [2013] "Online Engagement Factors on Facebook Brand Pages," Social Network Analysis and Mining, vol. 3.

清水裕士［2014］『個人と集団のマルチレベル分析』ナカニシヤ出版

Sicilia, M., M. Palazón and M. López [2016] "Brand Pages as a Communication Tool: A State of the Art and a Research Agenda," in P. De Pelsmacker ed., Advertising in New Formats and Media, Emerald Publishing.

ソーシャルメディアラボ編集部［2021］「2021年7月更新！ 12のソーシャルメディア最新動向のまとめ」https://gaiax-socialmedialab.jp/post-30833/

Su, N., D. Reynolds and B. Sun [2015] “How to Make Your Facebook Posts Attractive: A Case Study of a Leading Budget Hotel Brand Fan Page,” International Journal of Contemporary Hospitality Management, vol. 27.

竹内淑恵［2018］「Facebookページにおける消費者とブランドとのリレーションシップ構築」『イノベーション・マネジメント』no. 15.

竹内淑恵［2019］「ブランド・コミュニティ研究へのマルチレベル分析の適用可能性――Facebookページへのリレーションシップがロイヤルティに及ぼす影響の検討」『イノベーション・マネジメント』no. 16.

竹内淑恵［2020］「Facebookページにおける消費者エンゲージメント行動――『いいね』とコメントの差異」『イノベーション・マネジメント』no. 17.

竹内淑恵［2021］「Facebookページにおけるネガティブ効果の発生とリレーションシップへの影響」『イノベーション・マネジメント』no. 18.

第13章 中小・ベンチャー企業におけるデジタル・マーケティング戦略

荻原 猛・北川 共史・浅見 剛

はじめに：中小・ベンチャー企業のデジタル・マーケティング戦略

本章では「中小・ベンチャー企業におけるデジタル・マーケティング戦略」をテーマに具体的事例を交えて考察を進める。

本論に入る前に，日本の中小・ベンチャー企業（以下，中小企業）が置かれている現状について確認したい。日本において中小企業は，日本の全企業数の99.7%を占め，雇用者数の70%を支えている。GDPに占める中小企業の割合は約53%，さらにGDPと相関する広告費では約38%が中小企業である（中小企業庁［2020a, b］，電通［2019］）。この数字からもわかるように日本全体における中小企業の存在は大きい。

P. コトラーは業界の地位別競争戦略として，「リーダー」「フォロワー」「ニッチャー」「チャレンジャー」に4分類したが，まさに日本の中小企業は「ニッチャー」であるといえる。「ニッチャー」は「リーダー（≒大企業）」とは異なり，大規模な生産拠点をもって大量生産で低価格の製品を作ることはできない。ただし，高い専門性やブランド力を活かすことで効率的な経営を行い，市場は小さいながらも特定の領域で独自の地位を築くことができるのだ。

このように，ニッチな市場で優位性を築いている日本の中小企業にとって，デジタル広告とはどのような存在だろうか。従来のテレビに代表されるマス広告は，基本的に大企業のマーケティング手段によるものであり，全国のようなより大きな市場に，億円単位の予算を投下して初めて採算がとれる仕組みであった。つまり，これまでマーケティングは多くの資源をもつ「リーダー」企業しか手の出せないものだったが，デジタル技術の進歩によって「マーケティングの民主化」が起こった。この結果，デジタル・マーケティングの手法は誰にでも使いこなせるものとなり，しかも安価に，よりフレキシブルに用いることのできるツールとなった。

具体的には，マス広告の世界では媒体側が広告出稿の主導権を握っていたが，この改革によって，中小企業であっても，自社の商品やサービスに有効な市場を自ら選び出し，低価格で効率よくコミュニケーションできるようになったのだ。

国の中小企業政策の中核的な実施機関として，その成長をサポートする独立行政法人中小企業基盤整備機構が行った調査によると，中小企業が抱える経営課題のトップ3は「新規顧客へのアプローチ方法」「販売すべきターゲット市場の選定」「商品・サービスのPR」であった（中小企業庁［2014］）。これらはすべてマーケティングに関する課題である。つまりデジタル・マーケティングで解決できる課題なのだ。このようなことから，今後デジタル・マーケティングが中小企業の経済活動を支え，さらに拡大させていくことが見込まれる。

デジタル・マーケティングの手法が進化するに伴い，「顧客を見つけモノを売る」ことから「ヒトやカネを調達する」手段への発展もみられるようになった。採用活動の一環として候補者と長期的に良好な関係を築く仕掛けは「リクルートメント・マーケティング」として注目され，またこれまでにない資金調達の方法として「クラウド・ファンディング」もすでに身近なものになっている。これらの活動は必ずしも「広告」という形をとってはいないが，広い意味での中小企業にとってのマーケティング・コミュニケーション活動である。

ここまでみてきたように，デジタル・マーケティングは中小企業のマーケティング活動にとって，より重要な存在となっている。しかし，日本のネット広告費のエリア別構成比をみると，実にその約87%を東京が占めている。さらに，東京以外の46道府県については，マス媒体を含めた広告費全体のなかでネット広告費の占める割合をみても全体の6%となっており（経済産業省［2019］），東京とその他46道府県でネット広告に投下する資源に大きな差があることがわかる。今後，東京以外のエリアがさらにネット広告へ資源を投下し，ネット・マーケティングで経営課題を解決していくことになるであろう。

日本全国には知名度は低くてもすばらしい商品やサービスが眠っている。次節からは，まず理論的枠組みを解説したうえで，いち早くデジタル・マーケティングを活用し成功した事例を紹介していこう。

1. 事業モデル別デジタル広告戦略

1.1. 事業モデル別戦略

近年，デジタル広告は幅広い企業で採用されており，その目的，活用方法などは多岐にわたる。一般的に企業がどのような目的で広告出稿をしているのか，どういった方法を活用しているのか知っておくことは重要である。ここでは，事業モデルを大きく4つに区分する。

下記は，マーケティング会社のワカルによる分類であり（垣内［2020］），事業モデルは大きく4つ，さらに細かく区分すると18種類に区分することができる。

(1) ウェブ完結型（EC〔eコマース；電子商取引〕の型）

(2) ウェブ完結型（その他の型）

(3) ウェブto営業担当型（BtoBで営業につなぐビジネスの型）

(4) ウェブto営業担当型（BtoCで営業につなぐビジネスの型）

ウェブ完結型は，ECなど文字どおりウェブ上でビジネスが完結するビジネスモデルを指す。ウェブto営業担当型は，不動産業界などウェブ上でビジネスが完結せず，ウェブ上で資料請求などの顧客情報を確保した後に，営業マンを中心としたヒトが契約クロージングなどで介在するビジネスモデルを指す。次項より，それぞれの特徴について詳細を説明する。

ウェブ完結型（ECの型）

ECは，幅広いジャンルを扱う「総合通販」，特定商品だけを販売する「単品通販」の2種類に区分される。

比較的中小企業に多いのは，単品通販に代表されるのは，「やずや」や「世田谷自然食品」のような健康食品を扱う企業である。このカテゴリで王道の販促手法としては，まず，ユーザーと「お試し価格」で初回接点をもち，その後にCRM（customer relationship management）施策などで，お試し購入から本商品購入へと引き上げを図るというものがある。製造から販売までの距離が短く，他業界と比較して精度の高い売上予測を立てることが可能な点も特徴の1つである。

ウェブ完結型（その他の型）

EC 以外のウェブ完結型サービスはイメージされにくいが，その業態は多岐にわたる。記事コンテンツを載せるメディア，商品紹介ポータル・サイトなど他社情報を中心に紹介し送客で収益を得るサイト，自社の採用サイトや契約申し込みを狙うサイトなど，自社情報を中心に掲載し，売上にひもづかせるサイトなどが挙げられる。

こうしたウェブ完結型メディアはどのようにマネタイズしているのだろうか。他社情報を中心に掲載するメディアの場合では，掲載している顧客へのユーザー送客がマネタイズ・ポイントである。しかしながら，こうした送客中心のメディアの場合，一般的に1送客当たりの売上は少額となるため，必然的にデジタル・マーケティングでとりうる選択肢も限られる。たとえば，1送客あたり100円の売上になるとして，1ユーザーを集客するのに200円かけていたら，赤字となってしまう。

これらの事業モデルの共通点としては，ウェブ上での1ユーザーを獲得するために，必要な上限費用が決まっていることであり，成果改善もウェブ上の施策が中心となる。中小企業にとっては，自社のオウンド・メディアを低コストで運営できれば十分勝機が見込める領域である。

ウェブ to 営業担当型（BtoB で営業につなぐビジネスの型）

法人向け商品，サービス提供といったカテゴリが該当する。ウェブ上でのゴールは見込み顧客の獲得であり，獲得したメールアドレス，電話番号をもとに追客することで，最終的な売上につなげる形態をとっている。中小企業にとって BtoB ビジネスは，BtoC と異なり，商材にもよるが，比較的小規模でも始められる利点がある。

BtoB において特徴的なのは，以下の点である（栗原［2020］）。

- 購買までの比較検討期間が長い。
- 購買に複数人の関与者（決裁者，担当者）とプロセスが存在するため，商談から受注まで長期間にわたる。
- 追客は主に営業パーソンが行うため，コストがかかる。

BtoB では，リード（手がかり情報）型ビジネスと呼ばれるタイプのビジネスが存在する。つまりマーケティング活動で得られたコンバージョンに結びつくリードを重視する BtoB ビジネスのことである。こうしたリード型ビジネスとしてよく問題に挙げられるのが,「獲得したリードの質が低い」という点である。つまり,得られたリードが商談に持ち込める可能性が低いものであったり,意思決定者にすぐ結びつかないようなリードは質が低いと一般的には判断されてしまう。このような問題を解決するために以下の2つの対策が打たれることが多い。

リードの質を見極められるようなCV(コンバージョン)設計

リードの質を見極められるCV設計とは,たとえば,得られた担当者の意思決定力の度合いがわかるようなウェブサイトの設計になっていることである。

リード→成約まで追える環境の構築

デジタル広告では,広告媒体やクリエイティブによって最終成約率に差が出ることが多い。たとえば,資料請求に対するウェブ広告の獲得単価として次の2つがあるとしよう。

媒体A:5000円

媒体B:8000円

通常であれば媒体Aのほうが,効率が良いと判断し,増資を検討する。

一方で,資料請求をした後の契約成約率が媒体Aが10%,媒体Bが20%だった場合,1件の成約を獲得するためのデジタル広告上の費用は,以下のとおりに算出する。

媒体A:獲得単価5000円÷成約率10%→成約単価50000円

媒体B:獲得単価8000円÷成約率20%→成約単価40000円

つまり,成約までの投資対効果を考慮した場合,媒体Bに増資するのが正しい判断となる。この例のように,成約率をも含んで獲得単価を計算することは重要である。しかしながら,実際には成約データは広告主側のみで保有していることが多い。このため,デジタル広告データと成約データを照らし合わせ,最終成約率の差までを考慮し,適切な予算配分を行うことで,デジタル広告パフォーマンスは改善する。

こうした場合の解決手法はいくつかある。たとえば,「SOカシカ」というビジネス・インテリジェンス・ツールには各種データを取得し,加工する機能があるので,これを用いることで,広告主がもつデータとデジタル広告データを一元化して可視化することができ,それらをもとにリアルタイムで施策を講じることが可能となる。

ウェブ to 営業担当型（BtoC で営業につなぐ型）

BtoC でリード型の形態をとっている業態としては，金融商材（保険，投資）などウェブ上のみでサービス販売が完結しない業態が該当する。BtoB と同様に，ウェブ上でのゴールをアドレス・電話番号獲得にしていることが多く，加えて，店舗型ビジネスの場合，来店予約なども成果地点として据えることが多い。

1.2. ファネルによるデジタル広告戦略

中小企業がデジタル広告を始めよう，と思っても何から始めればよいかわからない，ということも多いといわれる。デジタル広告には拡大していくための定石と呼ばれるものがある。

この定石を説明するために，重要な概念がある。マーケティング・ファネル（funnel；漏斗）と呼ばれるもので，顕在層，準顕在層，潜在層の 3 つの要素から構成される（図 1）。

ここで，マーケティング・ファネルを取り上げたのは，ほとんどの企業が，「顕在層」→「潜在層」の順番でマーケティングを展開しているためである。

図 1　マーケティング・ファネル

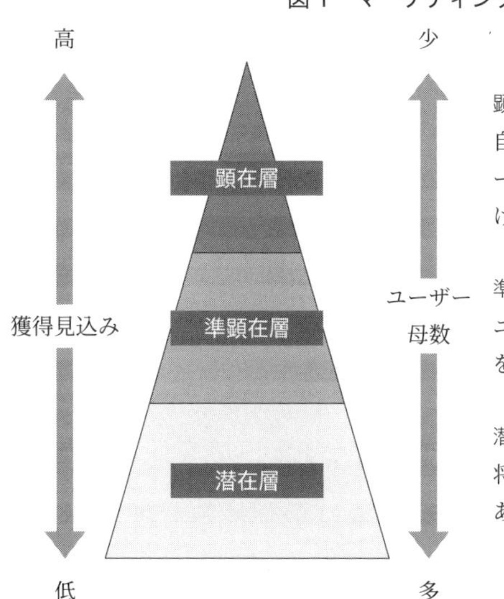

顕在層
自社サービスのことを知っており，他社サービス含め，商品購入・サービス利用に向けて検討段階に入っているユーザー

準顕在層
ニーズはあるものの，自社サービスのことを知らないユーザー

潜在層
将来的に購入・サービス利用する可能性はあるものの，ニーズがまだないユーザー

顕在層とは，獲得見込みが最も高い（自社製品を買ってくれる可能性が高い）ユーザーにあたり，つまり費用対効果が最も高い顧客群である。費用対効果が最も高いユーザーたちから確実に獲得していき，これ以上売上を伸ばせない，となったタイミングで準顕在層，潜在層へとマーケティング施策を広げていくのが定石である。

中小企業からよく出される要望の1つとして，「多くの新規ユーザーの獲得が必要だから，顕在層よりも潜在層を攻略する一手を講じたい」というものがある。顕在層向けのマーケティングが成功していない状態で，潜在層に向けた施策を開始しても，思うようなパフォーマンスが得られる可能性は低い。顕在層向けの施策から着実に歩を進めるのが，成功への近道である。

1.3. フェーズ別デジタル広告戦略

本項では具体的なデジタル・マーケティングの手法について，マーケティング・フェーズとともに詳細を紹介する。図2は各フェーズにおける有効と考えられる施策である。ターゲティングやキーワードによって厳密に分類はできないが，大きな役割として分類すると以下のようなイメージである。

以降では，各フェーズでの代表的な施策について紹介していこう。

図2　マーケティングの各フェーズにおける有効な施策

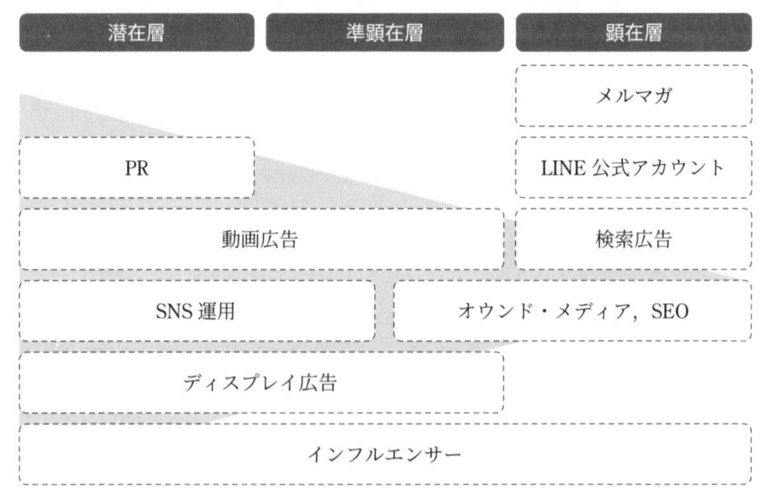

顕在層：検索型広告

ユーザーが検索行動を起こすときは，ほとんどが具体的なニーズに従って行うことが多い。そうした場面で自社の商品を告知できると，ユーザーに検討してもらえる可能性が格段に上がる。

「マーケティング　勉強」と検索した例で考えると，マーケティングを勉強したいと思ったけど，何からすればいいかわからないユーザーは，どういった勉強法があるのか調べたいというユーザー・ニーズを有している。これに対して，オンライン・スクールの広告が掲載されていると，オンライン・スクールという手法を検討してもらえる可能性がある。中小企業のマーケティングにおいては，より限定されたユーザー・ニーズに絞って検索ワードを設定することで，大企業ではできない顧客グループを開拓できる可能性がある。たとえば，上記の例のように，マーケティングをオンラインで勉強してウェブ・マーケターになりたい少数の人たちを掘り起こすようなやり方である。

準顕在層：ディスプレイ広告

ディスプレイ広告とは，バナー画像を使ってユーザーにリーチしていく手法である。

検索型広告が能動的なユーザーを刈り取る手法であるとすれば，ディスプレイ広告は受動的なユーザーにリーチする手法である。

能動的にアクションを起こしていないユーザーにアプローチするうえで，ディスプレイ広告は中小企業のマーケターにとって非常に強力な武器になりうる。まだ，自分が何を欲しいかわかっていないが，自社サイトあるいは自社サイトに関連のあるサイトを訪問したことのあるユーザーのような人たちに向けて，需要を顕在化することができるからだ。たとえば，クックパッドを訪問した人は，すぐに簡単に調理できる食材を求めている可能性がある。こうした人たちに，地方ならではの食材を用いた冷凍食品を広告するようなやり方である。

潜在層：動画広告，SNS

動画広告はユーチューブなどでよく知られるようになった。検索広告，ディスプレイ広告との一番の違いは，広告で伝えられる情報量にある。動画広告は，音声という情報も付与することができるからだ。

かつては，動画広告はCMのような認知を目的とした施策と考えられてきたが，直近ではプレビュー獲得目的の動画も充実してきている。

グーグルがユーチューブ向けにリリースしている，YouTube TrueView for Action（以下，YT4A）はコンバージョンを重視したユーチューブのメニューであり，動画を配信して多くの人に自社商品を知ってもらう，というテレビCMの代替の使い方ではなく，購買や資料請求などのコンバージョン，およびその効率を重視したメニューとなっている。

中小企業にとってSNS活用も強力な武器となりうる。SNSと他メディアとの一番の違いは，ユーザーによる拡散効果である。SNSは原則無料で情報を発信することができ，ひとたび発信した情報が「バズれ」ば一晩で数十万人の目に届く，といったことも珍しくはない。ただし，「バズり」目的でSNS運用などしていると，本来の目的である，情報発信，ユーザーやファンとの関係づくりなどが手薄になる恐れもあるため，SNS運用の目的を明確に設定し，地道に運用していくのが成功への近道である。

こうして，顕在層から着実に改善を重ね，潜在層へも拡大していくと，最終的にはより多くのユーザーに接触することができるため，施策もウェブを中心としたオンラインから，マス広告を中心としたオフラインへと拡大していく企業も多い。代表的なものはテレビCMなどである。すべてのデータが数字で確認できるデジタル広告と比較すると，テレビCMは成果が可視化しづらく，思い切った投資が必要となるため，中小企業にとっては，ハードルを感じることも多いといえよう。

一方で最近はこういった問題も，オンラインとオフラインの統合技術によって，解決されはじめている。ネット印刷を手がけるラクスルが提供しているテレビCMサービス，「ノバセル」は従来のテレビCMではなく，「運用型テレビCM」と総称されるサービスで，少額からCM枠の購入ができ，リアルタイムにテレビCMの反響を確認しながら放映プランをチューニングすることを可能としている。

中小企業にとっては，このように自社のビジネスモデルの特徴，マーケティング状況を踏まえ，一歩ずつ着実にウェブ・マーケティング活動を進めながら，売上拡大をめざしていくことが拡大していくことが成功への近道である。

2. 中小・ベンチャー企業の成功事例

中小・ベンチャー企業のなかには，ユニークなビジネスモデルをもち，またデジタル・マーケティングを活用し大きく成長を遂げた企業が数多く存在する。本節では3社を成功事例としてピックアップしてみよう。

2.1. コンタクトレンズの販売店がメーカー企業へと変革：「カズマ」
―― 20店舗以上のECサイトを運営し自社ブランドを開発（ウェブ完結型：ECの型）

企業・サービス概要

2002年に札幌市中央区で創業したカズマは，同年に第1号となるコンタクトレンズとメガネ販売の実店舗「@CONTACT（アットコンタクト）」をオープン。4年後，2006年にヤフー・ショッピング，その翌年に楽天市場，3年後にアマゾン，楽天市場へと出店を加速していった。2010年に自社本店ECサイトを開設（図3）。以降も矢継ぎ早に出店を行い，2016年にはプライベート・ブランド「CREOシリーズ」の販売を開始。2021年2月現在では，コンタクトレンズ販売事業，ヘルス＆ビューティ事業，そしてSPA・卸売事業を開始。販売店からメーカーへと変貌を遂げた。

店舗名に込めた想いと狙い

同社店舗名は「@CONTACT」。これは創業時よりこれからはインターネット，デジタルの時代が来るということを確信して「@」を名称に入れ込んだ。つまり，時代の流れを感じ取り，デジタルを戦略の中心に据えたのだ。結果，ウェブサイトのアクセス数や注文率などのユーザーデータをもとに，各チャネルに応じた品揃え，販促を行うことでユーザーの細やかなニーズを受け取ることが可能となる。

プライベート・ブランド「CREOシリーズ」には，「やさしいレンズでいきますか？」というキャッチコピーがつけられている。「CREO」とはcomfortable, refined，economy，originalの頭文字。「毎日瞳につけるものだからこそ，高品質のものを少しでも安く」というユーザー・ニーズを綿密にリサーチしたうえで開発された戦略商品だ。これは月間数十万人が訪れる20店舗以上のECサ

図3 「カズマ」ECサイト

イト網を構築したからこそなしえたといっても過言ではなく，また，ウェブ完結型モデルであったからこそ，限りある資本のなかでスピーディに変革を成し遂げることができたのである。

さらなる飛躍に向けて

同社ではデジタル・マーケティングで取得したユーザー・データをもとに，2020年からはマス広告（テレビCM展開）にも着手し始めている。また，データをもとにした新しい事業の展開も視野に入れている。

2.2. 法人向けサービスへのシフトで急成長：「オフィスおかん」

―― BtoBにおけるPR施策（ウェブto営業担当型：BtoBで営業につなぐビジネスの型）

企業・サービス概要

2012年12月に個人向けの惣菜の定期宅配のeコマースから事業をスタートしたOKAN（当時，おかん）。2014年3月26日に現在のメイン事業であり，BtoBで展開するプチ社食サービス「オフィスおかん」を立ち上げた（図4）。このBtoB，正確には「BtoBtoE」（Eは提供先の従業員）サービスとなる「オフィスおかん」は，2021年現在，全国2500拠点以上へサービスが提供されており，設置のしやすさなどから3名規模の事業所から1000名超の大企業まで幅広い業界・業種の企業に採用されている。「オフィスおかん」は「置き惣菜」モデ

図4 「オフィスおかん」サイト

ルといえる。「オフィスおかん」の直接的な顧客は企業（B）であり，その後ろにいる従業員（E）が実利用者となる。つまり，企業は福利厚生の施策として導入するのである。

メディアの情報流通構造を見極めた戦略 PR

サービス・ローンチ（公開）時は，BtoB サービスとして知名度を引き上げ，連動して信頼度を高めることがまず重要であったため，デジタル・メディアを着火点とした PR 施策に本腰を入れることになる。メディアの情報流通としてメディアがみているメディアに取り上げられることが 2 次，3 次の情報伝搬を引き起こすということを踏まえていたからだ。

ローンチから 3 カ月後ぐらいで着火点となるメディアに取り上げられ，これを起点に「ガイアの夜明け」や「カンブリア宮殿」「がっちりマンデー」などの人気テレビ番組に取り上げられることに成功。さらに，ポータル・サイトへの掲載も意識し，ヤフーやライブドアへのニュース提供社には積極的にアプローチを図った。

成長期のマーケティング活動

サービスが認知されはじめ，問い合わせが入るようになってくるとウェブ to 営業モデルにおける次の課題は営業におけるクロージングとなる。断片的に広がった情報ではサービスのベネフィット，強みがうまく伝わっていないケースが多かったからだ。そこで，よりステークホルダーへの情報配信にフォーカスを行うこととなる。直接的なアプローチのほかにフェイスブック広告などのデジタル広告の積極的な活用を始める。導入事例，導入先の利用者の声などを複合的なデジタル・マーケティングの活用によって伝播することでサービスのベネフィットを正しく伝えることができ，クロージングに拍車がかかることとなった。

2.3. オンラインとリアルを有機的に結び付けた中古マンションのリノベ事業：「リノベる。」
——人の個性・感性と IT のバランスを競争優位に（ウェブ to 営業担当型：BtoC で営業につなぐビジネスの型）

企業・サービス概要

「リノベる。」の創業者で代表取締役である山下智弘氏は，欧米では約 8 割の人が中古マンションを購入し，自分好みにリノベーションをして暮らしていること，海外の多くの国では中古マンションでも購入後の資産価値は大きく下落せず，有益な資産として活用されていることを知った。そして今こそ，日本の中古住宅の価値が見直されるべきではないかと考え 2010 年に「リノベる。」を創業（図 5)。プロの目を通して物件を探し，設計，デザインし，施工するという一連の流れをワンストップで請け負うという独自性の高いリノベーション・プラットフォームを展開している。「リノベる。」の事業モデルは国内はもとより世界でも評価され始めている（図 6)。2021 年 3 月，世界で最も革新的な企

図 5 「リノベる。」サイト

図6 「リノベる。」の事業モデル

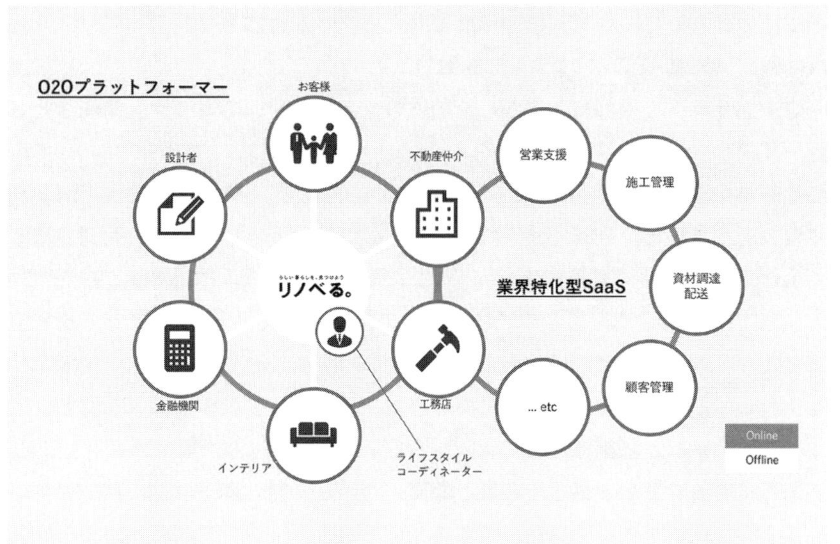

業を選出する Fast Company's Most Innovative Companies 2021[1] の「都市開発 / 不動産（Urban Development / Real Estate)」部門で7位にランクイン。この部門で日本企業がランクインすることは初となった。

デジタル・マーケティングと全国48の体験型ショールーム

「リノベる。」の顧客の95%はウェブサイトへアクセスしており，デジタル・マーケティングは「リノベる。」の主戦場となる。ウェブ上での行動ログ，そしてユーザー・アンケートからターゲット・ユーザーの解像度をあげていき，各種デジタル施策へとつなげている。検索連動型広告，ディスプレイ広告といった運用型広告，日々あがってくるユーザーからの声を拾い上げて推進するコンテンツ・マーケティング，そして自社で蓄積したデータをもとにしたCRM施策とデジタルを中心とした集客と成約へとつなげるための継続的なコミュニケーションを実行する。

一方で「リノベる。」は全国に48の体験型ショールームを有する。ユーザーはこのショールームで実際の生活をイメージし，提供するIoT機器等を連携させたスマート・ホームも体験することが可能だ。また，このショールームにて「リノベる。」の専門家からカウンセリングを受けることができるため，高額な買い物となる住宅購入に際しての疑問や不安を解消することができ，また将来の生活のあり方について夫婦や家族で考えるきっかけにもなる。

人の個性・感性と IT のバランスを競争優位に

ウェブサイトを入口にしながら，前述のショールームやセミナー開催なども行いオフライン上での顧客接点をもつ「リノベる。」は，住宅業界においても先進的にデジタル，テクノロジーを活用しているが，人の個性・感性を何より重要と考えている。同社 CMO の今井良樹のコメントからも，それを窺い知ることができる。

> 個人的な思いでもあるのですが，人の感性・個性と IT のバランスをどうとるか。これが企業の競争優位の源泉になってくると思うんです。（中略）
>
> 一つの鍵は「ヒアリング」にあると思います。お客様がなぜ家を買おうと思ったのかなど，機械だけでは分からないことがあるはず。（中略）
>
> さまざまな背景を踏まえることなく，クエリに対してシンプルに結果を返すような検索エンジンに近い提案をしてしまうと，期待を超えるアウトプットは生まれません。肝となるヒアリングの部分は，少なくとも現状では，人間だからこそできることでしょう。人のヒアリング能力と，得られた情報を演算処理するテクノロジーの組み合わせに可能性があるのではというのが，現状のイメージですね。

デジタル・マーケティングの役どころを見定め，オンラインとオフラインを有機的に結びつけたビジネス展開で急成長を遂げている。

＊　本書に掲載しているサイト画像は，各企業からの許諾を得たうえで掲載している。

注

1　*WIRED*, *Forbes*, *Bloomberg Businessweek* 等と並ぶアメリカの著名ビジネス誌 *Fast Company* が毎年世界中の革新的な企業をランキング形式で発表するもので，過去にはアップル，アマゾン，テスラ，パタゴニア，日本企業では任天堂やトヨタ，ユニクロなども選出されている。

引用・参考文献

中小企業庁［2014］「中小企業白書 2014 年版」

中小企業庁［2020a］「中小企業白書 2020 年版」https://www.chusho.meti.go.jp/pamflet/hakusyo/2020/PDF/chusho/02Hakusyo_mokuji_hanrei_web.pdf

中小企業庁［2020b］「中小企業実態基本調査 令和元年確報（平成 30 年度決算実績）（訂正済み）」https://www.e-stat.go.jp/stat-search/files?page=1&toukei=00553010&tstat=000001019842

電通［2019］「2018 年 日本の広告費」https://www.dentsu.co.jp/knowledge/ad_cost/2018/

電通［2021］「2020 年 日本の広告費」https://www.dentsu.co.jp/news/release/2021/0225-010340.html

垣内勇威［2020］『デジタルマーケティングの定石――なぜマーケターは「成果の出ない施策」を繰り返すのか？』日本実業出版社

経済産業省［2019］「平成 30 年特定サービス産業実態調査（確報）」https://www.meti.go.jp/statistics/tyo/tokusabizi/result-2/h30.html

栗原康太［2020］『BtoB マーケティング虎の巻――ツール・手法を導入する前にすべきこと』翔泳社

宣伝会議［2021］「【電通発表】2020 年の世界の広告費成長率は -8.8%, 2021 年は 5.8% 増の成長を予測」https://www.advertimes.com/20210128/article337082/

あとがき――敬愛する田中先生，岸先生のこと

本書は，田中洋先生の発案により岸志津江先生の古稀記念として企画されました。とはいえ，田中先生と岸先生は同い年なので同じ年に古稀を迎え，2022年3月にご所属の大学を定年退職されます。本書は岸先生の古稀記念であり，田中先生の古稀記念でもあります。本来の発案者は私であるべきでしたが，田中先生にその立場を奪われてしまい，ちょっと悔しい思いもあります。

有斐閣『現代広告論』（岸志津江・田中洋・嶋村和恵著，現在第3版）の初版は2000年4月30日に発行されました。当時の編集担当者は伊藤真介さんで，出版までに章の構成，内容などを4人で顔をあわせて何度も何度も打ち合わせし，書き上げたものです。複数の著者が関わる本の場合，執筆する章が割り当てられると，他の章との関係をあまり考えずに個々の著者が書いていく方法が少なくないなかで，何度も打ち合わせし，議論しながらまとめたことは誇りに思えます。同書は，2001年10月に日本広告学会（当時，亀井昭宏会長）から学会賞（教育啓蒙部門）を受賞することができました。その後，編集者は柴田守さんに代わり，何度かの改訂を経て，日本の広告論の標準的な教科書として，多くの大学で使っていただける本に成長してくれています。改訂の際にも，何度も打ち合わせを重ねたのは初版の時と同様です。

本書のねらいは，『現代広告論』のサブテキストとして，同書で扱えていない変化の激しい領域，新しい研究分野，さらに深く知ってもらいたい話題などを盛り込んでいます。執筆いただいたのは，多くが最先端の研究をされている先生方ですが，田中先生の人脈の広さと厚い信用により御願いすることができたといっても過言ではありません。

さて，そうした田中先生との出会いを，私は実ははっきりとは覚えておりません。日本広告学会に私自身が入会したのは大学院博士後期課程の1年生の終わり頃ですが，その当時，田中先生はすでに会員になられていて，現役の電通マン，新進気鋭のマーケターという雰囲気をみなぎらせていました。学会の懇親会などでお見かけして，遠くから拝むような存在で，ほとんどお話をしたこともなかったように思います。遠くから見ていても，田中先生の「できる雰囲

気」が伝わってきましたので，新米の会員としては近づきがたいというところでした。

ようやくお話しするチャンスが生まれたのは，田中先生が電通を退社され，城西大学の助教授になられてからかもしれません。学会での研究報告や数多くの研究書を次々と出版されるご様子は敬服するばかりで，学界においても「できる先生」であり続けていましたが，当初考えていたような近づきがたい存在というより，いつも穏やかでにこにこされていて，研究だけでなく人間としても魅力的な先生であることがわかってきました。

今回，田中先生の履歴書をいただき，しみじみと眺めてみたのですが，上智大学ではスペイン語を学ばれ，南イリノイ大学でジャーナリズムの修士号を取得，慶應義塾大学大学院商学研究科の博士後期課程を経て，京都大学で博士（経済学）を取得されています。大学院での研究は電通在職中のことですので，寝ないで勉強していらしたか，スーパーマンなのか，どちらかではないかと思います。

田中先生のバイタリティーにはいつも目をみはります。仕事は質量ともにすばらしいですが，期日に遅れることもほとんどありません。先生のフェイスブックを見ると，こまめにいろいろな投稿をされたり，気になる記事をシェアしたり，四方八方にアンテナを張っていらっしゃるようです。遅い時間にメールしても，さらに遅い時間に御返事をくださるので恐縮してしまいます。ワーカホリック，といえるのかもしれませんが，お目にかかるといつもにこにこしていらっしゃり，働き過ぎにありがちなピリピリしたところがまったくありません。

一方の岸先生との出会いについては，はっきりとした記憶が残っています。岸先生は，国際基督教大学卒業後，カネボウ化粧品に入社され，1年半ほど勤務されました。その後イリノイ大学アーバナ・シャンペーン校に留学され，1983年1月に同大学でPh. D. を取得されています。私の恩師小林太三郎先生は，大学の休業期間に資料収集や研究のために頻繁に渡米していましたが，アメリカ広告学会の大会かどこかで，当時イリノイ大学にいらしたジョン・レッケンビー先生やその指導を受けていらした岸先生と知り合ったようです。

「岸志津江さんという方がPh. D. を取得して，日本に戻ってくる」という情報を，私は小林先生から伺いました。小林先生は「この方は，嶋村さんがこれからずっと付き合っていくことになる人だから，連絡しなさい」とアドバイスをくれたのです。アドバイスに従い，私は岸先生に手紙を出し，お目にかかることになりました。正確な日付はもう覚えていませんが，お目にかかった場所は，その当時，東銀座にあった吉田秀雄記念図書館（現・アドミュージアム東京のライブラリー）でした。岸先生はアメリカで広告研究をなさっていたので，日本にある「広告とマーケティングの専門図書館（吉田秀雄記念図書館）」の存在はご存じなかったようで，ちょうどいいと思ってその場所に決めました。

初めてお目にかかった岸先生は，知的な雰囲気とちょっとはにかんだ笑顔の素敵な方でした。考えてみれば，男性の多い広告研究の領域で，年齢の近い女性の先輩を得ることができた私はラッキーだといえます。その後，岸先生は名古屋商科大学の専任講師になられて，名古屋に転居され，頻繁にお目にかかることはできなかったのですが，学会の全国大会が地方で開催されるときなどは久しぶりにお目にかかり，ホテルの部屋をシェアしておしゃべりしたこともあります。

岸先生はまさに研究者肌で，さまざまな文献を深く読み込んで理論を展開するタイプです。昔読んだ文献や論文のこと，受けた講義の内容などを非常によく記憶されていて，びっくりします。さらに資料の整理がとても上手なご様子で，「この前に話した論文はこれです」などと次に会ったときにもってきてくださることもよくあります。整理が悪くておおざっぱな私には神様のように思えます。

岸先生は，現在，東京経済大学の副学長という要職にあります。ご本人は，男女雇用機会均等法以前の世代で，何が何でも女性も男性と同じだけの責任のある仕事をしなければという古臭い考えをもっていたとか，機会が巡ってきたときには後進のために絶対断ってはいけないと考えていた，などとおっしゃるのですが，非常に責任感が強い岸先生は，こうした役職にぴったりの方です。最近，学会での役職などは面倒だと言わんばかりに，職務多忙を理由に断る先生もいます。大学の管理業務においても同じで，自分の研究が忙しいからと，できるだけ関わらないようにする先生もいます。岸先生の毅然とした態度はそうした方たちとは正反対のもので，かっこよくて惚れ惚れします。

この小文は「あとがき」という位置づけなのですが，田中先生，岸先生という私にとって大事な先輩であり，研究仲間（と呼ばせていただけるかどうかわかりませんが）であるお二人について，研究面以外のところからアプローチしてみました。本書がお二人の古稀記念として残り，多くの方々に読んでいただければ，それは私たちの幸せです。

田中先生，岸先生，どうもありがとうございました。これからもかわらずご指導ください。

2021 年 10 月

嶋村　和恵

事項索引

■か　行

■さ　行

■た　行

■な　行

■は　行

■ま　行

■や　行

■ら　行

人名索引

■あ　行

■か　行

■さ　行

■た　行

■な　行

■は　行

■ま　行

■や　行

■ら行・わ行

企業名・ブランド名・作品名等索引

■アルファベット

■編者紹介

田中　洋（たなか・ひろし）
中央大学大学院戦略経営研究科教授

岸　志津江（きし・しずえ）
東京経済大学経営学部教授

嶋村　和恵（しまむら・かずえ）
早稲田大学商学学術院教授

現代広告全書——デジタル時代への理論と実践
Contemporary Issues in Advertising: Principles and Practice

2021年12月15日　初版第1刷発行

編　者　田中　洋／岸　志津江／嶋村　和恵

発行者　江草貞治

発行所　株式会社 有斐閣
郵便番号101-0051
東京都千代田区神田神保町2-17
http://www.yuhikaku.co.jp/

組版・株式会社明昌堂　印刷・萩原印刷株式会社／製本・牧製本印刷株式会社

★定価はカバーに表示してあります。

ISBN 978-4-641-16588-5